新时代基础设施管理创新与实战丛书

建筑企业 数字化与项目智慧建造管理

Digitalization and Smart Construction
Management of Construction Enterprises

邓尤东 著

中国建筑工业出版社

图书在版编目（CIP）数据

建筑企业数字化与项目智慧建造管理 = Digitalization and Smart Construction Management of Construction Enterprises / 邓尤东著 .—北京：中国建筑工业出版社，2020.11（2023.6重印）

（新时代基础设施管理创新与实战丛书）

ISBN 978-7-112-25679-2

Ⅰ.①建⋯　Ⅱ.①邓⋯　Ⅲ.①建筑工程—工业企业管理—企业信息化　Ⅳ.①F407.906-39

中国版本图书馆CIP数据核字（2020）第241397号

本书从企业信息化实践出发，对企业信息化管理和项目智慧化建造进行阐述，内容共4篇14章，包括：施工企业管理、施工企业信息化管理现状、施工项目信息化建设现状、数字化管理战略规划、数字化管理战略架构、数字化管理内容、数字化管理关键技术、数字化管理平台、数字化实施路径、项目智慧工地发展应用、智慧工地基础建设、智慧工地建造管理、建筑企业信息化实施案例、项目智慧工地管理案例。

本书创造性地将项目智慧建造管理体系理念引入项目管理和控制中，创新了项目管理方法，提出了基于智慧建造的项目管控机制，为建筑企业解决项目管理痛点、难点提供了新的视角和方法。

本书适合建筑企业管理者、业务管理者和项目管理者参考使用。

责任编辑：万　李　范业庶　张　磊
责任校对：张　颖

新时代基础设施管理创新与实战丛书

建筑企业数字化与项目智慧建造管理

Digitalization and Smart Construction Management of Construction Enterprises

邓尤东　著

*

中国建筑工业出版社出版、发行（北京海淀三里河路9号）

各地新华书店、建筑书店经销

北京点击世代文化传媒有限公司制版

北京中科印刷有限公司印刷

*

开本：787毫米 ×1092毫米　1/16　印张：18　字数：289千字

2020年12月第一版　2023年6月第四次印刷

定价：98.00 元

ISBN 978-7-112-25679-2

（36602）

数字化与智慧建造
Digitalization and Intelligent Construction
推荐序

化解矛盾，未来可期

中国工程院院士　丁烈云

改革开放四十多年来，我国工程建造快速发展。数据显示，我国已超过美国成为全球建筑资产规模最大的国家，在建筑、桥梁、铁路、隧道等领域创造了诸多的"世界奇迹"，在"一带一路"倡议走出去的过程中发挥了重大作用。但建造行业粗放式、碎片化生产方式，带来了产能性能欠佳、资源浪费较大、安全问题突出、环境污染严重、生产效益低下等问题，亟需转型升级，实现高质量发展。

伴随新一轮信息技术革命机遇，5G、大数据、云计算、物联网、人工智能、BIM 等新技术的不断赋能，信息化已实实在在成为建筑企业提质发展的重要途径。不久前，住房和城乡建设部等十三部门联合印发《关于推动智能建造与建筑工业化协同发展的指导意见》，指出要以大力发展建筑工业化为载体，以数字化、智能化升级为动力，创新突破相关核心技术，加大智能建造在工程建设各环节应用，形成涵盖科研、设计、生产加工、施工装配、运营等全产业链融合一体的智能建造产业体系。《指导意见》一是确立了中国建造应该要走新型建筑工业化之路，二是确立了中国建造的战略地位。这是建筑业迎接科技革命的重要举措，对行业高质量发展有着重大意义。智能建造是把智能技术与先进的建造技术深度融合的一种新的建造模式，它的技术基础是人工智能。今后，建筑业朝融合基建发展，利用智能技术将给建筑行业带来一系列的变革——即产品形态数字化、经管理念服务化、商业模式平台化,建造方式工业化和行业治理现代化。

建筑企业如何提高信息化应用水平和管理水平,充分运用信息技术所带来的巨大生产力,已成为摆在我国建筑企业面前的重要课题。邓尤东先生长期从事建筑企业的生产、技术、科技管理工作,从施工一线的项目管理到企业高层的业务管控、从中国铁建系统化模式管理到中国建筑精细化模式管理、从企业科技管理、信息化管理到企业数字化转型升级战略制定,积累了丰富的实战经验,形成了系列研究成果。

邓尤东先生撰写的《建筑企业数字化与项目智慧建造管理》从企业管理实践出发,总结当前日益增长的建筑业信息化建设需求与行业现状的矛盾,以化解矛盾为出发点,探讨了解决方案和实施路径。本书有以下特点:

一是紧扣时代脉搏。新技术赋能时代新发展,"新基建"异军突起,企业管理数字化和信息化转型升级是时代发展的必然要求。本书紧扣时代脉搏,从建筑企业数字化管理战略到智慧工地建设,从理论到实践,深入浅出,反映时代发展新要求。

二是抓住主要矛盾。建筑业信息化的必然趋势和当前发展现状存在较大差距。本书从平台和业务不匹配、上下级数据不互联、部门之间不互通、岗位之间不互融等方面深刻总结主要矛盾,坚持问题导向,为企业数字化发展指明方向。

三是面向实践实操。本书从项目层级到公司战略发展层级,结合建筑企业信息化实战案例,分享实施内容,总结经验教训,生动反映了大型建筑央企在数字化和智慧建造管理道路上探索的艰辛和成就。

我们已经迈入数字化、网络化、智能化的新时代,随着智能技术与建筑业的加速融合,建筑业必将产生新的发展动力和活力。相信本书对广大业界读者把握现代信息技术新机遇具有重要的参考价值,对促进建筑企业提高信息化水平产生积极的作用。

2020 年 10 月

数字化与智慧建造
Digitalization and Intelligent Construction
推荐序

绵绵用力，久久为功

邓尤东同志是一个善于学习，喜欢思考的人。上个月，他见到我说他写了一本关于建筑企业信息化的书，要我为新书写个序，我当时有点小小的意外，细细想来又在情理之中。

自我认识尤东同志到今天已经有十多年了，他担任过企业经理、董事长，在大型央企里主管基础设施业务，是一个专家型的企业管理者。从 2002 年起我在中建五局工作了 12 年半，2008 年，他到中建五局工作不久，正赶上五局组织编写《企业运营管控标准化系列丛书（共有 42 册）》，其中铁路、隧道等基础设施业务的管理标准手册是由尤东同志为主组织编写的，这个过程展示了他勤于工作、乐于思考、长于总结的优秀品质。

这次，他又在主管企业信息化工作不太长的时间里，写出了这么一部《建筑企业数字化与项目智慧建造管理》的大部头专著，实在是不简单！建筑企业信息化是一个大课题，是一项高难度工作，需要无数的志士仁人不辞辛苦、长期不懈努力，才能有所进展、有所成效。尤东同志勇敢地加入到"志士仁人"的行列中，并且表现出极大的热情和不低的水准，可喜、可贺、可敬！

本书以中建五局多年来信息化建设实践为基础，进行多角度地思考、总结与归纳，亮点不少，可谓精彩纷呈，值得学习参考。比如：从集团型企业数字化管理出发，通过"三大支撑、四个平台、九项内容、五条路径"实现集团管控集约化、业务管理高效化、资源配置精细化、生态协同平台化的数字化管理战略目标；又比如：以用户体验为中心，强调"数出一源、一源多用"的基本原则，用场景化、轻量化、移动化打通信息化应用落地的最后一公里，实现基层减负、风险管理、精准管控总目标；再比如：立足于工程项目，将现代项目管理理念与BIM、5G、大数据、物联网、人工智能等新型信息技术相融合，智慧建造领域的"1+5"智慧工地建造管理体系。等等，都是很值得学习借鉴的。

绵绵用力，久久为功，信息化永远在路上。本书的结稿出版，是对后疫情时代行业信息化转型升级和企业高质量发展具有积极意义的一件好事，希望尤东同志为建筑行业的发展继续贡献更多的智慧和经验。

平安建设投资有限公司董事长兼 CEO

2020 年 9 月

数字化与智慧建造
Digitalization and Intelligent Construction
前　言

网络安全和信息化对一个国家很多领域都是牵一发而动全身的，要认清我们面临的形势和任务，充分认识做好工作的重要性和紧迫性，因势而谋，应势而动，顺势而为。

——习近平总书记

前　言

万物互联时代，信息技术发展日新月异，给社会生产和人们生活带来了深远的影响。随着生产、生活节奏加快，人们对效率的追求越来越高，各级政府部门、企事业单位都希望将信息技术运用到各自管理领域，通过信息技术与管理深度融合，促使管理效率全面提升，建筑业自然不能例外。

我国是一个建筑大国，建筑业是国民经济重要支柱产业，与此同时，建筑业是一个传统行业，生产管理方式仍然比较粗放，生产效率比较低下，施工人员素质亟待提高，现场人员、机械、材料等管理手段也比较落后，这些因素长期以来一直制约着建筑行业的发展。在我国大规模城市化进程中,建筑业高消耗、高风险、高投入、低利润的问题日益突出。如何加强建筑企业、施工现场标准化、信息化、精细化管理，是建筑行业面临的一个重要研究课题。这其中，以信息化、数字化为特征和手段的智慧建造成为建筑企业蜕变升级的主要方向。

随着人们对建筑产品质量、环境效益、社会效益的要求越来越高，建筑业正面临着信息化和数字化的新形势、新机遇、新挑战。近年来，建筑信息化的发展得到广泛认同，代表着新的生产力和新的发展方向。例如物联网、云计算、大数据、移动互联网、人工智能、BIM 等信息技术的蓬勃发展，给建筑业信息化带来新的发展机遇，只有抓住机遇迎接挑战，积极探索信息技术和信息化管理方法在建筑产业化中的有效应用，才能实现我国未来建筑产业化与信息化的深度融合。

回顾建筑行业信息化的发展历程，每一项信息新技术的出现，都将给建筑行业以及建筑企业带来新的机遇和挑战。向前十年，我们走过了管理信息化阶段，管理信息化就是将企业的运营管理逻辑互联网平台化，实现信息技术与企业管理工作结合，将日常工作管理表单及工作流程用计算机可识别的语言进行分解，运用现代计算技术将管理工作用信息化语言表达出来，实现企业管理标准化、精细化，从而提高企业运营管理效率。现在，随着云计算、大数据、物联网、人工智能、移动互联网技术等技术的兴起，建筑施工企业的生产方式和管理模式也随之发生了重大变革。我们已经进入了信息化、数字化的管理时期。

数字化管理是以信息化带动工业化，实现企业现代化的过程，他将现代信息技术与先进的企业管理理念相融合，转变企业生产方式、经营方式、业务流程、传统管理方式和组织方式，预控防范风险，理顺内部机制，增加盈利和降低成本，提升企业经营管理水平，增强企业核心竞争力。因此越来越多的企业在思考未来发展方向和动力时，把数字化转型升级作为企业"十四五"期间发展的重要支撑。通过数字化建设，使得数据纵向打通、横向共享，实现企业从传统的制度管理、流程管理向数字化管理的转型，为企业高质量发展赋能。

建筑业与数字化融合，是对旧生产方式的革命。数字化是新的生产力，融合的本质是行业体制机制改革，根本目的是解决行业高质量发展的基本问题。当前，建筑业日益增长的数字化建设需要和传统发展模式变革不充分、不彻底之间存在着五个主要矛盾：

一是建筑业信息化发展与企业管理变革不自信的矛盾。建筑企业的管理模式和运作机制相对比较落后，不科学、不成熟，标准化程度不高，业务管理受技术、资金、人才等因素影响较大，管理的升级已远落后信息化发展速度，自上而下

前　言

进行管理变革必将带来企业管理的阵痛，因此如何处理信息化发展与企业管理变革之间的关系，是当前和今后一段时期制约行业信息化发展的主要问题。

二是信息化管理平台与企业管理业务不匹配的矛盾。IT企业懂理论、有专业，缺建筑企业管理知识、业务管理逻辑，而建筑企业懂管理、有经验，缺信息化专业知识、IT技术逻辑。因此大多数建筑企业在信息化平台采购和自主开发方面往往掌握不好，导致应用平台要么"水土不服"，要么"功能不足"。另外由于信息技术的迭代更新，导致旧的平台架构落后甚至淘汰，不断增长的优化迭代需要不断投入成本。

三是企业上级与下级管理数据不互联的矛盾。企业战略规划层、管理控制层、执行操作层管理链条与各层核心诉求不统一。当前，项目一线仍处于被动应用信息化系统阶段，甚至为了"指标好看"，选择性地传递数据，真实、准确、有效的源数据反而不多，造成企业级管理平台"空有其表"，缺乏有效数据支撑，不能真正发挥作用，更谈不上"大数据"的挖掘与应用。

四是企业部门与部门之间不互通的矛盾。企业各部门花费大量的人力、物力、财力建设部门级信息化系统，但管理语言不统一，技术语言不一致，系统之间信息无法交互，甚至各部门数据资料仍使用硬盘保存在部门或个人处，形成信息孤岛，导致数据难融通，管理协同、降本增效的目标大打折扣。

五是岗位与岗位之间不互融的矛盾。IT岗位与业务岗位，业务岗位与业务岗位之间的专业差异、指标差异，导致岗位之间融合难。

企业数字化管理，是现代化企业加速管理变革的催化剂，是以数字化带动工业化，贯穿企业生产经营全业务流程，实现企业现代化与高质量发展的必由之路。对于执行操作层（项目部），作为企业源数据的基础源头，首先要遵循"数出一源、一源多用"的原则，确保源数据的真实性、唯一性、及时性、有效性，实现源数据的纵向互通、横向互联、集成共享，并通过场景化的应用实现业务替代、基层减负，提升工作效率；作为管理控制层，要坚持推进线上取数、线上检查、线上考核、线上评价的工作原则，整合碎片化、孤井式的数据源，打通业务数据链，以智能报表取代传统台账报表，实现报表自动生成，数据可视化分析，利用数据进行有效的资源统筹调配，提升内控运行管控能力；作为企业战略规划层，必须坚持数据安全第一的总原则，并设计源数据与管理数据平行与交互管理的总方案，通过数据智能分析、智能风险预警，为企业战略规划、风险管控、目标管理、绩效考核、决策分析提供数据支持。集团（局）、子（分）公司、项目三个层级构建以数字化驱动为导向，自下而上的知识链与数据流协同、开放的组织结构，是企业数字化管理能落地的重要支撑，最终实现"集团管控集约化、业务管理高效化、资源配置精细化、生态协同平台化"的数字化管理战略目标。

在项目智慧工地建造过程中，目前大部分项目还只是停留在看板阶段，不能用于项目的全生命周期进行有效管理。主要原因：一是企业没有建设专门的管理平台，以单个项目为单元选择市场上各软件公司的标准产品，既与应用场景匹配度不高，也无法做到企业统一管理，更无可能收集整合数据，形成企业有效的数据资产；二是现场移动数据端是数据收集及数据查看的重要端口，但能做到完美替代传统业务场景且用户体验感好的产品却很少，导致一线员工只能被动接受，实际应用效果大受影响；三是物联网技术在智慧工地的应用主要是通过布置传感器联通互联网实现项目现场的数据采集与实时监控，项目想要完全实现智能监控，需较大的投入，但投入产出成效又无法量化精确衡量，致使公司、项目从成本方面考虑而不愿意投入应用。因此现阶段智慧工地建设首先要解决如何实现项目业务管理一体化这个问题：一是充分明确并统一执行操作层（项目部）的核心业务需求，寻找志同道合的 IT 企业量身定制移动数据端，企业掌握源代码及迭代更新主动权；二是优化数据采集的自动化、智能化水平，减少人为操作，确保核心源数据的真实性、有效性；三是提高信息化产品的用户体验感，方便好用、基层减负、高层掌控为原则，实现自动生成报表、智能挖掘数据、智能分析数据、智能预警等功能完美匹配应用场景管理需求。

本书从企业信息化管理实践出发，分享信息化建设和数字化转型过程中的挑战与经验，重点阐述企业数字化管理和项目智慧化建造两个方面的内容。本书通过对建筑施工企业数字化管理的阐述，给出开展数字化建设要做什么、怎么做的实施路径，为企业数字化管理有效实施提供借鉴，并奠定良好的理论基础。同时，本书还创造性地将项目智慧建造管理体系理念引入到项目管理和控

前　言

制中，使项目建造周期各个业务线条的管理和预警预控实现智能化，变革了传统的项目管理理念和管控原则，创新了项目管理方法，提出了基于智慧建造的项目管控机制，为建筑企业解决项目管理痛点、难点提供了新的视角和方法。

一个优秀的管理者不仅要主动开展管理变革，更要驾驭变革，只有在变革中企业经营管理才能行稳致远。建筑企业已进入数字化管理时代，这是一场企业经营管理的革命。企业管理者必须痛下决心，自觉进行自我变革。通过制定数字化管理数字战略，分步实施、有理可循、有规可范。

我怀着热忱的心将自身的思考、心得、研究等汇入此书，相信能对锐意变革的建筑企业管理者提供有益的参考价值。希望此书能对建筑行业的企业数字化管理提升，对建筑企业的管理变革贡献一点力量。

邓尤东

2020 年 8 月

数字化与智慧建造
Digitalization and Intelligent Construction
目 录

第一篇 建筑施工企业信息化概述

01 形势

施工企业管理

建筑业作为我国国民经济发展支柱产业之一，对我国宏观经济影响深远。随着国民经济的快速发展以及建设工程项目投资规模的快速增长，建筑施工企业的规模也在不断扩大，在组织管理和项目管理模式方面呈现出区域化、多元化的发展态势，运用数字化管理倒逼企业标准化、精细化管理持续提升。

02 价值

施工企业信息化管理现状

建筑施工企业信息化管理是实现企业管理现代化的过程，是随着信息技术的发展进步逐步优化和完善的过程，通过不断革新支撑企业战略发展。它将现代信息技术与先进的企业管理理念、原则相融合，转变建筑施工企业生产方式、经营方式、业务管理流程、传统管理模式和组织模式，企业信息化管理也

目　录

将迈入一个全新的快速发展时期。

融合
03 施工项目信息化建设现状

项目信息化管理是建筑施工企业信息化建设的核心业务，建筑施工企业须以项目信息化管理为基础，拉通"财务资金成本"和"生产经营业务"这两条业务信息化主线。推进项目管理核心业务与信息技术深度融合，是建筑施工企业高质量发展的基础和保障。

第二篇　建筑施工企业数字化管理战略

规划
04 数字化管理战略规划

数字化建设是建筑施工企业在当今时代背景下，利用信息技术实现企业数字化转型升级的必然选择。数字化管理战略规划的制定明确了企业数字化建设的原则、发展目标、建设内容与实施路径，为数字化转型确立了总方向，为企业战略规划落地提供了有力支撑。

05 支撑
数字化管理战略架构 40

围绕企业运营组织、业务流程管理、信息资源整合三个方面来构建数字化管理战略架构，是制定建筑施工企业数字化管理战略规划的核心内容，也是实现数字化管理战略目标的重要支撑，总体包括数字化运营组织管理体系设计、数字化业务体系设计、数字化数据架构设计。

06 内容
数字化管理内容 46

根据建筑施工企业管理的特性，结合战略规划层、管理控制层、执行操作层不同的管理诉求，充分挖掘和发挥数据的价值和重要性，通过数字化管理为企业提供支撑服务。

目 录

07 技术
数字化管理关键技术   89

大数据时代，信息技术在建筑施工企业数字化管理建设中发挥了至关重要的作用。大数据技术、物联网技术、移动互联网技术等已充分融入建筑施工企业各业务线条，通过对施工管理数据的采集、汇总、存储、传输、分析，实现企业数字化运营。

08 创新
数字化管理平台   103

大数据时代新技术层出不穷，业务需求快速多变已成为新常态，建筑施工企业在搭建数字化管理平台时，应充分考虑系统的安全性、稳定性、可扩展性，按照统一的技术架构、数据标准、接口标准有效整合数字化管理关键技术，从而达到系统快速搭建、迭代的目的，以保障系统稳定扩展与平滑演进，避免企业在数字化建设中资源投入风险和信息安全风险的发生。

路径
09 数字化实施路径　　　　　　　　119

建筑施工企业数字化战略制定后，数字化管理路径是企业实施数字化管理的行动纲领，是实施数字化管理落地，确保数字化管理战略规划目标达成的重要保障，企业须以战略目标为引领，制定切实可行的实施方案。

第三篇　项目智慧工地建设

概述
10 项目智慧工地发展应用　　　　　　128

伴随新一代信息技术、人工智能技术与工程施工技术的深度融合，智慧工地的概念应运而生。大力推进智慧工地建设，是建筑企业尤其是建筑央企贯彻落实党和国家有关建筑业现代化工作要求，也是打通建筑业信息化落地最后一公里的关键，更是建筑企业抢滩行业管理前沿的必然选择。

目 录

11 基础
智慧工地基础建设　　142

施工项目临建标准化是智慧工地的重要组成部分,是智慧工地对内应用的载体,也是对外展示的窗口。统一策划、统一标准、统一实施好智慧工地基础建设,能够充分展现一个优秀企业的文化、管理品质和管理实力,甚至产生现场推动市场的"头雁效应"。

12 管控
智慧工地建造管理　　149

项目智慧工地建造,是构建一个以党建为根基、项目为主体、生产为主线、内控为核心、安全质量为保障、监测为手段、智能为目标的新型管理体系。通过多方协同、多级联动、管理预控、整合高效的智能化生产经营管控平台,利用物联网、传感网络、云计算等先进技术,以信息化、智能化、数字化服务于项目生产全过程管理,实现企业各管理层对项目主要指标进行风险管理、精准管控。

以中国建筑第五工程局有限公司为例，详细阐述建筑施工企业数字化管理实践。中建五局在企业信息化管理方面建成了具有"组织全覆盖、项目全周期、企业全成本、业务全集成"四大特点的信息化管理集成系统，以微服务架构的互联网平台为基础，逐步实现业务移动化、轻量化，数据自动化，标志着中建五局正式进入由数字建设到数字驱动的集团数字化转型阶段。

介绍重庆轨道交通 5 号线北延伸段工程，以"1+5"智慧工地建造管理体系为根本遵循，综合党建、商务、技术、生产、财务业务信息系统，引进智能检测、监测系统，探索"BIM+MIS+IOT"（建筑信息模型＋管理信息系统＋物联网）新型智慧建造模式。

目　录

数 字 化

Digitalization and Smart
Construction Management of
Construction Enterprises

第一篇
建筑施工企业信息化概述

01 形势

施工企业管理

建筑业作为我国国民经济发展支柱产业之一，对我国宏观经济影响深远。随着国民经济的快速发展以及建设工程项目投资规模的快速增长，建筑施工企业的规模也在不断扩大，在组织管理和项目管理模式方面呈现出区域化、多元化的发展态势，运用数字化管理倒逼企业标准化、精细化管理持续提升。

企业组织管理
企业项目管理
企业标准化管理

数字化

Digitalization and Smart
Construction Management of
Construction Enterprises

企业组织管理

建筑业作为我国国民经济发展支柱产业之一，对我国宏观经济影响深远。国家统计局数据显示，2019 年国内生产总值 990865 亿元，接近 100 万亿元，稳居世界第二。固定资产投资(不含农户)551478 亿元，比上年增长 5.4%。其中，基础设施投资增长 3.8%，制造业投资增长 3.1%，房地产开发投资增长 9.9%。

2019 年全国建筑业增加值 70904 亿元，同比增长 5.6%。全国具有资质等级的总承包和专业承包建筑业企业利润 8381 亿元，同比增长 5.1%，其中国有控股企业 2585 亿元，增长 14.5%。可见，建筑业的发展与固定资产的投资规模息息相关，随着国民经济的快速发展以及工程建设项目投资规模的快速增长，建筑施工企业的规模也在不断扩大。

建筑施工企业是指从事房屋建筑、基础设施和设备安装等生产活动的独立生产经营单位。按照资质划分可分为施工总承包企业、专业承包企业、劳务分包企业。为更有效地应对市场规模的扩张，建筑施工企业呈现区域式发展的态势，以总部所在地为中心辐射至全国各重点区域，个别大型企业已拓展了成熟的国外市场，逐渐形成了多组织、多层级、多法人、多业务的组织管理模式。

1. 多组织

建筑施工企业根据不同职能与分工，大体可以划分为管理部门、业务部门、事业部门。以中国某建筑集团有限公司为例，组织架构如图 1-1 所示：

管理部门一般是指行使一定的管理职责，以内控管理为主，服务企业生产经营的部门，主要包含：办公室、企业策划与管理部、人力资源部、财务部、审计部、党建工作部、纪检监督工作部、信息化管理部等。业务部门一般是指从事企业生产经营管理，负责承接项目、指导项目生产的部门，主要包含：市场与客户部、工程管理部、安全监督部、科技质量部、设计管理部、商务管理部、金融业务部、投资部、法律事务部等。事业部门则是以某项业务板块、某个经营区域为依托，同时具备管理职能与业务职能并相对独立的一种组织结构形式。如海外事业部、基础设施事业部、建筑工业化事业部、总承包事业部、房屋建

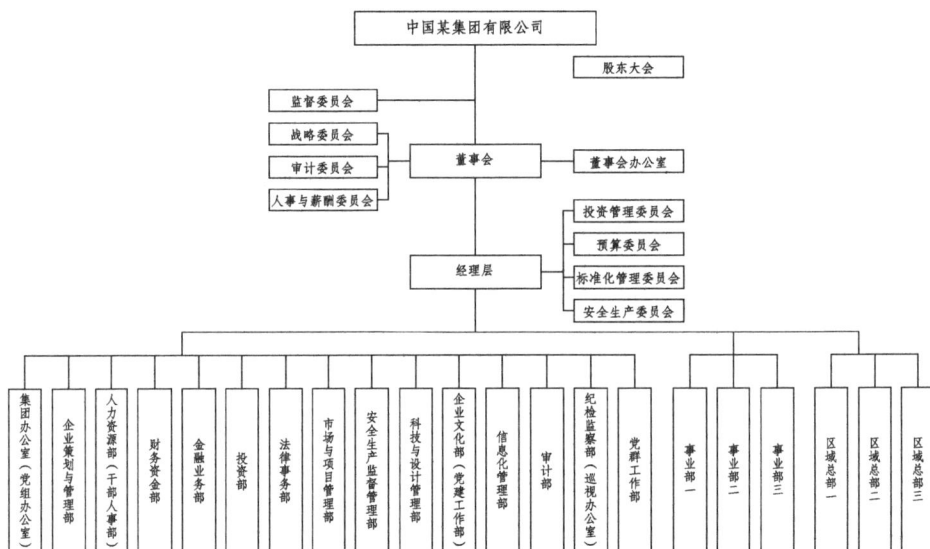

图1-1　中国某建筑集团有限公司组织架构图

筑事业部、华南事业部、华北事业部等。

2. 多层级

当建筑施工企业发展到一定规模的时候，现有组织结构形式已经无法满足企业生产经营管理及中长期规模发展需要，决策层会根据市场布局、业务结构调整目标，将一些管理职能、业务职能进行下放，成立区域分公司或者特定业务的分公司，见图1-2。

分公司是集团（局）在其市场布局以及业务经营范围内成立的，以自身名义从事管理、市场经营活动，并由集团（局）管辖的机构。根据《中华人民共和国公司法》的规定，分公司不具有企业法人资格，有些企业把分公司模拟为法人公司，设立董事长，利于培养企业干部梯队，但其民事责任由集团（局）承担，虽有公司字样但并非真正意义上的公司，无自己的章程，公司名称只要在集团（局）公司名称后加上分公司字样即可，如某某公司华南公司、某某公司路桥公司。

分公司在法律、经济上没有独立性，必须在集团（局）授权下从事相应的

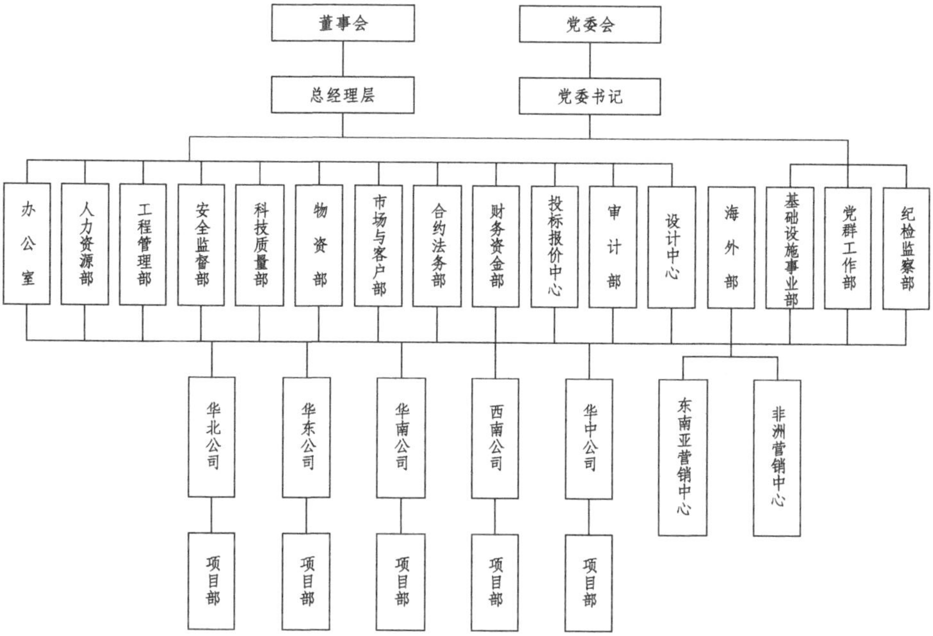

图 1-2 多层级组织架构图

市场经营活动，同时按照集团（局）的要求行使管理职责，并接受集团（局）的督导与考核。

3. 多法人

随着企业规模增长，给企业带来的法律风险也越来越大，为了有效规避风险，集团（局）会成立一个或多个子公司。子公司是指一定数额的股份被集团（局）控制或依照协议被集团（局）实际控制、支配的公司。子公司具有独立法人资格，发展战略以及经营策略可按照法人制要求自行制定。子公司有独立的资产、公司章程和董事会，可对外独立开展业务和承担法律责任。

集团（局）设立的子公司分为控股子公司和全资子公司两种类型。

控股子公司是指公司的出资或股份的 50% 以上被集团（局）所控制，但未达到 100%。集团（局）依据国家相关法律法规和规范性文件，以控股股东或实际控制人的身份行使对控股子公司的重大事项监督管理权，对投资企业依法享有投资收益、重大事项决策的权利。同时，负有对控股子公司指导、监督和相关服务的义务。

全资子公司是指该公司股权 100% 被集团（局）所拥有或控制，两家公司独立，有独立的法人资格。

以中国某建筑集团某工程局有限公司为例，组织架构图如图 1-3 所示：

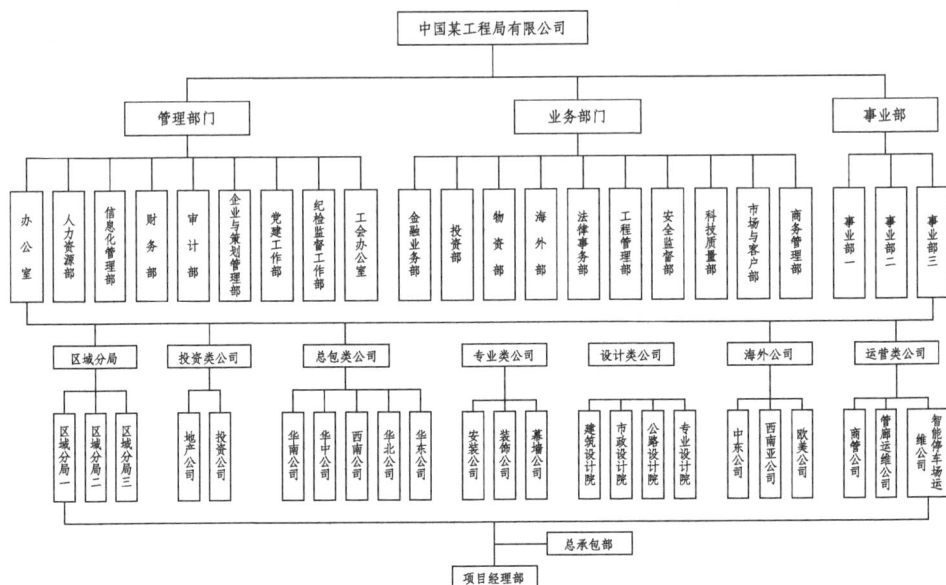

图 1-3　中国某建筑集团某工程局有限公司组织架构图

4. 多业务

建筑工程项目全生命周期分为规划、设计、施工、运营四个阶段，一些大型的建筑施工企业为应对行业竞争，在做强做大建筑施工主营业务的同时，通过不断优化业务结构，经营范围逐步向产业链上游及下游延伸。比如一些以房建施工为主营业务的建筑企业，在施工领域也积极向市政基础设施、公路铁路、水利水电等国家重点投资产业拓展，企业业务也由单一向复合方向发展，目前由单纯的施工业务向规划设计 - 投资（PPP）- 建设 - 运营一体化业务发展已经成为建筑施工企业优化业务结构的主要手段。

多业务发展使建筑施工企业拥有不同的管理特性，给企业管理带来一定难度。为适应新形势，建筑施工企业势必会改变原有管理模式，提升企业管理能力及水平，增强市场竞争力和生存能力。

企业项目管理

项目管理是指建筑施工企业在完成所承揽的工程建设施工项目的过程中，运用系统的观点和理论以及现代科学技术手段对施工项目进行计划、组织、安排、指挥、管理、监督、控制、协调等全过程的管理。

建筑行业是一个以订单为基本生存方式，以项目为基本战斗单元的行业，必须以业主需求为目的，形成具备完整使用功能的建筑物产品交付给业主。随着工程建设项目投资规模增长，建筑物呈现形式多样、体量大、结构复杂等特点，同时建筑施工周期长，使用的材料品种多、耗用量大。如何有效地对建筑施工过程中涉及的人力资源、物资设备和资金进行有效计划、组织和控制，对项目生产进度、质量安全、商务成本进行有效管控是建筑施工项目管理的主要内容。建筑施工项目管理主要呈现以下特点：

（1）涉及面广

建筑施工项目管理是一个多部门、多专业协同的综合管理。不单包括施工过程中的生产管理，还涉及技术、质量、材料、计划、安全和合同等方面管理内容。

（2）工作量大

一个建筑物的形成，需要消耗的物资种类繁多以及大量的施工活动共同参与，项目相关方在管理所涉及的施工环节和资源等方面，难度大、复杂程度高。

（3）制约性强

项目管理工作必须要遵循建筑施工从准备到竣工验收的内在发展规律，施工过程要符合建筑工程有关法律、法规、规范、标准等要求，做到彼此协调、安排有序。同时项目管理也要按照集团（局）、子（分）公司管控要求，合理开展项目建设活动。

（4）信息流量大

建筑施工项目各方面的管理活动并不孤立，存在相互依赖、相互制约的关系，各层级、各部门、各专业之间必然需要通过项目信息及时、准确的交互与传递，实现工作协同，其复杂与繁重程度，直接决定了项目管理过程中信息流动的复杂和频繁等特性。

企业标准化管理

近代工业标准化开始于 18 世纪末，1798 年，美国的艾利·惠特尼发明了工序生产方法，并设计了专用机床和工装用以保证加工零件的精度，首创了生产分工专业化、产品零件标准化的生产方式，惠特尼因此而被誉为"标准化之父"。1901 年诞生了世界上第一个国家标准化机构——英国工程标准委员会。在此之后不长的时间内，先后有 25 个国家成立了国家标准化组织。1911 年美国的泰勒发表了《科学管理原理》，把标准化的方法应用于制定"标准作业方法"和"标准时间"，开创了科学管理的新时代，通过管理途径进一步提高了生产率。

1946 年，英国、中国、美国、法国等 25 个国家的国家标准化机构在伦敦发起成立了 ISO。1961 年，欧洲标准化委员会（CEN）在法国巴黎成立。1976 年，欧洲电工标准化委员会（CENELEC）在比利时布鲁塞尔成立。这个时期各个国家基本都是处于战后恢复重建的过程中，经济恢复发展是首要目标。在这个过程中国家已经认识到了标准对于经济发展的重要影响，因此纷纷加大对标准化的投入力度。

进入 21 世纪之后，标准的国际化得到了迅速发展，伴随着信息新技术革命以及经济全球化的发展，各国都在积极地参与国际标准化活动，采用国际标准成为普遍的现象。这一时期的标准化的特点是系统性、国际性以及目标和手段的现代化，标准化的发展离不开信息技术的发展，离不开全球经济贸易的交流，并且在一定程度上标准化反过来促进了信息技术与经济贸易的发展。经济的发展，信息科学技术的发展，是这个阶段标准化发展的主要推动力。

纵观中国建筑企业的发展历程，结合企业发展的生命周期及其经营管理演进的客观规律理解，其内部管理一般经历了粗放式、规范化、标准化、精细化的四个阶段。

企业在创业发展的初期，由于规模小、人员少，在经济投入、成本控制、人员管理、质量监管等生产环节中没有一套合理有效的运行体制，管理中只是为了完成某一既定目标，也没有一个科学有效的过程。其管理主要依靠管理者实行"人盯人"的方式，就能满足企业管理的要求，这一时期就是"粗放式管理阶段"。

随着企业规模的扩大、人员的增加，创业初期"人盯人"的管理弊端逐渐暴露出来，而且随着时间推移，矛盾越来越突出，管理者针对企业运行中的具体问题就试图依靠建立制度来规范企业及其员工的生产经营活动。伴随着企业规模越来越大，企业内部分工越来越细，零散的、滞后的制度规范亦越来越不适应管理的需要，此时管理者就开始寻求依靠系统化的制度体系建设来实现企业的有效管理。这一时期就是所谓的"规范化管理阶段"，规范化管理就是从企业生产经营系统的整体出发，对各环节输入的各项生产要素、转换过程、产出等制定制度、规程、指标等标准或规范，并严格实施这些规范，以使企业协调统一地运转。根据企业属性的不同，在制度建设过程中，也可使用流程来辅助管理。规范化管理一方面是企业现代化大生产的客观要求，另一方面也是企业由"人治"变"法治"的必然选择，同时也有利于企业提高员工的总体素质。总的来说，大多数建筑企业从零起步，经历从无到有、从小到大、从弱到强的持续成长后，逐步构建起自身的发展优势与竞争力。在发展过程中，其内部管理已经、正在或即将经历粗放式、规范化、标准化、精细化的四个阶段。纵观中国大多数建筑企业的发展现状，目前正处于由全面规范化向标准化的管理转型阶段。

企业标准化管理是推进规范管理、提升服务品质、提升生产效率、降低管控风险、实现技术储备，从而提升企业竞争能力的重要途径，是企业各项优化方案落地实施的有效抓手。目前，建筑施工行业相对工业、制造业、服务业管理标准化的程度还很低，最主要的原因是建筑产品也就是建筑物不是一个标准产品，影响产品质量的因素很多，人员组织、资源配置、技术选型、方案制定、材料控制、现场管控等都是影响最终交付产品的重要因素。随着企业规模的不断发展，一些建筑施工企业已经认识到管理标准化的重要性。尤其是近年来，宏观经济由多年的高速增长步入中高速增长的新常态，建筑施工行业转型升级进入攻坚期。面对投资增速放缓，人工等要素价格攀升，市场竞争加剧等所带来的巨大生存和发展压力，许多建筑施工企业正着力于企业内部管理的转型升级，寻找内生式发展的新动力，希望通过信息技术助推企业健康持续发展，这也提高了建筑施工企业对标准化管理的要求。

建筑施工企业管理标准化体系一般有四种典型方式：

（1）以制度建设为主，流程为辅；

（2）以流程为主，制度为支撑；

（3）以操作／作业手册为主，制度和流程为辅；

（4）以产品标准化为核心，逐步推进管理标准化。

建筑施工企业标准化管理必须要结合外部环境与自身实际，不断发展，逐步提升，是一个长期的过程，永远没有终点。平安建设投资有限公司董事长鲁贵卿把我国建筑施工企业的管理标准化建设分为四个阶段：第一阶段是以规范化管理为主要特征的管理标准化，企业开始将重要的经验和管理智慧，通过书面文件形式记录下来，如工作文件汇编、管理手册等（称为管理标准化的 1.0 版）；第二阶段是 ISO 9000 质量管理体系、ISO 14000 职业健康安全体系与 ISO 18000 环境管理体系认证为主要特征的管理标准化，通过第一阶段的积累，企业快速形成了大量制度，结合组织管理体系标准，推出一系列符合建筑行业特色的管理体系标准，如程序文件、标准手册等（称之为管理标准化 2.0 版）；第三阶段是以卓越绩效模式为主要特征的管理标准化（称之为管理标准化的 3.0 版），这个阶段企业采用了更先进的思想和工具对制度进行梳理和规范；第四阶段是在以前管理标准化成果的基础上，通过数字化手段将制度进行优化，突出核心、去芜存菁，将管理标准进行可数字化升级，形成可数字化的管理标准手册（称之为管理标准化的 4.0 版）。数字化的管理标准化是对企业以前众多的管理流程、工作与工序标准、运营管控报表等进行梳理，统一管理语言，统一度量衡，以满足信息技术应用的基本条件，形成一套企业统一的、完整的、可数字化的、可操作性强的企业运营管控标准手册，才能为信息化提供一个良好的基础。

目前，一些大型建筑施工企业的标准化管理已经进入了第三阶段，个别正逐步向可数字化阶段发展。中国建筑集团有限公司作为当今世界最大的工程总承包商，在"十二五"发展规划中就提出"区域化、专业化、标准化、国际化、信息化"的"五化"发展理念，作为实现战略发展的重要目标。"五化"的核心基础和关键就是管理的标准化，主要包括管理模式标准化、商业模式标准化、组织架构标准化、生产经营管理标准化，通过实施标准化建设推动经营业务流程再造、体系梳理，进一步提高企业管理效率、降低机构运营成本、重塑企业内涵。

02 价值
施工企业信息化管理现状

建筑施工企业信息化管理是实现企业管理现代化的过程，是随着信息技术的发展进步逐步优化和完善的过程，通过不断革新支撑企业战略发展。它将现代信息技术与先进的企业管理理念、原则相融合，转变建筑施工企业生产方式、经营方式、业务管理流程、传统管理模式和组织模式，企业信息化管理也将迈入一个全新的快速发展时期。

信息化发展历程
信息化建设价值与成果
信息化发展趋势

数字化

Digitalization and Smart
Construction Management of
Construction Enterprises

信息化发展历程

建筑施工企业信息化发展是随着信息技术的进步而不断发展变化的。20 世纪 80 年代初，随着微型机的出现，一些简单的工具软件先后推出，建筑施工企业开始尝试使用计算机辅助办公，主要是以文字处理、表格打印以及资料管理为主的简单应用，极大地提高了使用者的工作效率。到 20 世纪 90 年代，基于业务管理的应用软件相继推出，如财务管理软件、预算管理软件、人力资源管理软件等。这些软件的出现推动了建筑施工企业信息化进入以解决局部业务管理为主的发展阶段。但是这些专业软件相对独立，只能满足单个岗位的应用，这也使得一些企业开始构建局域网，通过办公环境的局部网络化，实现信息和资源的共享。进入 21 世纪，随着互联网技术的发展和无线网络的成熟，为各类软件的整合与集成提供了基础，建筑施工企业开始基于业务管理搭建信息化管理系统，逐步实现了互联网与管理信息协同化、集成化的应用。

目前，对建筑施工企业信息化发展阶段的划分，比较权威的说法是美国管理信息系统专家诺兰（Richard·L·Nolan）通过对 200 多个公司、部门发展信息系统的实践和经验的总结，提出的信息系统进化阶段模型，即诺兰模型。诺兰在 1974 年首先提出了信息系统发展的四阶段论，经过进一步验证和完善，又于 1979 年将其调整为六阶段论，分别是：初始阶段、普及阶段、控制阶段、集成阶段、数据管理阶段和成熟阶段。

（1）初始阶段主要特点：组织中仅有个别人具有使用计算机的能力；该阶段一般发生在一个组织的少数业务部门。

（2）普及阶段主要特点：信息系统在企业快速发展；新问题凸显（如数据冗余、数据不一致性、难以共享等）；计算机使用效率不高。

（3）控制阶段主要特点：企业意识到信息化冗余问题，成立了相关领导小组；信息系统建设速度有所放缓；此阶段是计算机管理变为数据管理的关键。

（4）集成阶段主要特点：企业开始尝试建立门户或统一办公平台；企业内部开始尝试实现数据统一。

（5）数据管理阶段主要特点：唯一的数据库；标准的企业数据字典；唯一的

13

应用平台。

（6）成熟阶段主要特点：信息化应用涵盖企业各个方面；信息化成为企业管理的必要手段。

另外平安建设投资有限公司董事长鲁贵卿认为建筑施工企业信息化发展分为专业软件信息化、业务部门信息化、企业管理信息集成、大数据应用四个阶段。

专业软件信息化阶段是以"岗位级"应用为主，主要是利用各类工具软件，实现计算机辅助设计；计算机辅助结构计算、工程预算、钢筋下料、工程算量、模拟施工、3D建模、测量定位、图像处理；文字、图表处理电子化（办公软件）等。

业务部门信息化阶段是以"部门级"应用为主，主要是利用基本标准化的管理系统产品，实现业务管理与信息技术的较好融合，将冗余的信息进行梳理，初步建立数据管理的概念，逐步实现对系统进行"定制化"的优化。

企业管理信息集成阶段是以"企业级"应用为主，主要体现信息技术与企业管理体系融合，整体性企业数据贯通的集成管理系统初步尝试。

大数据应用阶段是以"社会级"应用为主，这是信息化发展的方向，也是"互联网+"真正内涵所在。目前，部分优秀的大企业集团在"互联网+"的鼓舞下，已经开始未雨绸缪，组织专门力量与IT产业的专业公司联合研究，积极探索，寻求突破和进展，这势必会引领和推动整个行业的信息化进程。

由此可见，施工企业信息化发展阶段是根据当时信息技术的发展情况来建设，逐步递进的过程。我们一定要了解企业当前处于哪一个成长阶段，才能更好地制定信息化建设方案，并做好信息系统规划。

信息化建设价值与成果

建筑业信息化是一项复杂而长期的战略任务。信息化的过程不是将制度在信息系统中直接反映出来，而是两者的创新与变革，做好信息化建设有利于企业重塑流程管理、实现信息资源整合，从而支撑企业战略发展。

信息化是企业实现战略规划的有力支撑，管理信息化过程就是实现信息技术与管理工作结合的过程。将管理工作用信息化的语言表达出来，通过信息化手段将企业的管理思路和模式变得可视化，同时企业也要从提高效率、效益、效果目的出发去构建管理信息系统，这就要求我们从管理和信息技术两个角度去理解信息化工作。信息化实施的过程其实是一个边施工边设计的过程，是一个以企业战略规划为蓝图，不断优化业务流程、管理动作与信息技术融合的过程。从这个层面上讲，信息化过程是一个重构企业管理思路和管理模式的过程，通过制定信息化战略规划来支撑企业的战略发展。

流程管理是将更好的工作构想制度化，通过信息技术实现管理制度的在线化、可视化，以首尾相接、完整连贯的整合性业务流程来取代被割裂的、不易看见也难于管理的破碎性流程。流程的制度化、在线化、可视化可以直观地反映各流程环节的关联关系，为流程重塑提供了前提保障。流程重塑是对业务流程动态过程的创新与优化，是从根本上对原来的管理业务流程做重新思考和彻底的重新设计，把垂直的直线职能型管理业务流程结构转变成平等的流程网络型结构，通过对业务流程进行优化，企业的经营管理模式将产生全方位的变化。流程重塑虽然只是从业务流程着手进行改革创新，但它的影响却超过流程本身，进而涉及组织结构变化、人员素质和企业文化的提高等方面。

信息资源整合的实质是企业通过信息技术手段有效的收集、加工和利用信息资源，使决策层能及时掌握企业运营情况，准确把握市场机会，更好地组织企业的人、财、物等资源。资源整合的核心是利用好企业内外部信息资源，开展信息化建设，是企业实现信息资源有效管理的最佳手段，通过信息化建设实现数据标准化、流程标准化、信息共享化，使数据口径保持一致，从而提高部门之间的协同效率，同时对企业业务经营数据进行深度挖掘和分析，提升信息资源的准确性和全面性，为决策层提供有效数据服务，使管理者的决策更加科学，增强了企业抗风险能力。通过对外部信息的捕捉开展对标管理，使企业更好地掌握竞争对手、业主等信息，了解自身的优势和劣势，取长补短，更好地准确分析和研判行业的现状和发展趋势以及市场环境的变化，实现企业长远稳定的发展。

信息化发展趋势

当前，随着云计算、物联网、大数据、移动互联等新技术的出现，并不断与先进的企业管理理念相融合，使建筑施工企业的生产和经营方式、管理和组织模式以及业务管理流程发生了快速转变，企业信息化管理也迈入了一个全新的快速发展时期。这一阶段，企业信息化主要呈现出五大特征：一是以人为本的社交化管理信息系统；二是更强大的供应链协同能力；三是集成化、智能化程度更高；四是移动化、场景化使得用户体验感更好；五是按需使用的信息化服务。

对于建筑施工企业来说，也面临着适应经济新常态的重大挑战，如何升级企业信息化管理，推行网络化、智能化建造，加快"互联网＋"行动，提高项目生产要素配置效率，促进产业链协同创新，成为建筑施工企业发展转型升级的首要课题。建筑施工企业信息化建设将呈现几个发展趋势：

（1）信息化应用呈现集成化、移动化、场景化

云计算、物联网、移动互联网技术的蓬勃发展，正推动企业信息化进入一个集成化、移动化、场景化的全新阶段。集成化应用打破了"信息孤岛"，信息系统真正成为有机整体；移动应用突破了时间、空间限制，用户可以通过移动终端随时随地访问系统，显著提高协同效率；采用轻量化微服务技术，根据不同业务场景，提供个性化应用功能，满足不同角色业务场景需求，提升用户体验。

（2）大数据成为企业信息化建设的新热点

数据的爆炸式增长已超出了传统信息技术基础架构的处理能力，给企业和社会带来严峻的数据管理问题。因此必须进行大数据的规划和建设，开发使用这些数据，释放出更多数据的隐藏价值。通过大数据战略规划，可以帮助企业明晰大数据建设的整体目标、建设蓝图，并将蓝图的实现分解为可操作、可落地的实施路径和行动计划，有效指导企业大数据战略的落地实施，助力企业数字化转型升级。

（3）信息安全在信息化建设中受重视程度提升

随着计算机信息网络建设的不断发展以及各类应用的不断深入，企业的经营模式已经由传统模式逐渐向网络经济模式转变。网络的开放性、互联性、共

享性，以及随着远程视频会议、远程现场监控等新兴业务的兴起，使得信息安全问题变得越来越重要。目前，很多企业都意识到了信息安全在提高企业核心竞争力方面的重要作用，持续实施信息安全整体解决方案，以信息网络、信息系统、数据、办公计算机和移动终端为防护对象，从管理和技术角度来设计和建设信息安全项目，大幅提高集团（局）对信息安全事件风险的预警和响应能力。

（4）提升信息技术管理能力成为未来企业关注的重点

随着企业信息化应用的不断深入，企业内部信息系统的规模越来越大，运行在信息系统上的各种业务越来越多。因此，信息技术自身管理能力提升以及服务的标准化、规范化将成为未来关注的重点，企业应全面加强信息技术管理与服务体系建设，设立统一的服务管理机构，对信息系统运行维护实行统筹管理，极大地提高工作效率，加快反应速度，增强执行力度，确保信息系统安全、可靠、稳定运行。

（5）云服务实现产业链的生态协同

云计算应用逐步成熟并向建筑业细分领域渗透，行业化和场景化将成为云服务发展的大趋势，建筑企业云服务平台建设将为分享经济在建筑领域的应用落地提供平台支撑。依托云计算、物联网、大数据等技术，建筑企业构建资源开放共享的云服务平台，对外发布需求信息，吸纳社会资源，对内保障安全生产、优质履约、降本增效和施工大数据的建立，随着建筑业和互联网的融合发展逐步深入，"智慧工地大数据云服务平台"的发展将潜力无限，将为建筑企业数字化战略管理奠定坚实基础。

03

融合
施工项目信息化建设现状

项目信息化管理是建筑施工企业信息化建设的核心业务，建筑施工企业须以项目信息化管理为基础，拉通"财务资金成本"和"生产经营业务"这两条业务信息化主线。推进项目管理核心业务与信息技术深度融合，是建筑施工企业高质量发展的基础和保障。

项目信息化建设历程
项目信息化成果
项目信息化发展趋势

数字化
Digitalization and Smart
Construction Management of
Construction Enterprises

项目管理信息化是建筑施工企业信息化建设的核心业务，建筑施工企业须以项目管理信息化为基础，拉通"财务资金成本"和"生产经营业务"这两条业务信息化主线。推进项目管理核心业务与信息技术深度融合，是建筑施工企业高质量发展的基础和保障。

项目管理信息化要实现有用、实用、好用、乐用的目标，必须着重解决三个问题。

一是以任务管理为主题的沟通管理信息化，以及沟通过程中"非结构化"数据的管理和信息资源的再利用。

二是提供方便、简单且符合项目部"作业区"管理实际的信息化应用工具。

三是减少和避免项目部"作业区"与"办公区"的重复工作，即在"作业区"手工做一遍，回到"办公区"后再录入信息系统。

需要说明的是，将信息化分为"企业信息化"和"项目信息化"是建筑施工企业在不同阶段，开展信息化建设所侧重的管理需求不一样，实际上是一个协同工作的有机整体，缺一不可。

项目信息化建设历程

项目信息化发展主要经历两个阶段。

第一阶段是 21 世纪初至 2010 年，以信息技术在技术管理中的应用为主要特征。

21 世纪初，信息技术开始应用到项目的施工过程中，应用内容主要包括技术和管理两个方面。技术方面的应用体现在利用信息技术进行施工控制，如：模板提升自动控制、搅拌站自动控制等；管理方面的应用主要体现在对施工过程的管理。建设初期，部分施工企业搭建了项目管理信息系统，实现了单业务的信息化应用。施工企业对信息技术与日俱增的管理诉求，给软件行业带巨大商机，一大批软件公司涌入建筑行业，依托施工项目各业务环节的管理需求，开发并推广项目管理信息系统。与此同时，随着信息技术重要性日益凸显，政府部门将信息化建设与应用纳入申报施工总承包特级资质考核要求以及投标方案的重要内容，这对项目施工信息化管理起到了巨大的推动作用。

第二阶段是 2010 年至今，以 BIM 技术、云计算、物联网等新技术的综合应用为主要特征。

本阶段，建筑企业开始探索 BIM 技术在施工过程中的应用，以三维设计为基础的 BIM 技术，是一种全新的工作模式，使得工程建设全过程信息可以通过信息系统实现直观化、可计算、可共享及可管理。特别是云计算的发展应用使得工程建设信息管理更容易通过互联网实现数字的计算、分析和共享，而物联网则使施工现场所产生的数据，如质量、安全、环境等信息能够得到实时采集，同时实现劳务、物资、设备的高效管理。

项目信息化成果

从目前项目信息化应用情况来看，主要还是项目综合管理系统和项目多方协同工作系统的应用。

项目综合管理系统是针对项目工期、质量、技术、安全、商务、设备、物资、分包、分供、竣工资料等项目要素进行全面管理的软件系统。

项目多方协同工作系统以云计算、大数据、移动互联网和 BIM 技术为支撑，构建多方参与的协同工作平台，为项目实施各参与方提供信息共享、实时沟通和工作协同的环境。在具体的应用方面按专业可分为：土建施工应用、机电施工应用、钢结构施工应用、幕墙施工应用、装饰装修施工应用等。

项目信息化发展趋势

项目信息化管理总体方向是在项目全生命周期管理的范围内，推动项目施工成本降低、质量提高、工期缩短、事故减少，更好地满足施工相关方管理需求。

其发展趋势主要归纳为以下 6 点：

（1）新技术的开发利用

工程施工过程领域信息化应用许多都是从其他领域引进，例如 CAD 技术、ERP 等。由于建筑领域的特殊性，这些技术不能够直接应用于施工过程中，需要根据实际情况进行必要的二次开发，使得新技术能够应用到施工过程中。例如：智能移动终端、虚拟现实、增强现实、智能穿戴、机器人等。

（2）多项技术的集成应用

目前，在施工过程中应用的信息技术较多，但大多都是单点应用，通过信息技术集成能够取得更好的应用效果。如：在信息系统中集成 BIM 技术、GIS 技术、物联网技术、云计算技术等，用于装配式建筑生产和施工全过程的管理。一方面可以通过信息系统进行部件生产、掌握部件运输情况、检测部件位置及分享施工和生产信息等，减少大量的人工信息录入，提高工作效率；另一方面保证信息的一致性，提高信息质量，辅助相关管理人员在生产和施工过程中做出决策。

（3）信息系统的更新换代

信息系统的基础性技术发生突破性进展带来信息系统的全面升级。BIM 技术就是这样的一项基础性技术，BIM 模型基于三维模型，计算机本身可以识读，可在各个阶段进行信息交换。BIM 技术带来了施工过程信息化的更新换代，这种更新换代是系统性的，所有相关的信息系统均得到升级。目前，BIM 技术在施工过程中的应用还多是局部的，但项目信息系统的更新换代工作已经展开。

（4）各阶段的信息共享

通过 BIM 技术，相关信息转变为系统可识别形式；通过标准化在各软件之间自动信息交换。目前，要做到信息共享难点主要在于：一是涉及施工过程多个阶段、多个专业之间的信息交换，而项目之间所采用的概念并未统一；二是涉及的信息和信息化系统太多，难以满足所有需求。

（5）人工智能等新一代信息技术加速推广应用

人工智能等新一代信息技术将对企业的创新发展产生一系列深远影响。未来企业之间的竞争，一定是信息数字化水平的竞争，决定着企业未来的核心竞争力。比如在塔式起重机装上安装传感器，通过红外线感知，吊装作业时的风速、高度、吊重便转变为可视化数据；安装环境监测系统，感知风速、湿度、温度、PM2.5 指数，实时投放在环境监测屏上；安全 VR 体验馆让一线操作人员身临其境体验安全事故带来的危害，有效降低施工人员的不安全行为；焊接机器人、抹灰机器人、砌墙机器人、隧道施工机器人等智能化生产设备的应用则进一步提高生产效率，确保施工质量；3D 打印也在建筑业开始了实际应用。

（6）新时代呼唤数字智能

2020 年全国两会期间，以 5G、大数据、人工智能、物联网等为代表的"新基建"，成为热议的话题。建筑业作为传统行业，依然是数字化和自动化程度最低的行业之一，生产管理方式仍然比较粗放，生产效率比较低下，整个建筑业高消耗、高风险、高投入、低利润的问题日益突出，而解决这些问题的有效途径就是实施企业的数字化转型，对于施工项目管理而言，需要确保生产经营源数据的真实有效，这是建筑企业大数据应用的基础，而扩展智能装备、物联网的应用是提高项目生产效率，减少安全风险，降低无效资源投入的关键。对于集团（局）管理而言，自下而上收集源数据，打通全集团（局）纵横向数据共享与利用，充分挖掘数据潜在价值，为企业生产经营战略制定提供科学依据，自上而下分解战略目标，有效管控风险，实现卓越运营，这是建筑企业数字化转型的目标。因此，施工现场的智慧工地建造和企业内部信息化建设、数字化驱动的深度融合，必然是新时代下促进传统建造方式升级，提高项目管理和生产效率，推动建筑企业高质量发展的重要途径。

数 字 化

Digitalization and Smart
Construction Management of
Construction Enterprises

第二篇
建筑施工企业数字化管理战略

04

规划

数字化管理战略规划

数字化建设是建筑施工企业在当今时代背景下，利用信息技术实现企业数字化转型升级的必然选择。数字化管理战略规划的制定明确了企业数字化建设的原则、发展目标、建设内容与实施路径，为数字化转型确立了总方向，为企业战略规划落地提供了有力支撑。

数字企业概念与建设的必要性

数字企业管理建设原则

数字企业管理实施方法

数字企业管理规划实施

数字化

Digitalization and Smart
Construction Management of
Construction Enterprises

数字企业概念与建设的必要性

所谓数字化企业，是指使用数字技术，改变企业传统的管理方式与经营模式，生产经营战略选择能更快地适应瞬息万变的市场环境，保持持续竞争力的企业。数字化企业通过管理变革，运用更高效、更智能的管理方式、经营模式，建立更和谐、更融合的客服营销体系与员工价值理念，创造新的利润增长点。数字化建设是建筑施工企业在当今时代背景下，利用信息技术实现企业数字化转型升级的必然选择。数字化管理战略规划的制定将明确企业数字化建设的原则、发展目标、建设内容与实施路径，为数字化转型确立总方向，也为企业战略规划落地提供有力支撑。

1. 什么是数字化

很多建筑企业困惑，我们搞了几十年的企业信息化建设，也做了较大的投入，现在为什么要转型搞数字化？

首先，需要明确数字化并不是对企业以往的信息化推倒重来，而是需要整合优化以往的信息系统，在此基础上，提升企业管理和运营水平，用新的技术手段来支撑企业适应数字化转型变化的新要求。

数字化这个概念本身，在业界已经有非常明确的定义，百度百科定义数字化是指将任何连续变化的输入如图画的线条或声音信号转化为一串分离的单元，在计算机中用 0 和 1 表示。而中文"数字化"，在英语语境下，有两种定义，分别是 Digitization 和 Digitalization，前者是狭义的定义，即数字化是将模拟信号转变为数字信号的过程，后者是广义的定义，强调的是数字技术对商业的重塑，信息技术能力不再只是单纯的解决企业的降本增效问题，而应该成为赋能企业商业模式创新和突破的核心力量。

2. 数字化和信息化的区别

信息化与数字化的区别主要体现在信息技术的应用范围、数据之间的连接模式以及企业对数据价值利用等方面。在信息化建设阶段，企业主要希望通过信息系统固化原有业务管理流程，实现集团（局）对子（分）公司、项目运营过程管控。项目操作层以数据录入为主，系统体验感差，不仅没有有效提高使用者的工作效率，反而加重其工作负担。各层级、各部门、各岗位之间的数据没有实现共享，完全通过基层人员手工上报获得，同时缺少数据分析和展示的载体，不能发挥数据应有的价值。决策层仅通过系统完成相关业务流程的审核，没有达到利用数据实现企业经营决策的管理目的。数字化就是要解决各信息系统之间的数据互联互通问题，实现数据整合，最大化挖掘数据资产的价值。

（1）从应用范围看

信息化建设初期，信息系统主要集中在单部门、单线条的应用，很少有跨部门的整合与集成，其价值主要体现在集团管控方面，而数字化则是将企业整个业务流、数据流利用数字化技术进行打通，破除部门、岗位之间的壁垒，通过系统互通、数据互联，实现跨组织、跨部门之间的工作协同与数据共享。

（2）从连接角度看

很多企业原有的信息系统是在"升特"的背景下，为满足特级资质申报完成的建设，部署的都是软件厂商提供的标准产品，并没有开展详细的需求调研。而且当时信息技术的发展水平与目前也存在较大的差距，也可以说在当时的环境下还比较缺乏对连接的深度认识。现阶段企业信息系统最大的问题主要反映在主数据是否统一、数据是否共享、业务是否协同等方面。这些问题导致了信息系统运行效率低，多系统数据重复录入，既不能通过业务替代，提升员工工作效率，也不能为管理层提供决策支撑，以至于系统在推进过程中阻碍重重。

企业数字化建设就是通过搭建数字化管理平台将产业链相关方连接在一起，实现经营业务流程在线协同，线上数据实时交互，从而改变企业的运行效率，降低运行成本，重构管理模式。

（3）从数据角度看

以往信息系统所产生的数据主要分散在不同的系统中，由于各系统之间没有实现数据互通，所积累的数据没有形成数据资产，不能有效发挥数据应有的价值。随着大数据技术的发展，数据的价值得到充分体现，利用大数据平台对各业务系统数据进行抽取、筛选、存储、分析，生成经营管理分析指标，并按照各管理层级的要求形成集团（局）、子（分）公司、项目看板，更好地提升企业管理效率，实现真正数字化。

3. 建筑企业数字化建设必要性

数字化是在原有信息化基础上，利用较先进的信息技术，进一步提升信息化管理效率，构建数字企业的一种手段。5G 互联网的到来，为建筑企业管理创新，实现高质量发展，带来新的机遇

（1）数字化转型是企业打造竞争力的必然选择

数字化转型受外部和内部两种因素驱使。外部因素是指企业在数字化转型大潮中，如逆水行舟，不进则退，如果不进行数字化转型，企业将不能充分满足客户需求，从而面临被竞争对手超越、被市场边缘化的风险。内部因素是指企业可以通过数字化转型在低成本竞争的市场环境下，捕获新的市场机会，通过管理模式的变革，提升自身管理效率，降低企业运营成本，从而提升企业竞争力。

传统的建筑企业认为企业的核心竞争力是指工程项目的履约能力，所关注的是怎样按照合同约定，在创造一定经济效益的前提下完成项目交付。而在数字化背景下，建筑企业的核心竞争力体现在服务能力上面，对业主的服务、对分供方的服务、对员工的服务、对社会的服务，通过"服务能力＋数字化能力＋建造能力"的提升，打造企业核心竞争力。

（2）数字化转型是企业降本增效的内在需求

目前，数字化建设在制造与物流行业已经产生较好的经济效益，近期在国际供应链大会上发布的《第四次工业革命对供应链的影响》白皮书指出，79.9% 的制造业企业和 85.5% 的物流企业认为，在不考虑金融影响的前提下，数字化转型将产生积极影响，数字化变革将使制造业企业成本降低 17.6%、营收增加 22.6%，使物流服务业成本降低 34.2%、营收增加 33.6%，使零售业成本降低 7.8%、营收增加 33.3%。

但在建筑领域，数字化建设还未达到应有的效果，建筑企业具有项目建设地分散、价值链离散度高和项目周期较短的特点，导致供应链成本居高不下。

通常的项目建设周期在几个月到几年不等，建设期间要构建钢材等主材供应商，各类地材供应商，以及分包合作伙伴，在异地扩张项目时，原有供应体系复用度低，需要重新构建。因此如何降低建筑企业寻源周期和采购成本，同时通过本地化的规模效率提升供应商和物流方的服务能力，提高整个产业链协同的效率，数字化转型就显得尤为重要。作为建筑企业最主要的供应链数字化，能够帮助企业降低增效，据中国建筑协会发布数据显示，中国建筑企业平均净利率约 3.5% 左右。在建筑的项目成本中，采购成本（包括材料、劳务、机械设备等）大约占到整体成本 80%，是项目成本的重要组成部分。近几年大型建筑企业纷纷实施 B2B 集采平台，通过数字化手段降低采购的成本，提升采购的效率。据不完全测算，实施供应链数字化后，平均采购成本降低约 1% ~ 3% 左右，而采购成本每降低 1% 利润率将增长 5%，这对于净利率低的建筑业具有重要意义，因此各大建筑企业都在积极建立数字化集采平台，如中建云筑网，中铁鲁班网，中交云商网、南通三建筑集采网等，通过网络应用、数据沉淀等达到降本目的。

（3）数字化转型是企业模式再造的必由之路

商业模式再造。基于数字化，建筑企业需要在体验、效率、成本三个方面重新构建起新的商业模式，体验更多对应建筑产业链上不同角色所能提供的产品（服务也是产品），让产品体验及使用变得足够便捷、智能，效率、成本正是体验的衡量指标。未来的建筑产品一定是社会化分工协作的成果，随着对建筑产品的数字化重新规划和定义，分工协作必将迎来数据流时代，企业垒高墙的时代注定要被时代淘汰，企业因数字、数据的流动，边界更加模糊，数据会穿透企业高墙，从而会交织出建筑行业的一张数据大网，企业对于自身产品的定位、服务功能、价值追求会更加精准，协作协同更加紧密。产品化、数字化、社交化，应该是未来建筑业商业模式变革的方向。

组织模式再造。组织未来的演化形式会走向平台，核心功能也会从传统的管理控制升级为赋能与服务。现有的行政、管控、考核工具，变为提供服务、激励、资源的平台。传统建筑项目管理中的各自为政、信息碎片、信息割裂、互不协同等弊端显而易见，不管是项目承包制、项目责任制，都始终在集团（局）、子（分）公司、项目的管理博弈中摇摆妥协，找不到一种合适的组织架构去迎接已经来临的数字化浪潮，建筑业组织模式的数字化变革已是刻不容缓。公司平台化、项目产品化、员工创客化应该是建筑企业组织模式变革的三个核心。当组织变成了赋能平台，当办公形式逐步网络化，未来员工与企业的关系不再是简单的雇佣、被雇佣，而是基于产品全周期生产的各自的分工协作，通过数据流、信息流进行协同工作，企业员工的业务场景各自独立而又互相数据衔接，每一个参与角色、岗位、组织都能实现快速的网上协同工作，并且在工作的过程中，实时的产生、沉淀数据，充分挖掘数据潜力，服务于企业生产经营，由此带来的建筑业的组织架构、考核方式都会产生深刻变革。

数字企业管理建设原则

数字化转型的规划应遵循以下三个核心原则，并将其贯穿到企业数字化转型全过程，从而保证转型策略正确实施。

（1）战略与执行统筹

数字化转型过程中战略和执行并重。

战略强调自上而下，重视顶层设计，从企业战略逐层分解，找到行动的目标、路径，指导具体的战略实施。

执行强调自下而上，在战略顶层设计的指引下，积极促进基层探索和创新，将新技术和具体的业务场景结合起来，从而找到创新点，把基层创新归纳和总结提炼，不断充实和修订顶层的实施战略和任务分解。

战略与执行还要统筹处理好远期与近期、总体与局部、宏观与微观等各方面关系。

（2）业务与技术双轮驱动

数字化转型的驱动力来自业务和技术两个方面。

数字化转型实际是业务的转型升级，要从业务视角主动思考转型的目标和路径，将转型落实到具体的业务运作中，可以借鉴外部的实践经验，找到技术对业务变化的支撑点。

新技术可以给业务带来巨大的提升潜力，企业应该在新技术的探索上做适度超前谋划投入，通过持续的探索和学习，把新技术的应用变为实际的业务价值，推动企业业务持续升级。

（3）自主与合作并重

数字化转型的成功与否，关键在企业自身，企业要想实现转型的自我驱动，识别和聚焦核心能力，自我提升实现核心能力的内化。对于非核心能力，以开放的心态充分利用外部力量，快速补齐能力短板，为企业自身发展构建互利共赢的生态体系。

数字化转型顶层设计是制定企业转型总体框架与发展路径的重要战略，是企业有效协同的必要基础。顶层设计要明确企业远期目标战略解码，并在组织内统一思想、统一目标、统一语言、统一行动，解决数字化转型的整体性、协作性、可持续性问题。

数字化转型顶层设计从过程上看，主要包括价值发现、规划制定、实施路径三大主要阶段。

数字企业管理实施方法

建筑施工企业实施数字化转型大体可以分为以下几个步骤：

（1）确立数字化建设目标；

（2）找出实现数字化转型的关键要素；

（3）规划蓝图的构建；

（4）实施路径的确立。

1.数字化建设目标

建筑施工企业数字化转型的最根本目标就是要解决企业的经营管理问题，通过打破以往传统的管理思维，遵循"数出一源、一源多用"的原则，实现源数据的纵向互通、横向互联、集成共享，以应用场景业务替代实现基层减负，以智能报表的数据可视化分析统筹资源调配，提升内控运行管控能力，从而推动企业生产经营效率的提升，并需要结合企业现状梳理问题和设定适合的目标。

（1）做实战略保障是关键

数字化转型是一把手工程，规划数字化转型要明确转型目标。首先，要明确做哪些事，需要解决什么问题，达到什么效果，预先要有充分的调研分析与考虑；其次，要从思想上、认知上真正理解数字化转型的意义和方法，转变企业全员数字思维，特别是中高级管理人员的认知，要以客户需求为中心，以数据为资产，以技术为手段，以人才为依托，构建能快速满足客户需求和支持业务创新的技术平台体系，支撑客户服务和业务精益管理。

（2）数字化转型的价值识别

快速实现业务价值，是数字化转型顶层设计的难点，价值发现通过综合评估企业现状，分析业务需求，对标业界实践等任务，找准转型突破口，其主要工作包括现状与问题调研，业务需求理解，业界最佳实践对标，技术发展趋势分析以及转型价值发现等。

数字化转型应在企业发展有瓶颈、有痛点、有难点的环节和链条上下功夫，这是转型的核心，有利于集中人财物资源，针对关键、重要的问题进行解决。比如，企业的运营模式、组织架构、工作资源、客户服务、全方位体验、创新能力、产品研发、技术能力、服务交付等，通过调研和自查，把痛点、瓶颈、诉求、问题梳理出来，确定转型的范围和方向，才能有效推动企业数字化转型，才能针对性地解决转什么的问题，才能提升企业的生产经营能力和管理运营水平。

（3）目标驱动转型方向

企业通过价值识别的成果，应该制定规划数字化战略目标。不知道自己需要什么，肯定就是盲目的。盲目的做事就是所谓的"蛮干"。

提升工程项目精益管理能力。企业所有项目的生产情况被全部纳入实时动态监控范围，通过后台大数据计算、云计算、人工智能等手段，对全企业范围内的资源进行高效的优化配置和资源整合，对在建项目的质量、成本和工期等关键指标进行精准控制，对"人、机、料、法、环"等关键因素进行实时管理，使精益管理的理念真正落地并获得实效。

提升企业集约化经营能力。将企业经营过程中产生的营收、利润、成本等数据信息整合汇总。经过大数据技术、人工智能算法等深入分析，传递至决策层进行统筹安排，使企业管理者能够高效地集中调配资源、集中企业招采、统一优化配置资金，促进集约化管理，加强企业对工程项目的管控。此外，数字化转型使组织机构扁平化、工作流程线上化，减少企业运营成本投入，更好地实现集约化经营。

提升企业管理决策能力。充分利用物联网、移动设备等采集工程项目资金、经营、进度、质量、安全、技术等数据，多角度汇总和分析，可视化呈现，供企业管理者及时、准确了解企业运营情况，快速做出经营决策。同时，各项经营数据指标的积累形成专业数据库，为企业经营提供不断更新的数据资产，使管理决策从"业务驱动"向"数据驱动"转变，最终提升企业的管理决策能力。

（4）数据源是数字化战略基础

数字化就是要通过各种技术手段归集企业日常运营和创新所需的数据、客户使用产品或服务的体验数据、市场变化数据、行业趋势数据、项目管控数据等，形成企业日常运营的全景图、客户全景图、市场变化及行业趋势全景图等，从而提升企业运营管控效率，创造新的企业业务模式。企业通过数字化手段挖掘数据的价值，从中发现企业运营中可以改善的地方，甚至开发新的业务模式。

（5）信息"规范化、全连接"

信息标准与连接的核心就是"简单问题规范化"，只有规范业务运行流程，明确环节之间的信息交换内容和格式，才能进一步确定每个环节应该以什么格式提供什么内容的信息。只要有规范的格式和内容信息，才能实现数据信息的数字化、结构化的定义，也才能支持信息在流程链条上的全连接。通过全连接，完成高效的信息流转，构建完善产业生态，实现优质的客户服务，帮助企业建立新的互动模式，完成数字化、智慧化的转型。

数字化建设目标总体而言，一是对内强己，聚焦在优化完善企业治理结构，实现流程贯通与全连接，资源可视全过程透明管理，风险可控。这个维度的内容是要关注并且补齐自己管理的短板，实现企业的精益管理。二是赋能员工通过移动设备、先进技术和工具、增值培训、平台支持，帮助员工实现能力的提升和拓展，同时也能延伸员工本身对企业、对设备、对客户的感知和反应，更好地支持基层运用和为业务凝心聚力。特别是围绕企业关键岗位作业效率的提升，最终实现提升企业的生产经营效率。三是对外共赢，新兴信息技术使企业能够通过与客户围绕互利互惠合作，通过与生态圈合作伙伴的联合或整合，进入全新的市场或产生新的价值场景，共同开拓市场与拓展市场空间，实现互利共赢。四是挖掘数字化价值，借助企业的数字化改造，进一步提升企业的数字化运行能力，实现企业顶层战略管理目的，推动企业快速稳健高质量发展。

2. 数字化关键要素

数字化转型的关键就是要实现技术的转换、数据的融合以及业务的重构。

技术的"转换"，主要是使企业从传统的信息技术承载的数字转变成"新一代信息技术"的数字，实现技术应用的升级。

数据的"融合"，主要是指企业从实体状态的过程转变成信息系统中的数字、从物理形态的数字转变成虚拟形态的数字，打通全方位、全过程、全领域的数据实时流动与共享，实现信息技术与业务管理的真正融合。

业务的"重构"，主要是指企业适应互联网时代和智能时代的需求，基于数字化实现精准运营的基础上，加快传统业态下的投资、设计、建造、运营等的管理变革与重构。

3. 数字化规划蓝图

规划蓝图的制定是明确数字化建设的总体框架与发展路径及目标，为数字化转型确立企业战略总方向，使数字转型成为全员共识。

首先要理解和贯彻企业发展的使命、愿景以及发展战略，公司未来如何发展，要实现哪些经营目标，结构转型的方向是什么，要把企业发展战略转化为指导数字化建设的准则，才能使数字化建设成为企业战略实现的重要支撑。

其次，要确定数字化建设规划的核心内容，要建立符合企业数字化建设目标的运营管控模式及系统运行架构，大体可以包括数字化组织及管控模式、数字化业务体系设计、数字化数据架构设计。

（1）数字化组织及管控模式

自上而下的层层下达或自下而上的逐级汇报是企业组织及管控的传统模式，该模式存在管理层级多、责任主体多、岗位角色多、工作协同低等问题。面对新的建筑行业发展环境，企业与项目的传统组织结构弊端日益显现，随着物联网、大数据、移动互联网等技术深入应用，不但使得组织变革成为可能，并且加速了这种变革趋势。

一是企业网络化。信息技术从纵向改变了传统的层级式信息收集、加工、处理方式，使信息能够自动采集、实时传输，并在组织不同层级之间快速流畅地传递和共享，免去了中间层的上传下达，减少了信息流通的中间环节，推动企业的机构精简；信息技术从横向在企业内部打破部门界限，各部门及成员以网络形式相互连接，使信息和知识在企业内快速传播，实现最大限度的资源共享，大大提高资源的利用效率及对市场的响应速度，使得组织的市场反应快速敏捷性大大提高。

二是项目平台化。通过建设项目协同工作信息化平台，在信息交互方面，实现项目经营管理集体、生产实施团队、资源配置部门、相关协作单位的信息互通和协同工作。在项目建设实施方面，实现生产组织从区域化向专业化转变，业务管理从条块管理向协同管理转变，资源配置从分散独立向统一调配转变。在要素管控方面，实现对项目劳力、物力、信息、时间、进度、安全、质量、成本、资金、风险等要素全集成专业化管理，最终实现项目相关方在统一平台下对工程项目的"跨区域协同生产、远程现场生产指挥、多部门协同工作、多组织协同管理"目标。

（2）数字化业务体系设计

一是提升建造自动化应用程度。将 BIM 技术、在线监测平台、计算机辅助制造（CAM）、计算机集成制造系统（CIMS）等信息技术，应用于工程项目投资、设计、制造、运输、存储、建造、运维等各个环节，逐步提高生产建造过程的自动化和智能化水平，进而实现项目现场钢筋自动加工、梁场智慧管理、隧道装备智能化操作、搅拌站与预制构件智能生产。

二是放大资源集约化管理水平。以互联网为代表的信息化技术的深入应用，一方面推动了跨区域、跨组织开展物资、设备、劳务、服务的集中采购或保管使用，从而有效降低企业的经营成本；另一方面为企业内外共享物资、设备、劳务、服务等资源，提供技术保障，进而有效提高了企业的资源利用效率。

三是实现数据融合支撑智慧决策管理目标。在数字化时代，数据的融合在技术上变得可行，能有效解决传统管理中的数据质量问题、打通企业各层级、各部门纵横向的数据壁垒，从而支撑企业的数据决策。在项目以敏捷作业、基层减负为目标，通过移动办公、智能硬件、BIM 等数字化技术，服务项目管理，提高项目管理的工作效率；在公司以协同管控、资源统筹为目标，通过内部的横向业务互通，上下级的流程互联以及系统之间的数据打通，以业务应用一体化实现管理集中。提高公司的管控能力；在集团（局）以数据决策、智慧决策为目标，以全集团（局）全域数据的集中管理，建立数据驱动的决策体系，实现决策集中与智慧决策。

（3）数字化数据架构设计

企业管理最大的痛点，是沟通不顺畅、信息不对称、决策不科学而发生的隐性成本所导致的管理失职。信息技术的跨时空同步传递、信息共享、云计算等技术优势，为企业实施协同管理、消除信息孤岛、进行科学决策，提供了技术支撑。

一是协同工作平台提升管理效能。建立企业内部协同工作平台，横向提升部门间的沟通协调效率，纵向增强部门对项目的管控能力，逐渐形成"小前端、大后台"的管理格局，实现"管理部门之间业务协同、管理层与项目层之间管理协同"，进而提升企业集约化管理，使企业整体效力和员工积极性得到充分发挥。

建立项目相关方综合应用平台，聚焦安全、质量、进度、成本等核心关注点，建设主管部门、业主、监理、总承包、专业分包单位间协同工作平台，实现项目建设管理过程信息和资源共享，从而提高项目综合管理水平，为矩阵式、扁平化的项目管理模式赋予新的内涵。

二是数据中心化解"信息孤岛"。企业信息化系统建设的精髓是信息集成，其核心是数据归一和数据中心的建设，通过数据中心连接企业各类信息管理系统，实现企业产业链、业务链各类数据与信息的互联互通，从而彻底化解企业信息孤岛难题，提高企业管理绩效。

三是大数据辅助企业科学决策。企业和项目的信息化系统平台运行累积了海量的数据资源，通过对数据资源的过滤、筛洗、分类、计算、分析，形成企业自有的大数据决策中心，服务于企业科学决策和总体管理，进而提高企业综合运作效率和市场竞争力。

4. 数字化实施路径

路径规划的主要任务是识别转型约束条件与资源需求，制定切实可行的实施规划，确保目标达成。其主要工作过程包括约束条件分析，资源需求分析，实施路径规划以及实施任务分解等。

（1）约束条件分析就是对数字化管理战略规划中起限制或直接阻碍作用的因素（包括人、财、物和时间）进行分析，是做好战略规划不可缺少的环节。

（2）资源需求分析就是针对中长期计划进行资源评估的工具。它可以用于评估现有资源能否满足一个中长期计划的需要，以便于及时安排人力、设备等资源配备。

（3）实施路径规划就是要明确开展数字化管理战略规划的先后顺序，明确各个步骤的目标和方法，为达到最终目的而制定的路线图。

（4）实施任务分解就是将目标按照不同的维度进行拆分，通过任务分解的方式将目标进行量化，再通过逐一实现最后达到整体任务的完成。

数字企业管理规划实施

1. 数字化管理目标

结合行业特性以及信息化发展趋势，建筑施工企业未来要实现的数字化管理战略目标总体可以归纳为"四化"，即"集团管控集约化、业务管理高效化、资源配置精细化、生态协同平台化"。

（1）集团管控集约化

集团管控集约化是指利用数字化管理手段将建筑施工企业以前分散在众多业务单元的重复性业务，集中在统一的技术平台来处理，促使企业将有限的资源和精力专注于自身的核心业务，并达到整合资源、降低成本、提高效率、保证质量、提高客户满意的目的。

（2）业务管理高效化

业务管理高效化是指利用数字化管理手段来打通建筑施工企业项目、公司、集团（局）三层级数据传输链接，使数据能够自下而上快速、精确的传递，通过集团（局）、子（分）公司、项目数据一次录入，各业务线条共享，达到项目生产与企业经营等业务信息有机融合的目的。特别是场景化的应用，能够提高项目部人员的工作效率，实现数据"一次性录入"；公司层面通过及时、准确掌握各项目经营情况，实现对企业全业务、全过程的有效管控；经营决策数据能够使集团（局）实时了解企业内部运行情况，提升决策者对外部形势的研判能力。通过对决策数据的分析，可以加强集团（局）对企业各级的监督能力，有效防控风险，为集团（局）制定战略方针提供支撑。

（3）资源配置精细化

资源配置精细化是指利用数字化管理手段突破时间、空间和地域的限制，整合建筑施工企业的人力资源、设备资源、物资资源、知识资源、财务资源、市场资源，达到各项资源最大化、最优化地配置的目的。

（4）生态协同平台化

生态协同平台化是指利用数字化管理手段构建协同化、便利化的生态协同平台，创新建筑施工全产业链合作模式，提升产业的集成、协作水平，推动建筑施工产业转型升级，达到互利共赢的目的。

2. 数字企业战略规划蓝图

战略规划必有其时代背景，只有把握时代的方向，才能把握战略的方向，目前，基于大数据、互联网、人工智能技术，建筑业的数字化转型是大势所趋。数字化管理的本质就是将现代化管理思想、管理方法、管理技术、管理手段充分加以数字化，全面提高管理的效益和效率。企业数字化管理的根本目标是实现企业效益最大化，通过运用现代数字信息技术和数字化管理模式，逐步建立起沟通快捷、分工明确、责任到位、反应快速、处置及时、运转高效的监管机制，全面提高生产经营水平，以标准化、精细化、数字化推动企业高质量发展。因此数字化管理是三分技术、七分管理、十二分数据，需遵循数字决策原则，讲求精准、效率和效果，注重分享、沟通和交流，重视以人为本，强调职责明确、奖罚分明，做好顶层设计、统筹规划、逐步推进。数字企业战略规划实施图见图 4-1。

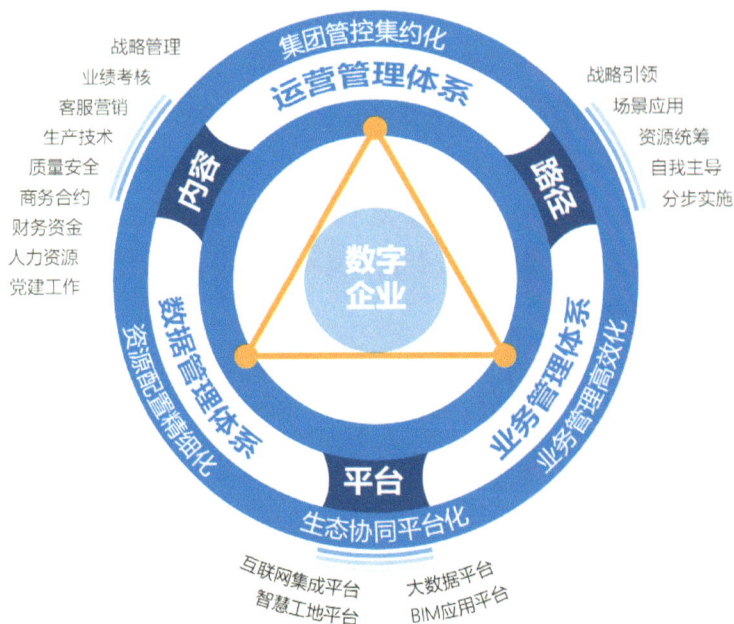

图 4-1 数字企业战略规划实施图

建筑施工企业数字化管理战略规划蓝图总体可以概括为"三大支撑、四个平台、九项内容、五条路径"，即"3495"数字战略。

（1）三大支撑

运营管理体系、业务管理体系、数据管理体系。

（2）四个平台

互联网集成平台、智慧工地平台、BIM 应用平台、大数据平台。

（3）九项内容

战略管理、业绩考核、客服营销、生产技术、质量安全、商务合约、财务资金、人力资源、党建工作。

（4）五条路径

战略引领、场景应用、资源统筹、自我主导、分步实施。

05 支撑

数字化管理战略架构

围绕企业运营组织、业务流程管理、信息资源整合三个方面来构建数字化管理战略架构，是制定建筑施工企业数字化管理战略规划的核心内容，也是实现数字化管理战略目标的重要支撑，总体包括数字化运营组织管理体系设计、数字化业务体系设计、数字化数据架构设计。

运营管理体系
业务管理体系
数据管理体系

数字化

Digitalization and Smart
Construction Management of
Construction Enterprises

运营管理体系

　　企业数字化转型，要求建筑施工企业组织架构设计更加灵活，集团（局）可以基于数据收集与数据共享的目标整合各部门职能，为决策者提供合适的数据展现，为决策提供有效支持。同时，企业的商业模式也因此发生改变，由开放供应链情景下的客户精准需求和底层操作层等数据的自下而上引导式的要求来进行决策。

　　运营管理体系一般分为战略规划层、管理控制层、执行操作层。数字化转型分为数据收集、数据处理、数据应用三个阶段。运营管理体系与数字化转型的三个阶段之间呈现"三角形"的对应关系，数据自下而上，决策自上而下，即执行操作层实现数据的收集，管理控制层实现数据的处理，战略规划层实现数据的应用。从而构建了以数字化驱动为导向，自下而上的知识链与数据流协同和开放的组织结构，见图5-1。

图 5-1　运营管理体系架构图

战略规划层：由集团（局）高管领导、各部门主管组成，其任务是建立以数据驱动为核心的战略目标，制定具有大数据思维的顶层机制设计。从组织整体利益出发，对整个组织实行统一指挥和综合管理，并制定组织目标及实现目标的管理方针。战略规划层是敏捷性要求最低的组织，主要负责管控决策，包括战略规划、全面预算、风控管理、审计监督、指标分解、绩效评价，以及企业文化传承与领导力培养等，为管理控制层和执行操作层提供企业中长期发展的支撑。

管理控制层：由各级子公司、分公司、事业部组成，其任务是落实战略规划层制定的方针、政策，并贯彻落实到各业务工作中去，对日常工作的开展进行组织、管理和协调。管理控制层是敏捷性要求适中的战术性应用组织，主要负责对集团（局）下达的战略目标进行分解，制定可执行的操作方案以支撑目标的完成，保障执行操作层，按业务线条提供资源、技术、协调、监督、支撑、服务、评价组织活动成果和制订纠正偏离目标的措施等。

执行操作层：由各项目部组成，其任务是负责具体的业务办理、综合业务分析、数据及工作上报等任务。在决策层的领导和管理层的协调下，通过各种技术手段，把组织目标转化为具体行动。执行操作层是数据管理的源头单位，是利用数字化管理手段直接进行生产经营活动的主体，直接影响流转数据的及时性和有效性，是数字化管理战略最核心的环节。执行操作层是灵活性要求最高的组织，需要快速适应瞬息万变的市场，其直接面对业主并提供相关专业服务从而直接创造利润及价值。

业务管理体系

建筑施工企业业务管理体系包括企业业务管理体系和供应链业务管理体系，企业业务管理体系是按照组织管理体系从集团（局）、子（分）公司、项目不同的业务场景具体业务来划分。工程总承包作为国内新兴的工程管理模式，贯穿项目的设计、采购、建造过程管理，涵盖了业务管理层部分应用以及项目操作层全部内容。

05 支撑
数字化管理战略架构

支撑层：从投资、设计、建造、运营四个阶段服务于项目全过程管控，包括互联网集成平台、智慧工地平台、BIM 应用平台、大数据平台，通过商务管理、物资管理、财务管理、市场管理、内控管理、数字运维、多维分析等功能模块的应用实现管理决策层、业务管理层、项目操作层的数字化管理。大数据平台主要服务于管控决策层和业务管理层，辅助管控决策层实现风控管理、运营评价，同时业务管理层级能够及时查询、分析、了解本线条关键指标的完成情况。互联网集成平台主要应用于业务管理层级，涵盖人力资源、客服营销、商务合约、财务资金、党建工作、行政办公等业务，是开展企业级信息化管理的主要手段。智慧工地平台与 BIM 应用平台主要服务于项目生产，包含智慧党建、质量安全、进度管理、数字运营等，是服务基层，获取业务数据的有效手段。

数据中心：是业务管理体系的数据资源保障，可分为数据资产库和基础标准库。数据资产库具体包括资源数据、技术数据、经营数据、生产数据、社会数据等；基础标准库具体包括组织、项目、部门、人员、业主、供方、物料编码、成本科目、会计科目等。对数据资源的有效管理，可以实现基础数据标准（主数据）、数据接口标准、数据模型、信息代码、信息管理规范等的统一。

集团（局）门户：利用大数据平台，建立集团（局）、子（分）公司、项目三层级指标分析模型，形成运营看板，辅助管理进行决策，见图 5-2。

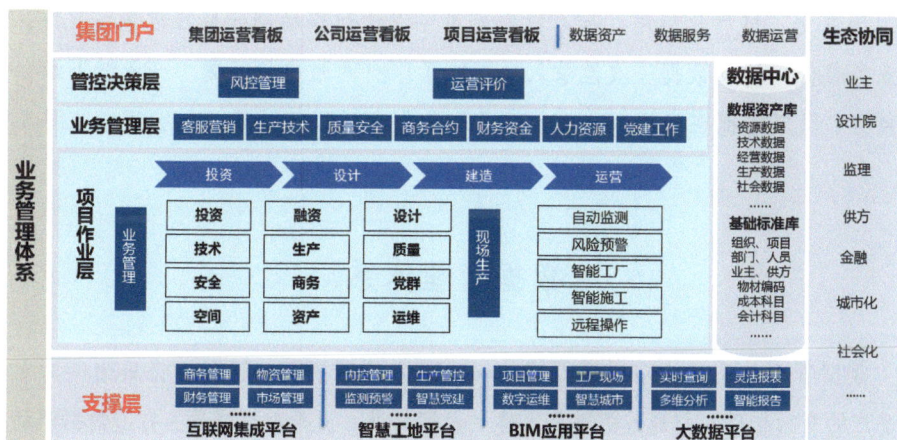

图 5-2 企业业务管理体系架构

传统的 ERP 系统主要服务于集团（局）管控，强调利用流程来规范企业业务管理，业务人员主要通过 PC 端来实现系统的应用。由于系统过于庞大，运行效率慢，导致用户在使用时体验感不佳，不能实现业务替代从而提升工作效率，推广难度较大。轻量化平台的应用弥补了原系统性能慢、用户体验差的不足，能够满足企业个性化管理需要，同时利用移动端解决用户应用碎片时间进行办公管理的需求。

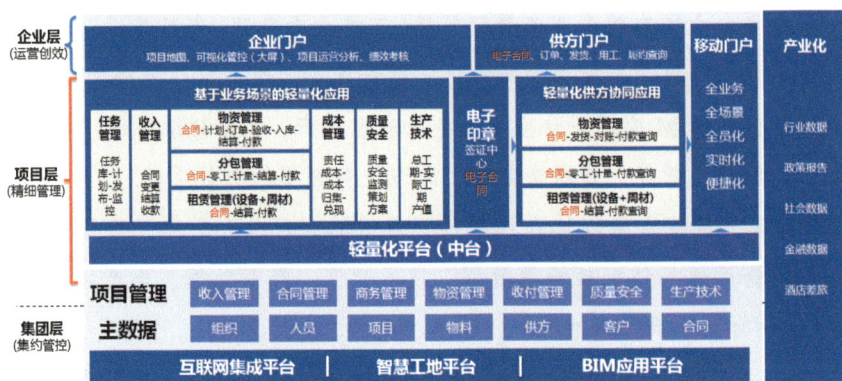

图 5-3　供应链业务管理体系架构

利用轻量化技术构架的供应链业务管理体系，是对企业业务管理体系的一种延伸，在互联网集成平台、智慧工地平台以及 BIM 应用平台的基础上，实现业务的场景化、移动化应用。项目操作人员可以通过移动端开展日常管理工作，通过业务替代，达到数据一次性录入，解决了原有两张皮的问题。产业链下游，如分包方、供应商也在线协同应用，打通信息化全过程管控最后一公里，见图 5-3。

数据管理体系

数据管理体系建设应遵照严格的标准体系建设规范，通过对全集团（局）数据资产的有效梳理，打通数据壁垒，建立数据标准，提升数据质量，打造数据驱动力与服务力。数据管理体系分为数据标准、数据治理、数据应用三个层级，见图 5-4。

05 支撑

数字化管理战略架构

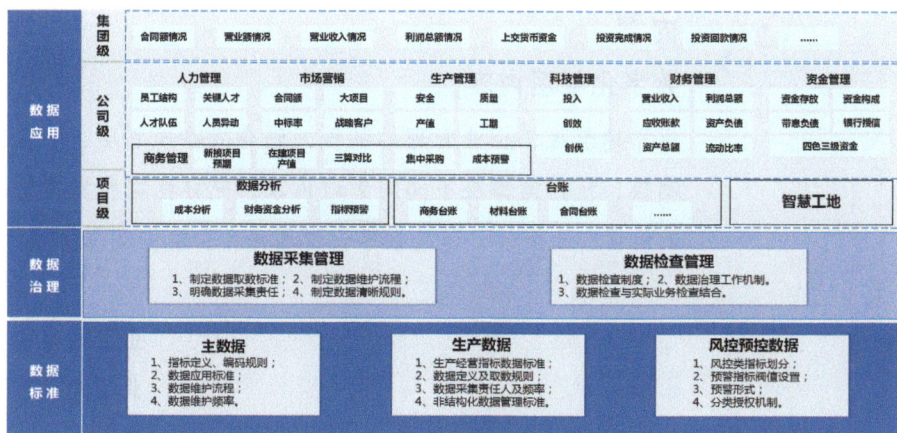

图 5-4　数据管理体系架构图

数据标准：主要包括主数据、生产数据、风控预控数据标准。主数据是企业内部共享的业务主体，例如组织、人员、客户、供应商、财务账号等，制定统一的主数据标准能够提升企业管理和系统整合的能力。主数据标准包含主数据的定义、编码规则、应用标准、维护流程、维护频率等。生产数据是建筑施工企业在开展生产经营活动过程中所产生的经营性管理指标，用于指导和管理企业经营活动，评价企业各业务运营情况的考核依据。生产数据的标准制定能够统一企业业务数据口径，如数据归集的时点、科目、取数的规则、数据采集责任人及频率等，实现纵向数据的打通、横向数据的共享，减少一线人员数据重复上报工作。风控预控数据的制定，主要是明确预警指标的阈值。当运营指标超过设置的阈值时，将为管理者提供预警，有效实现风控管理。

数据治理：主要包括数据采集管理和数据检查管理。数据采集管理包含制定数据取数标准、制定数据维护流程、明确数据采集责任、制定数据清晰规则；数据检查管理包含数据检查制度、数据治理工作机制、数据检查与实际业务检查相结合。

数据应用：明确集团（局）、子（分）公司、项目三层级运营指标，按照人力资源、市场营销、生产管理、科技管理、财务管理、成本管理等业务进行划分，通过对采集到的数据进行统计、分析、查询，实现集团（局）、子（分）公司、项目三层级的运营看板。

06 内容
数字化管理内容

根据建筑施工企业管理的特性，结合战略规划层、管理控制层、执行操作层不同的管理诉求，充分挖掘和发挥数据的价值和重要性，通过数字化管理为企业提供支撑服务。

企业战略管理

业绩考核管理

客服营销管理

生产技术管理

质量安全管理

商务合约管理

财务资金管理

人力资源管理

党建工作管理

数字化

Digitalization and Smart
Construction Management of
Construction Enterprises

06 内容
数字化管理内容

　　企业数字化战略实施主要体现在数据资产的价值利用，充分发挥其重要性，重点就是要了解企业各组织层级的管理诉求以及通过数字化管理要达到的目的，为企业决策提供依据。根据建筑施工企业管理的特性，并结合集团（局）层、业务管理层、项目操作层不同层级的需求，可以了解到集团（局）层面希望通过数据利用服务于企业战略管理及经营业绩考核，分析企业当前以及中长期将要面临的内外部环境和风险因素，明确发展理念、战略目标、业务发展策略、组织管控原则、战略支撑措施等内容，通过战略目标年度分解、运营过程实施监控及业绩考核，确保企业战略目标的实现。业务管理层主要应用于日常生产经营，通过业务数据进行有效的资源调配，支撑企业的各业务管理工作。项目操作层可以通过一些场景化的应用实现业务替代，提升工作效率。不同岗位还可以利用综合查询及数据分析，及时了解本岗位所关注的工作，有效地减少操作层数据上报工作。

　　在业务管理方面，内容主要包括客服营销、生产技术、质量安全、商务合约、财务资金、人力资源、党建工作等，通过数字化建设将管理制度与流程固化至信息系统，实现流程线上审批、业务在线办理。项目部可以通过互联网集成平台、智慧工地平台、BIM 应用平台的应用，达到质量巡检、安全巡检、进度管理、合同审批、分包结算、物资结算等数字化管理的目的，商务、物资结算、合同信息可以通过接口传送至财务系统自动生产付款申请单以及财务凭证，完成对外支付，实现业务与财务融合。

　　在数据管理方面，内容主要包括战略管理、业绩考核等，项目部通过业务替代实现"数据一次性录入"，通过数据的逐层传递，如产值、收入、成本、质量、安全等生产经营数据自下而上传递至子（分）公司、事业部、EPC 总承包项目部等业务线条，利用大数据平台按照分析指标的要求形成相应的报表与图形化展示，经过进一步的数据加工，形成集团（局）需要的运营管控指标以及风险预控管理指标。通过数字化驱动实现集团(局)战略管理以及经营业绩考核，监控与分析掌控全集团（局）生产运营情况，最终达到数据横向互联、纵向互通的目的。

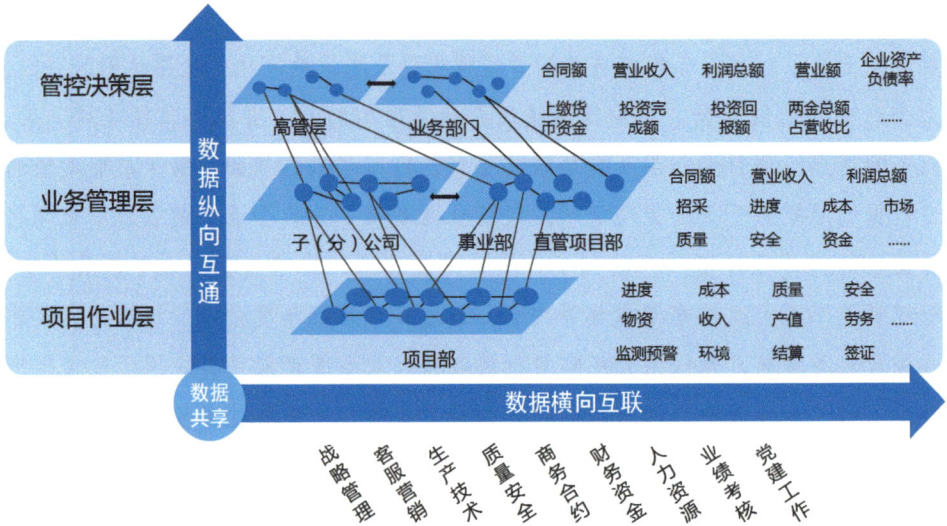

图 6-1 数字化管理内容架构图

企业战略管理

1. 建设目标

　　战略管理分为战略规划和风控管理，实施分级管控。集团（局）和子（分）公司均应根据管理权限开展战略规划管理工作，下级组织战略规划需承接上级组织的战略要求，并报上一级组织审批。集团（局）负责企业的整体战略规划，子（分）公司在集团（局）战略规划整体部署下，结合自身发展需要开展本单位战略管理工作。风控管理主要由集团（局）、子（分）公司根据企业内外部环境，围绕企业整体发展战略，负责企业的风险管理策略、风险评估、风险应对、风险监督与改进等工作。通过对各业务系统指标的抓取、分析形成集团（局）风险管控模型、公司风险管控模型、项目风险管控模型。详见战略管理业务模型、战略管理数据分析指标模型、战略管理报表、分析系统管理架构表格（表 6-1 ~表 6-3）。

06 内容
数字化管理内容

战略管理业务模型　　　　　　　　　　　　　表 6-1

序号	业务模块	业务信息节点	业务信息节点实现内容描述	部门/岗位
1	战略管理	战略管理	宏观政策与企业动态研究 战略规划编制与分解 战略执行过程监控与评估	子（分）公司企业管理部/集团（局）企业管理部/相关领导
2		企业策划	企业改革发展策划与专题研究 区域化与专业化策划 企业调研策划	子（分）公司企业管理部/集团（局）企业管理部/相关领导
3		并购重组	并购重组方案拟定与论证 并购重组方案实施与跟踪	子（分）公司企业管理部/集团（局）企业管理部/相关领导

战略管理数据分析指标模型　　　　　　　　　表 6-2

指标名称	分析维度	分析目的	数据来源	分析基期	图形展现
合同额	1.预算完成分析； 2.结构占比分析； 3.同比增长分析； 4.内部对标； 5.外部对标	1.预算完成分析根据实际完成情况与预算目标进行对比； 2.结构占比分析按业务板块、市场布局、行业结构三个产出分析； 3.同比增长根据本年完成情况与上年同期数据进行成长性对比； 4.内部同一类型经营机构对标； 5.外部单位之间对标； 6.分析企业偿债能力	业务系统	组织机构、年、月	饼图、柱状图、趋势图
营业额			业务系统	组织机构、年、月	饼图、柱状图、趋势图
营业收入			业务系统	组织机构、年、月	饼图、柱状图、趋势图
利润总额			业务系统、财务系统	组织机构、年、月	饼图、柱状图、趋势图
上缴货币资金			业务系统、财务系统	组织机构、年、月	饼图、柱状图、趋势图
投资完成额			业务系统、财务系统	组织机构、年、月	饼图、柱状图、趋势图
投资回款额			业务系统、财务系统	组织机构、年、月	饼图、柱状图、趋势图
两金总额占营收比			财务系统	组织机构、年、月	饼图、柱状图、趋势图
企业资产负债率			财务系统	组织机构、年、月	饼图、柱状图、趋势图

战略管理报表、分析系统管理架构　　　　　　　　　　**表 6-3**

层级	类型	分析主题
集团（局）	分析图、表格	合同额完成情况
		营业收入完成情况
		利润总额完成情况
		利润结构情况
		投资完成额完成情况
		投资回款额
		两金总额占营收比
		资产负债率
子（分）公司	分析图、表格	合同额完成情况
		营业收入完成情况
		利润总额完成情况
		利润结构情况
		应收款项情况
		应付款项情况
		两金总额占营收比
		资产负债率
项目	分析图、表格	安全生产隐患排查治理情况统计分析
		危大工程实施情况分析
		实体质量检测合格率分析
		项目进度完成情况分析
		月 / 季 / 年成本实施情况分析

2. 业务模型简介

战略管理主要以数据统计、分析为主，通过大数据、云计算的应用能够改变原有管理思维，提升决策者宏观把控和微观决策能力。利用大数据平台建立内外部信息管理的数据分析模型，为企业决策者快速、敏锐的提供丰富生动的可视化分析结果，如规模增长性指标、成本效益性指标、财务资金性指标、风险管控性指标、人均效能性指标等，可以真实反映企业现阶段运营管理情况，促进战略目标和决策的制定。

风险管理主要利用企业风险管控方法，对集团（局）、子（分）公司风险管控性指标，如两金总额占营收比、企业资产负载率等进行建模，按照不同维度将企业管控风险呈现在决策层面前，通过数据之间的关联关系以及指标发展趋势，提前预测未来企业运营面临的风险，能够有针对性的采取措施进行干预。通过商务管理、物资管理、财务资金、人力资源等模块的应用形成子（分）公司风险管控模型，可以让业务管理层实时了解和掌握企业现阶段运营状况，利用模型数据及时判断企业运行面临的风险，如资金风险、人力资源风险、法务风险等。通过质量安全、进度、监控预警等功能的应用形成项目风险管控模型，能够使项目管理层实现项目层级风险管控，如质量风险管控、安全预控、劳务资源管理等。

业绩考核管理

1. 建设目标

业绩考核是集团（局）对子（分）公司各层级、各线条的绩效评价、综合管理评价（包括内部审核、管理评审等活动）、专项检查等活动，实施激励与约束机制，最大限度调动企业各级机构、各部门的积极性与创造性，寻找全面管理体系文件执行不到位的地方、管理过程监控不到位的地方，并针对这些问题结合实际地进行分析，找出切实可行的改进措施和解决方案，刺激企业内部个体与集体更加努力、更加理性的工作，实现管理体系的持续改进。详见业绩考核管理数据分析指标模型、业绩考核管理报表、分析系统管理架构表格（表6-4、表 6-5）。

业绩考核管理数据分析指标模型　　　　　　　　　表 6-4

指标名称	分析维度	分析目的	数据来源	分析基期	图形展现
合同额	经营分析	根据各子（分）公司划分显示合同额	业务系统	组织机构、年、月	表格
营业收入	同比增长分析；结构占比分析	结构占比分析按三大业务板块、9大市场、行业结构三个产出分析；同比增长根据本年完成情况与上年同期数据进行成长性对比	财务系统	组织机构、年、月	饼图、柱状图
利润总额					
上缴货币资金	比率分析	根据各子（分）公司上缴集团（局）货币资金额度大小分析	财务系统	组织机构、年、月	饼图
现金流	经营分析	根据各子（分）公司结算中心日均存量、经营性现金流净额多少分析	财务系统	组织机构、年、月	饼图
收入利润率	占比分析	根据各子（分）公司利润总额占营业收入比分析	财务系统	组织机构、年、月	饼图
施工结算项目利润占比	占比分析	根据各子（分）公司施工结算项目利润占利润总额比分析	财务系统	组织机构、年、月	饼图
两金占营收比	占比分析	根据各子（分）公司两金总额占营业收入比分析	财务系统	组织机构、年、月	饼图
应收账款周转率	比率分析	根据各子（分）公司应收账款周转情况分析	财务系统	组织机构、年、月	饼图
净现金收支比	比率分析	根据各子（分）公司净现金收入、支出比率分析	财务系统	组织机构、年、月	饼图
总资产周转率	比率分析	根据各子（分）公司总资产周转情况分析	财务系统	组织机构、年、月	饼图
资本回报率	比率分析	根据各子（分）公司资本回报情况分析	财务系统	组织机构、年、月	饼图
人均利润	比率分析	根据各子（分）公司利润总额与总人数情况分析	财务系统	组织机构、年、月	饼图
美誉度	经营分析	根据各子（分）公司获得业主表扬信、合同外奖励、工程质量奖等分析	业务系统	组织机构、年、月	柱状图

06 内容

数字化管理内容

业绩考核管理报表、分析系统管理架构   表 6-5

层级	类型	分析主题
集团（局）	分析图、表格	各子（分）公司合同额排名
		各子（分）公司项目平均合同额及小项目情况
		各子（分）公司营业收入排名
		各子（分）公司收入收现率
		各子（分）公司利润总额排名
		各子（分）公司利润结构情况
		各子（分）公司应收款项情况
		各子（分）公司应付款项情况
		各子（分）公司两金总额占营收比排名
		各子（分）公司总资产周转率排名
		各子（分）公司综合实力排名
		各子（分）公司影响力排名
		各子（分）公司成长性排名
子（分）公司	分析图、表格	主要指标完成情况
		在建项目正现金流情况
		项目负现金流情况
		在建项目拖欠情况
		竣工结算项目拖欠款情况
		人均创效基本情况及人员配置情况

2. 业务模型简介

业绩考核标准可以分为主要经济指标和运营管控指标两个方面。主要经济指标内容包括合同额、营业收入、利润总额、上缴货币资金、现金流，通过这些指标的完成情况能够真实反映出子（分）公司现阶段经营状况。运营管控指标内容包括收入利润率、竣工结算项目利润占比、两金占营收比、应收账款周转率、净现金收支比、总资产周转率、资本回报率、人均利润、美誉度，通过这些指标的完成情况能够有效反映出子（分）公司偿债能力、利润结构、人均效能以及社会影响力等情况。利用大数据平台从各业务系统，如人力资源系统、

53

财务系统、项目管理系统中抽取相关数据，按照一定的计算规则和考核权重形成企业业绩考核标准。通过数据分析模型的建立实时监测各子（分）公司的实际运行情况，对比集团（局）下达的预算指标，进行偏差分析与评估，制定纠偏措施，形成业绩考核的大数据应用场景。

客服营销管理

1. 建设目标

客服营销是建筑施工企业通过各种营销手段获得项目承包权的一系列经营活动，包括工程信息收集、甄别，项目立项、招投标评审等阶段。按照不同的业务场景可以将客服营销管理模块划分为客户管理、营销管理、投标管理。通过客户管理、营销管理、投标管理信息化系统的实施和应用，促进业主资源企业共享，加强与业主的全方位战略合作，推动大项目的集团营销、提高项目营销质量，从而达到全面提升集团（局）、子（分）公司营销工作水平。

通过数字化建设，能够对建筑施工企业现有客户进行有效管理，根据与客户签订的合同总额，合作的项目个数，付款情况等因素对客户的信用情况以及潜在的市场价值进行分析，按照不同等级对客户进行划分，如战略客户、重点客户、一般客户等，可以使企业有针对性、差异化的开展优质服务工作，树立企业形象，打造优质服务品牌，逐步建成客户导向型、业务集约型、管理专业化、机构扁平化、管控实时化、服务协同化的营销体系。在投标阶段，通过资信评分能有效对客户的资信情况进行评价，降低投标风险，同时利用大数据建立企业业绩库，对以往同类型的工程项目业绩进行检索，有效指导工程项目的投标工作。详见客服营销管理业务模型、客服营销管理数据分析指标模型、客服营销管理报表、分析系统管理架构表格（表6-6～表6-8）。

06 内容

数字化管理内容

客服营销管理业务模型　　　　　　　　　　　　　　表 6-6

序号	业务模块	业务信息节点	业务信息节点实现内容描述	部门／岗位
1	客户管理	客户信息	在项目立项阶段登记客户基本信息及拟开发项目情况等信息	子（分）公司市场营销部／集团（局）市场营销部／相关领导
2		客户评估	将客户分类后作相应的等级评定	子（分）公司市场营销部／集团（局）市场营销部／相关领导
3		客户概貌	按照客户分类等级，从不同维度查询客户全貌信息	集团（局）市场营销部大客户管理岗／相关领导
4	营销管理	局重大信息跟踪动态表	了解市场信息、上报全集团（局）大项目跟踪情况，及时调配全集团（局）优势资源，参与配合大项目的营销工作	子（分）公司市场营销部／集团（局）市场营销部／相关领导
5		工程信息登记	项目信息登记，竞争对手情况分析	子（分）公司市场营销部／集团（局）市场营销部／相关领导
6	投标管理	项目立项审批	集团（局）根据"营销管理办法"等相关制度，对各下属单位上报的营销立项进行审批，严格把关	市场营销部／领导
7		招标文件评审	根据相关的管理制度，对招标文件中资信信息：投标保证金、履约担保、工程价款、付款方式、评标方法等重点条款进行评审，决定是否有必要进行投标。如果值得进行投标，再开展相关投标工作	市场营销部／领导
8		投标文件评审	根据相关管理制度，对投标文件中的技术标、经济标、综合标进行评审，对相关条件达不到要求的项目，予以驳回，结束投标工作	市场营销部／投标方案员、报价员、领导
9		标后总结记录	投标结束后，对项目的投标结果进行总结，达到分析各竞争对手的目的	子（分）公司营销经理
10		营销绩效管理	录入工程中标的相关信息，进行统计分析工作	子（分）公司营销经理
11		数据统计分析	将各项营销数据进行统计分析	子（分）公司市场营销部／集团（局）市场营销部

续表

序号	业务模块	业务信息节点	业务信息节点实现内容描述	部门 / 岗位
12	投标管理	项目立项审批	集团（局）根据"营销管理办法"等相关制度，对各下属单位上报的营销立项进行审批，严格把关	市场营销部 / 领导

客服营销管理数据分析指标模型　　　　表 6-7

指标名称	分析维度	分析目的	数据来源	分析基期	图形展现
合同额	经营分析	根据分管的区域划分显示合同额	业务系统	组织机构、年、月	表格
中标率	仪表盘分析	分析集团（局）整体项目的中标率	业务系统	组织机构、年、月	仪表盘
非专业项目平均合同额	同比分析	分析非专业项目平均合同额	业务系统	组织机构、年、月	趋势图
专业项目平均合同额	同比分析	分析专业项目平均合同额	业务系统	组织机构、年、月	趋势图
战略客户	战略客户合同额排名	一级显示集团（局）整体战略客户的合同额；二级显示战略客户明细情况	业务系统	组织机构、年、月	表格
ABC 类项目	排名分析	明细显示公司的 ABC 类项目	业务系统	组织机构、年、月	表格
大项目个数占比	同比分析	分析各类项目的大项目的个数占比	业务系统	组织机构、年、月	趋势图
大项目合同额占比	同比分析	分析各类项目的大项目的合同额占比	业务系统	组织机构、年、月	趋势图

客服营销管理报表、分析系统管理架构　　　　表 6-8

层级	类型	分析主题
集团（局）	分析图	集团（局）合同额近 5 年对比分析
		集团（局）各子（分）公司合同额情况分析
		本月新中标大项目排名
	报表	集团（局）新签合同额汇总表

续表

层级	类型	分析主题
集团（局）	报表	集团（局）全年新签合同额按行业分布表
		集团（局）全年新签合同额按地区分布表
		集团（局）全年新签合同额分区域分专业完成情况
		集团（局）已中标未签约项目情况表
		集团（局）各子（分）公司大项目情况表
	台账	市场营销台账
子（分）公司	分析图	分公司合同额情况
		新签合同额分类分析
		本月新中标大项目排名
	台账	市场营销台账

2. 业务模型简介

通过客户管理、营销管理、投标管理信息化系统的实施和应用，促进业主资源全集团（局）共享，加强与业主的全方位战略合作，推动大项目的集团营销、提高项目的营销质量，从而达到全面提升企业营销管理水平。

（1）客户管理

通过建立集团（局）和子（分）公司两级客户关系管理系统，全面掌握客户基本信息、合作情况、已合作项目在建履约信息、预投资项目等，实现市场、合约、工程三线联动，提升业主服务品质，促进与业主的战略合作。

（2）营销管理

通过建立集团（局）和子（分）公司两级大项目营销管理系统，了解市场信息情况、全集团（局）大项目跟踪情况，了解竞争对手及主要问题分析、及时调配全集团（局）资源，参与配合大项目的营销。

（3）投标管理

通过建立投标管理系统，规范投标行为，提高投标质量，了解项目资信信息、并对全集团（局）投标数据进行汇总、分析，为下一步营销工作提供有效的数据支撑。

生产技术管理

1. 建设目标

通过信息技术，如计算机辅助设计、计算机辅助制造等，与施工现场管理的深度融合，实现传统施工生产技术变革，提升建筑施工企业现场生产能力。利用智慧工地平台、BIM 应用平台实现施工项目计划管理、建造管理、设计管理、进度管理、劳务管理和移交与收尾管理。利用大数据管理平台采集相关业务数据形成企业数据资产，通过对业务、技术和管理信息，如项目工程量、材料价格、设备参数、员工数据、知识资源、业绩数据等加工处理，将数据进行业务化，可以突破时间、空间和地域限制，最大化、最优化地配置企业资源，降低管理成本，促进企业精细化管理，为项目、子（分）公司、集团（局）提供数据服务，提升企业核心竞争力，助推企业数字化转型。详见生产技术管理业务模型、生产技术管理数据分析指标模型、生产技术管理报表、分析系统管理架构表格（表6-9 ～ 表6-11）。

生产技术管理业务模型　　　　　　　表 6-9

序号	业务模块	业务信息节点	业务信息节点实现内容描述	部门/岗位
1	项目启动	项目策划	在项目立项时编写项目策划书	子（分）公司各部门
2	进度管理	阶段性进度计划	描述阶段性节点计划，便于预警	子（分）公司市场营销部/集团（局）市场营销部/相关领导
3		节点计划	描述各节点计划	子（分）公司、项目部工程管理部
4		总进度计划	根据合同编制总进度计划，为各进度计划提供编制依据	子（分）公司、项目部工程管理部
5		年计划	描述年计划	子（分）公司、项目部工程管理部
6		季度进度计划	描述季度进度计划	子（分）公司、项目部工程管理部
7		月进度计划	描述月进度计划	子（分）公司、项目部工程管理部

06 内容

数字化管理内容

续表

序号	业务模块	业务信息节点	业务信息节点实现内容描述	部门/岗位
8	进度管理	周进度计划	描述周进度计划	子(分)公司、项目部工程管理部
9		重要节点进度计划	划分重要节点进度计划,工期预警	子(分)公司、项目部工程管理部

生产管理数据分析指标模型   表6-10

指标名称	分析维度	分析目的	数据来源	分析基期	图形展现
投诉管理	结构占比分析	按投诉次数、投诉类型分析占比	业务系统	组织机构、年、月	饼图、仪表盘
风险预警	预警分析	进度预警、质量预警、安全预警、环境预警、盈亏预警、签证索赔预警、反索赔预警、结算预警、进度款项预警、农民工工资预警	业务系统	组织机构、年、月	饼图、表格

生产管理报表、分析系统管理架构   表6-11

层级	类型	分析主题
集团(局)	分析图	集团(局)生产总体情况分析
		集团(局)子(分)公司产值完成情况
		集团(局)各专业板块产值完成情况分析
		集团(局)各区域产值完成情况分析
		节点完成情况分析
	报表	集团(局)建筑业总产值完成情况表
		集团(局)建筑业总产值分行业完成情况
		集团(局)建筑业总产值分区域完成情况
		集团(局)建筑业产值分省市分专业完成情况表
		建设项目基本情况汇总表
	台账	市场营销台账
子(分)公司	分析图	分公司单位产值完成情况
		各专业产值完成情况
		各区域产值完成情况

续表

层级	类型	分析主题
子（分）公司	分析图	停缓建项目情况图
	统计表	建设项目基本情况汇总表
	台账	生产管理台账

2. 业务模型简介

（1）项目策划

项目策划书是项目实施的纲领性文件，是企业为项目进行资源调配和提供服务、支持的基本依据。项目策划书在项目启动前由企业层级组织编制，其内容应包含项目战略定位，项目成本分析、项目质量、安全、环保、工期、成本管理目标、项目组织形式及资源配置、项目风险防控等。项目策划书作为项目部责任书及项目部实施计划的依据，进行评审后，经批准发布。项目部实施计划是明确项目部各阶段的工作内容、资源要求、管理行为、风险防控等实施的计划性文件。项目实施过程，项目部应严格按照项目部实施计划执行，协调和优化资源配置，控制项目质量、安全、环保、工期、成本、现金流等。

（2）进度管理

进度管理主要实现项目计划编制方式和标准的规范管理，利于集团（局）管控，按照标准编制格式制定各类计划，促进集团（局）统一管理项目进度（包含阶段性进度计划、节点计划、总进度计划、年计划、季度进度计划、月进度计划、周进度计划、重要节点进度计划）。集团（局）、子（分）公司可以根据对比分析图，实时了解项目进度执行情况，对于出现延迟工作项，可以查看相信延误情况分析，及时对项目进度进行实时监控和调整，调配项目资源，保障项目进度按照计划执行。同时项目根据集团（局）、子（分）公司统一制定的计划类型，进度计划的调整，可以提前对资源计划进行修订，提高资源使用效率。物资人员参照进度计划编制物资需用计划，当进度计划发生调整，物资人员能及时调整相应的需用计划。

质量安全管理

1. 建设目标

　　建筑施工企业大数据平台建立质量安全管理数据分析模型，为管理者快速、敏锐地提供丰富生动的可视化分析结果，实现项目日常质量安全管理活动在线化。通过质量安全管理数据分析看板，实时掌握各项目质量月报、质量巡检、质量问题分析、巡检统计、质量动态、安全巡检、安全问题分析、安全动态等各项项目质量安全管理指标，为企业监督管理活动提供数据支持。利用项目级质量安全管理工具实现项目部质量安全管理工作在线化、数据化。主要包括项目质量巡检、质量月报管理、安全巡检、风险管理管理功能，提高项目工期质量安全管控效率，帮扶项目及时解决困难，实现项目施工过程低安全风险、高质量品质。详见质量安全管理业务模型、质量安全管理数据分析指标模型、质量安全管理报表、分析系统管理架构表格（表 6-12 ～ 表 6-14）。

质量安全管理业务模型　　　　　　　　表 6-12

序号	业务模块	业务信息节点	业务信息节点实现内容描述	部门 / 岗位
1	质量管理	质量损失台账	描述质量损失概况	子（分）公司、项目部技术质量部
2		质量整改	整改质量损失，验证质量整改是否到位	
3	安全管理	安全问题台账	按风险级别整理安全问题台账，并上报	子（分）公司、项目部安全监督部
4		安全问题整改	整改安全问题，逐级验收	
5	设备管理	设备管理台账	设备信息维护，安全风险预警	

质量安全管理数据分析指标模型　　　　　　　　表 6-13

指标名称	分析维度	分析目的	数据来源	分析基期	图形展现
安全管理	同期对比分析	分析安全费用	业务系统	组织机构、年、月	柱状图
质量管理	同期对比分析	分析质量损失	业务系统	组织机构、年、月	柱状图

质量安全管理报表、分析系统管理架构　　　　**表6-14**

层级	类型	分析主题
集团（局）	分析图	安全生产隐患排查治理情况统计分析
		实体质量检测合格率分析
	报表	在施项目安全管理信息统计表
		实体质量检测合格率对比表
	台账	安全风险台账（Ⅰ级、Ⅱ级）
		重大危险源台账（Ⅰ级、Ⅱ级）
		大型、特种设备台账
		超危大方案台账
		施工方案动态管理台账
		技术质量管理重要文件台账
		技术质量管理人员台账
		专职质量人员配置情况台账
子（分）公司	分析图	安全生产隐患排查治理情况统计分析
		危大工程实施情况分析
		实体质量检测合格率分析
	统计表	在施项目安全管理信息统计表
		安全管理人员信息统计表
		危大工程实施情况统计表
		实体质量检测合格率对比表
	台账	安全风险台账（各分级）
		重大危险源台账（各分级）
		大型、特种设备台账
		超危大方案台账
		施工方案动态管理台账
		技术质量管理重要文件台账
		技术质量管理人员台账
		专职质量人员配置情况台账

2. 业务模型简介

（1）质量管理

通过质量管理系统规范集团（局）、子（分）公司、项目质量检查业务流程，促进标准化管理落地，同时加强对项目质量问题的控制。项目质量员按照统一的表单格式实时录入项目质量检查情况，并及时对隐患整改情况进行反馈。集团（局）、子（分）公司质量总监能够通过系统及时了解司属项目质量检查与隐患整改情况，做好过程监督。

（2）安全管理

安全管理系统能够促进项目安全风险源的落实，降低安全管理风险，促进子（分）公司、项目安全组织相关人员教育和考核管理。集团（局）、子（分）公司、项目等多层级管理组织可以按照统一表单格式，实时录入项目安全检查情况及整改情况，详细记录安全隐患整改意见，实现安全检查流程标准化，满足各层级管理要求。

安全管理系统能够促进子（分）公司、项目安全组织相关人员教育和考核管理。对子（分）公司、项目专职安全专业人员信息进行管理，包括人员的基本信息，专业证件获得情况、培训情况，主要业绩等等。项目部可以根据自身实际情况建立安全生产小组，建立后的安全生产小组对项目的安全生产情况负管理责任。根据建筑施工企业安全教育培训的需求，结合子（分）公司施工生产情况，加强安全管理，不断提高职工的安全意识和安全素质，确保安全管理体系的高效运转。安全教育培训对象：安全管理人员、项目经理、安全员、特殊工种和技岗人员（包括待岗、转岗、换岗职工和新进单位从业人员）。安全考核分为三级管理，子（分）公司对项目部的项目经理定期进行安全考核，项目经理定期对项目部其他管理人员进行安全考核，项目部对分包商进行安全考核。考核内容为各级管理人员安全生产责任制，落实各项安全生产规章制度情况，安全生产目标完成情况等。

（3）设备管理

设备管理系统规范设备编码规则和统一表单格式，便于全集团（局）统一管理，支持实时数据查询，反馈设备使用情况，提高设备使用率，提供多种业务模式，降低设备成本，加强计量器具使用过程管理和监督。

设备管理系统支持按月、按日和按量三种计租方式，项目根据实际情况选择相应的计租模式，提高设备使用率，降低成本。根据业务中不同计租模式，在设备租赁合同中维护对应的计租方式。对于计租模式是按量的设备，进场后需记录设备每天的工作量，结算时，对于计租方式为量的设备，统计结算期间对应的工作量总数进行租金计算。系统提供按出租单位和合同自动计算租金和从设备费用记录单中有关的成本数据，并提供除租金、其他应付费用、其他成本费用的录入，作为与出租单位结算的依据。

加强计量器具使用过程管理和监督，登记计量器具的仪器编码、仪器名称、规格、型号、生产厂家、出场编码、管理编码、启用日期、计划使用时间、检定周期、精度等。登记计量器具的检定情况，包括自检、强检以及记录仪器在各个项目的使用调动情况。

商务合约管理

1. 建设目标

企业在商务合约数字化管理方面，主要应用于材料、设备、劳务的对外招标，其中材料、设备是构成工程预算的基本要素，费用占工程造价的比例一般都超过50%，对项目的盈亏起着决定性作用。全面、完整、准确、及时地掌握材料和设备价格，是准确编制工程预算的重要基础。通过对物资管理、商务管理系统的有效应用，能够规范业务管理行为，同时保存、积累大量的数据，当业务系统产生的数据积累到一定量时，可通过大数据管理平台来挖掘这些数据和信息价值，形成企业级供方库、物资编码库、物资价格库、劳务价格库，按照不同时段、地域、供方对设备及材料价格进行分析，能有效指导企业开展招标采购工作，尤其是在EPC项目招标采购过程中具有很好的指导意义。与此同时，建筑施工企业可以通过集采平台的应用，有效降低围标串标现象，避免因

06 内容
数字化管理内容

为供方恶性竞争给企业造成损失，同时减少人为操作带来的廉洁风险，系统自动按照评标规则筛选出来的结果更加准确。详见商务合约管理业务模型、商务合约管理数据分析指标模型、商务合约管理报表、分析系统管理架构表格。

商务合约管理业务模型

表6-15

序号	业务模块	业务信息节点	业务信息节点实现内容描述	部门/岗位
1	合同管理	合同基本信息	描述合同的基本信息（合同主要条款）	子（分）公司商务管理部/集团（局）商务管理部/相关领导
2		合同评审管理	将客户分类后作相应的等级评定	子（分）公司商务管理部/集团（局）商务管理部/相关领导
3		合同签订录入管理	按照客户分类等级，从不同维度查询客户全貌信息	集团（局）商务管理部大客户管理岗/相关领导
4		合同修订管理	原合同签订后，因条件变化导致对原合同的修订或签订补充合同	子（分）公司商务管理部/集团（局）商务管理部/相关领导
5		合同交底管理	所有主合同由公司对项目经理进行交底，项目经理对项目管理人员进行交底，所有分供类合同需由项目商务经理对项目相关管理人员交底，使相关人员了解合同内容	接受交底的相关人员
6		统计分析管理	建立各类合同管理台账，按不同业务板块、合同额度、地区、主要合同条件等指标进行统计分析	子（分）公司商务管理部
7	成本管理	基本档案管理	定义并维护目标成本费用拆分标准；对目标单价进行维护	子（分）公司商务管理部/集团（局）商务管理部/相关领导
8		成本归集管理	根据各类出库结算单据、分包结算单据统计实际成本数据，形成不同结构拆分下的实际成本汇总；由商务发起对各类需进行摊销处理的成本编制摊销单	子（分）公司商务管理部/集团（局）商务管理部/相关领导
9		成本报表管理	根据各公司、地区的差别定义成本报表设置；形成项目预算收入、目标成本、实际成本分析表	项目材料管理员/项目经理

序号	业务模块	业务信息节点	业务信息节点实现内容描述	部门/岗位
10	成本管理	统计分析	按预算收入、目标成本、实际成本对比原则进行统计分析,包括量、价两者的分析;另从不同的项目结构拆分、精细程度进行实际成本指标的统计分析并设置预警显示	子(分)公司商务管理部/集团(局)商务管理部/相关领导
11	物资管理	材料计划管理	按工程消耗材料和周转材料分类编制总控计划、月计划和临时需用计划并进行审批	商务管理部/领导
12		材料供应商招标	供应商的选择审批	商务管理部/领导
13		供应商管理	材料供应商的分类及管理	商务管理部/领导
14		消耗材料管理	填报材料采购与调拨出入库记录并审批;按规定进行材料暂估、报废记录并审批;编制盘点表	商务管理部/领导
15		周转材料管理	填报出进退场单据,停租、报损、维修单据,编制租赁使用结算单,并审批	商务管理部/领导
16		统计分析管理	填报材料各类材料管理台账;对材料消耗指标,对比收入、计划的盈亏进行量、价分析	商务管理部/领导
17	分包方管理	分包变更管理	分包变更签证申请单填报、审批	子(分)公司商务经理
18		分包结算管理	过程及最终分包工作量确认单编制、审批;过程及最终分包结算单编制、审批	子(分)公司商务经理
19		统计分析管理	按分包类别不同建立分包结算台账和明细账,对分包结算工作量及价款与产值报量进行对比分析,监管分包结算准确性	子(分)公司商务管理部/集团(局)商务管理部
20	结算管理	结算基本档案	定义收入拆分的精细程度,展现项目整体收入清单和资源汇总情况	子(分)公司商务经理/集团(局)商务管理部
21		结算管理	导入项目预算书对合同预算收入按项目计价方式和管理要求进行结构拆分;过程对工程变更、签证索赔单据的申请、审批。对已完工程量进行统计,编制对内、对外产值报表;编制竣工结算报告书并报批;填报期中收入确认单据与应收款单据	子(分)公司商务经理/集团(局)商务管理部

06 内容
数字化管理内容

序号	业务模块	业务信息节点	业务信息节点实现内容描述	部门 / 岗位
22	结算管理	统计分析管理	编报产值收入台账；对收入进行量价拆分对比析，相关数据与成本数据在"三算对比"表中引用对比	子（分）公司商务管理部 /集团（局）商务管理部

商务合约管理数据分析指标模型　　　　　　　　　　表 6-16

指标名称	分析维度	分析目的	数据来源	分析基期	图形展现
新接项目预期利润率	同比增长分析	本年新承接合同金额、平均预期利润率	业务系统	组织机构、年、月	趋势图、仪表盘
在建项目产值利润率	同比增长分析	本年完成总产值、平均产值利润率	业务系统	组织机构、年、月	趋势图、仪表盘
竣工项目结算利润率	同比增长分析	项目竣工成本分析率、1 类项目竣工结算平均利润率	业务系统	组织机构、年、月	趋势图、仪表盘
集中采购	预算完成对比	集采物资采购量与考核目标进行对比	业务系统	组织机构、年、月	柱状图
成本风险项目	柱状图分析	实际成本 / 目标成本	业务系统	组织机构、年、月	柱状图

商务合约管理报表、分析系统管理架构　　　　　　表 6-17

层级	类型	分析主题
集团（局）	报表	在建工程项目履约情况报表
		项目成本考核报表
		项目商务合约总体情况报表
		产值及收入情况对比
		项目各阶段利润率对比表
		在建项目管理模式及项目成本考核情况
		成本考核亏损项目明细表
		工期滞后违约风险较大的项目
		总采购支出情况汇总表
		分类别采购支出情况汇总表
	台账	商务源数据台账
子（分）公司	统计表	在建工程项目履约情况报表

续表

层级	类型	分析主题
子（分）公司	统计表	项目成本考核报表
		项目商务合约总体情况报表
	台账	商务源数据台账
项目	统计表	成本管理套表（项目盈亏分析汇总表、收入明细表、单项工程分包工程对比分析表、主材节超数量对比分析、变更创效情况、成本预控情况）
		材料管理套表（主材进场台账、主材消耗台账、材料节超台账、材料盘存汇总表、自建搅拌站材料台账、自建搅拌站混凝土台账）

通过数字化管理建设，以合同、成本、物资、分供方、结算管理为着力点，借助"综合项目管理系统"的运用，以信息化促进企业数字化管理，提高建筑企业物资和商务的管理水平，从企业降本增效和风险防范两方面支撑企业高质量发展、差异化竞争和可持续发展战略，推广优秀管理方法和成果；从集团（局）、子（分）公司、项目三个层面的管理行为和流程的规范性、具体工作效果有效性和及时性进行检查监督与分析改进，达到提高生产力、降低成本、增强竞争优势的目的，最终实现企业效益最大化。

2. 业务模型简介

（1）合同管理

建筑企业数字化管理将商务合同划分为收入类合同和支出类合同，按照合同的执行流程，纵向分为三个阶段：合同订立阶段、合同履行阶段、合同履行完成后的归档阶段；横向按照组织机构由公司市场部进行项目的招投标管理、公司合约部进行合同的签订、最后进入项目部合同履行和归档，实现合同全周期监控和管理。

合同管理系统模块应用包含合同基本信息、合同评审、合同签订录入、统计分析管理。合同基本信息模块描述合同的基本信息，即合同的主要条款，包含合同单据的日期、名称、项目负责人、合同签订金额等信息；合同评审管理主要是在合同签订前对合同条款进行评价审批，降低合同风险，确保合同的合理合法；合同签订录入管理是对合同评审后的资料、数据的管理，合同生效后发生的一系列经济行为都会反写至合同签订录入，如现场的签证、变更、索赔、收付款等，同时保证在原合同签订后，因条件变化导致对原合同的修改或签订补充合同；合同交底管理是指对主合同实行两级交底，子（分）公司牵头对项目部进行一级交底，项目内部进行二级交底，由项目经理对项目管理人员进行交底，所有分供类合同需由项目商务经理对项目相关管理人员交底，使相关人员了解合同内容；合同统计分析管理模块规范业务管理行为，通过建立各类合同管理台账，保存大量业务数据，通过建筑企业大数据平台按不同业务板块、合同额度、地区、主要合同条件等指标进行统计分析，挖掘数据隐藏的价值，帮助商务合约或成本管理部门进行招投标等工作决策。

建筑施工企业数字化转型围绕着企业的核心数据，而数据的规范性是数字化管理战略基础。通过在企业数字化系统合同管理模块的"企业级参数"的设置，限制合同录入的编码规则，促进企业合同编码实现统一的标准化。通过规范系统后台评审流程定义标准和合同类型走向，促进企业的合同业务管理标准化。合同审批流程管理中，根据不同合同类型、承接公司、合同金额定义不同的审批流程；合同审批过程中，根据所定义的审批流程，制单人合同单据提交后，各级审批人逐级审批，即合同流程中的上一级审批人没有审批通过，下一级的审批人无法对同一份合同进行审批工作。系统中的合同单据在审批过程中，通过制单人提交或流程上级审批人审批之后，流程下一级审批人可以实时在消息中心的审批任务中，对单据进行审批，避免了日常同一份合同评审，在多个审批人之间逐一传递所造成的时间成本，提高合同审批效率。

系统中合同管理的统计分析功能，将项目合同的基本情况进行系统数据收集形成报表，可以多条件查询所在公司下面的所有项目；报表查看过程中也可以通过"合同穿透"功能，穿透到对应的合同单据界面，对合同的详细情况进行了解。避免了实际业务中，合同报表多维度归类、多方面手工数据收集、合同详细情况查询所造成的时间成本。系统中通过以报表的形势对各类合同（包括工程施工合同、分包合同、物资设备采购合同、周转材租赁合同、设备租赁合同）执行情况的进行展现，加强公司对合同执行情况的监察。

（2）成本管理

建筑企业数字化管理将商务成本管理按照纵向组织机构划分为集团（局）、子（分）公司、项目三个层级。由项目商务合约或成本部针对本项目的目标成本进行估算形成项目的目标成本传送至公司商务合约或成本部，然后由公司项目管理部将目标成本按项目的 WBS 进行拆分。施工过程中根据施工进度核算目标成本，形成阶段性目标成本统计，从而构成预算收入、目标成本、实际成本对比表中的目标成本字段。最后通过对分包工程、材料、设备以及其他费用的统计，构成项目施工过程中的实际成本。

施工项目的成本管理模式包括责任利润率比例、责任利润总额、项目管理费预算包干、模拟股份合作等形式，施工项目应根据项目运营管理模式的不同而选择合适的项目成本管理模式。项目商务合约或成本部组织实际成本的归集，遵循"坚持法人管项目的原则；坚持价本分离、目标责任；坚持全过程管理、过程精细化管理；坚持动态管理、持续改进"的四项原则，负责盘点项目人工费、专业分包成本及其他相关措施费，每月应与财务人员核对，牵头复核项目整体成本。后利用项目综合管理系统，对各项目成本数据进行有针对性、代表性的统计分析，逐步建立企业层面不同区域、专业的代表性项目当期成本数据库，为企业层面的成本管理工作、优秀管理经验推广提供支撑。

通过系统目标成本的制定，加强项目成本管理业务标准化。系统的目标成本是在企业预算的基础上，根据企业的经营目标，通过成本资源维护、成本测算，进行目标成本的分解、核算、分析，从而保证项目目标利润实现，并为预算收入、目标成本、实际成本对比的形成提供原始数据，使项目施工过程中的成本管理好坏有据可依。

利用项目成本管理系统，加强目标成本执行监察。依据项目、WBS 的条件，按照成本项目维度统计出合同预算、目标成本及差额等信息，然后进行目标成本核算分析，并可统计出本期计划、本期实际成本及累计值等分析结果。

利用数字化管理提高实际成本归集效率，降低实际成本业务管理的时间成本。实际成本归集时，在系统成本归集的成本单据增加界面，直接点击"成本归集"就可以将各类合同的当期结算或是固定资产的当期折旧，归集到本期的实际成本中。消耗材通过"消耗材来源参数设置"自动完成消耗材成本的归集；通过系统成本单据的"是否传会计平台"节点，将项目业务系统的成本数据传送到财务系统，提高业务、财务一体化形成效率。

为加强施工过程中预算、目标成本、实际成本的监察，项目在施工过程中，要进行成本盈亏分析，其中一些施工项目成本分析表，分析深度和细度到了资源的单价层面，比如，对比分析合同预算中的主要材料的单价与实际成本主要材料单价之间的单价差异和金额差异情况，由此分析成本盈亏时，就可知晓是由数量还是单价引起。系统可以依据项目报表设置，按照成本项目维度以及资源细度统计合同预算、目标成本、实际成本、盈亏金额、盈亏分析等信息。

（3）物资管理

建筑企业数字化管理将商务物资按照消耗材的管理流程进行执行，其中纵向按照组织机构划分为工程部和项目物资部。物资消耗的业务流程以消耗材计划为起点，材料仓库为中心，通过采购订单、出\入库、月末盘点等整条业务流程线，综合管理项目消耗材的使用情况，最终对废料、余料的处理为结束点。

周转材租赁业务主要以周转材进、出场的形式进行管理，其中纵向按照组织机构划分为项目物资部、公司物资部和项目商务合约或成本部，以项目商务合约或成本部的周转材消耗测算为起点，然后发起周转材需用计划，进入公司物资部签订周转材的租赁合同，合同签订完成后材料进场，进入项目物资部，通过租赁合同和现场管理形成最终的租金和费用结算单。

通过数字化物资管理实现客户管理价值，促进项目物资管理业务实现标准化；强化项目物资业务管控，降低项目材料采购成本；提高库存管理效率和准确性，降低库存管理风险和时间成本。

在物资管理系统中，所有物资统一参照信息系统物资编码库进行分类，其分类及维护由各专业公司自行完成，物资管理包含计划管理、采购管理、验收管理、周转材管理和分供商管理这几个模块。其中材料计划管理是按工程消耗材料和周转材料分类编制总控计划、月计划和临时需用计划并进行审批；采购管理是根据集团（局）公司要求和管理现状，将招标采购组织形式分为集团（局）组织区域联合集中采购、公司层面集中采购、分公司层面集中采购三种形式，商务管理部负责企业集中采购管理工作引领、服务和监督；验收管理是对采购后物资进行验收；周转材管理是填报出进退场单据，停租、报损、维修单据，编制租赁使用结算单并审批；分供商管理是对材料供应商分类及管理，根据物资设备分供商对工程质量、安全、进度、环境职业健康及生产成本的影响程度，将物资设备分供商划分为不同的类别进行管理。

建筑项目施工过程中需用物资种类多、数量大，导致物资采购流程和库存管理复杂，物资管理系统通过定义标准物资审批流程，实现物资管理业务审批流程的标准统一，通过采购合同、物资计划、物资出入库、周转材合同、周转材进出场和结算之间灵活的单据衔接，规范物资管理业务流程标准化，促进项目物资管理业务实现标准化。

物资成本是项目施工成本的重要组成部分，因此加强物资施工过程中的成本管控力度，对降低项目实际成本起到决定性作用。系统物资管理通过集团（局）参数设置和单据参照生成，使需用计划、采购订单、物资出库的物资数量，按照指定的物资总控计划数量执行。

系统业务管理应用过程中，需要审批的物资单据，通过制单人的提交或流程上级审批人通过后，流程下一级审批人可以实时在消息中心的审批任务中，对单据进行审批，提高传统单据的审批效率。通过系统物资管理提供的各种查询维度的报表，可方便、快捷的实时查询物资出、入库情况，提高物资管理中库存管理效率和准确性，从而降低库存管理的风险；物资汇总设置是将查询数据进行汇总合并后展现，物资分析设置是将查询数据组织为多列动态展现。

（4）分包方管理

建筑企业数字化管理将分包方按照招议标、中标、分包合同签订的管理流程进行执行，其中按照组织机构分为集团（局）和子（分）公司两个层面。首先，通过制定招议标计划、统计投标报名单位，形成招议标申请。其次，对入围单位进行审批，审批完成后，对招标文件进行评审，如有修改则生成一个新版本回写到单项招标计划中。最后，在开标现场形成开标或询标记录，发出中标通知。招议标完成后，与分包、分共商签订合同，进入到合同的管理流程。

招议标过程管理是根据工程特点以及对分包要求等因素选择适合的采购方式确定；分包合同的管理包括合同起草及评审，合同签订与用印、传递和使用，合同交底，合同履行监控；分包结算管理在严格遵守分包合同条款，按照规定程序办理并经审批完成"分包结算表"，财务部门才可支付分包款项。分包最终结算经项目部项目经理审批后，报子公司或分公司审批签字确认后生效，作为财务成本和支付的依据，分包最终结算原则上以纸质版审核为主，必须依据原始书面凭证办理，附结算凭证包括合同、图纸、签证单等。

为促进项目招议标业务实现标准化，通过系统招议标管理的招标流程，编制各类招标流程所需要的功能节点进程，以及各节点的前置进程，规范各类不同招标的流程标准。如果需要两个功能节点进程同时完成才能到下一个流程节点进程，那么需要指定一个默认前置进程作为该节点上游数据的来源。

提高招议标过程的查询效率，降低时间成本。系统招议标管理，是通过其中一个招标流程单据联查到此单据前置和后置流程单据，可以查看导致这个环节结果的原因或这个招标环节以下流程结果，无须多方资料查询。也可以提高整个招标流程过程查询的效率，节约监察招标过程的时间成本。

（5）结算管理

建筑企业数字化管理将商务结算按照组织机构划分为项目部、公司商务合约或成本部、公司财务资金部和合同甲方四个层级。首先由公司商务合约或成本部的签订合同为起点，与项目部进行投标报价交底，其次经过项目部报价、审核、收款，将合同预算进行 WBC 拆分，施工过程中根据完成 WBS 的拆分合同工程量，统计完成合同金额，从而产生甲方报量单据，并与合同甲方核算，最后进入财务资金部会计平台作为结束节点，甲方审批通过的合同额产生收款单据。

通过数字化转型中的结算管理系统，实现客户管理价值，促进项目收入管理，使业务实现标准化；提高工程量统计效率，缩短工程进度款的回笼周期，从而保证项目施工进度正常进行；加强对项目整体工程量统计和甲方报量审批的监察，减少收入业务的管理风险。

所有施工合同签订时，工程结算办理时间、审核结算程序以及结算款收取等进行清晰约定。合同结算办理由项目经理负责,项目商务经理具体组织造价工程师等造价专业人员,会同其他专业人员完成结算书编制和报送工作。项目经理应组织项目部相关人员进行结算交底,设计变更签证和相关经济资料交经办预算员核对,原则上结算具体经办人员应为该工程项目原造价管理人员。通过结算管理系统,打破系统之间的壁垒,实现数据的互联互通,一次录入,自动结算。同时利用信息化轻量化技术,使用移动端完成业务即发生即办理,解决合同外用工不规范的问题,控制合同外费用。

辅助项目物资管理业务实现标准化,在系统收入管理模块中,工程量统计、产值报量、甲方报量、付款四个单据通过依次参照生成,整体规范收入的业务流程,减少工程施工过程中各类工程量统计出现数据不匹配现象。

为提高工程量统计效率,缩短工程进度款的回笼期,保证项目施工进度正常进行。结算管理系统在工程量统计过程中引用合同 WBS 拆分完成单据,直接添加清单完成数量,提高工程量统计效率,为项目资金回笼提供数据支撑。通过收入分析,掌控合同回款进度,为项目资金回笼提供数据分析。

为加强项目整体工程量统计和甲方报量审批,减少收入管理业务风险。系统结算管理提供工程量统计、产值统计、甲方报量统计台账,通过对统计台账按照合同、日期、清单不同维度的查询,可以建立不同时期、不同项目的统计台账,加强对合同工程进度款管理的监察。

财务资金管理

1. 建设目标

根据企业多法人主体、多层次并存的组织特点,支持企业全球化管控要求下的多组织结构管理,实现企业资金集中管理,动态掌控来自企业内部价值链和外部价值链的资金流量、流速,保证企业资金用于重要领域。

财务资金系统可以满足不同国家会计准则,不同币种及语言要求的会计核算及报告;帮助企业实现全球信息集中及实时监控;通过搭建企业预算管理平

06 内容
数字化管理内容

台，合理配置全球化资源、实时控制资源的使用并进行有效评价。详见财务资金管理业务模型、财务资金管理数据分析指标模型、财务资金管理报表、分析系统管理架构表格（表6-18～表6-20）。

财务资金管理业务模型 表6-18

序号	业务模块	业务信息节点	业务信息节点实现内容描述	部门/岗位
1	财务会计管理	科目配置	科目配置、分配及过程管理	财务部
2		凭证管理	会计凭证录入、自动记账、凭证审核	财务部/成本、费用会计
3		月末结转	按会计制度的要求，自动结转当期损益	财务部/主管会计
4		账簿查询	对年度总账、明细账、辅助余额账跨公司和汇总查询功能。可提供各项目的月度余额表	财务部/财务人员
5		编制报表	填制季度、年度公司财务报表	财务部/报表会计
6		合并报表	填制合并上级机构报表	财务部/报表会计
7		报表查询	查询多帐套各类财务会计报表	财务部/报表会计
8	资金管理	资金支付监控	资金支付计划、过程监控	资金主管
9		内部账户管理	资金组织对成员单位和下属结算中心开立内部账户的信息进管理，包括开户、销户、账户变更等	资金主管
10		资金调度	通过网银系统对资金体系内上级单位和下级成员单位间以及成员单位之间的资金进行相互划转	资金主管资金制单
11		网上银行	通过银行网上银行开展包括转账付款、银行对账单的下载和管理、银行账号余额实时查询等业务	资金主管
12		存款管理	账户存款管理	资金主管
13		银行对账	定期将企业银行存款日记账与银行发出的对账单进行核对并编制银行存款余额调节表，做到防止记账发生差错，正确掌握银行存款的实际余额	出纳
14	固定资产管理	账簿初始化	新设立固定资产账簿时，通过账簿初始化可将原账簿中的卡片导入新增账簿中	财务部/固定资产会计

续表

序号	业务模块	业务信息节点	业务信息节点实现内容描述	部门 / 岗位
15		参数设置	设立固定资产新账簿时，需要正确设置系统参数，特别是不允许修改的参数，以保证后续固定资产核算的正确性	财务部 / 固定资产会计
16		录入原始卡片	在使用固定资产系统进行核算前，必须将原始卡片资料录入系统，保持历史资料连续性，作为系统的期初余额	财务部 / 固定资产会计
17	固定资产管理	新增资产	新增资产审批、资产增加	财务部 / 固定资产会计
18		资产减少	管理由于各种原因退出企业的固定资产	财务部 / 固定资产会计
19		折旧与摊销	完成固定资产各种折旧方法折旧计提，递延资产的摊销，最终可按各种口径提供财务报告	财务部 / 固定资产会计
20		报表统计	资产报表查询	财务部 / 固定资产会计

财务资金管理数据分析指标模型　　　　　　　　　　表 6-19

指标名称	分析维度	分析目的	数据来源	分析基期	图形展现
营业收入	同比增长分析结构占比分析	结构占比分析按业务板块、各区域市场、行业结构三个产出分析同比增长根据本年完成情况与上年同期数据进行成长性对比	财务系统	组织机构、年、月	饼图、柱状图
利润总额					
经济增加值 EVA	EVA 数值分析	EVA 展示具体指标值，穿透到对应下级指标	财务系统	组织机构、年、月	EVA 图
应收款项	环比增长分析	从本年 1 月开始进行比较应收款项	财务系统	组织机构、年、月	柱状图
管理费用分析	同比增长分析预算完成比分析	同比增长分析根据上年同期管理费用进行对比；预算完成比分析根据管理费用的预算数据计算预算指标完成率	财务系统	组织机构、年、月	饼图、趋势图

06 内容

数字化管理内容

指标名称	分析维度	分析目的	数据来源	分析基期	图形展现
应收账款周转率			财务系统	组织机构、年、月	雷达图
应收账款占收入比			财务系统	组织机构、年、月	雷达图
总资产周转率			财务系统	组织机构、年、月	雷达图
经营活动净现金流			财务系统	组织机构、年、月	雷达图
资产负债率	雷达图分析	根据指标的财务属性，全面反映公司的财务状况	财务系统	组织机构、年、月	雷达图
资产总额			财务系统	组织机构、年、月	雷达图
流动比率			财务系统	组织机构、年、月	雷达图
总资产增长率			财务系统	组织机构、年、月	雷达图
资金管理			资金系统	组织机构、年、月	公司对比
结算中心	结构占比分析	可以穿透到集团（局）或子（分）公司下级的展示数据	资金系统	组织机构、年、月	饼状图
资金构成			资金系统	组织机构、年、月	饼状图
资金集中	百分率分析	可以穿透到集团（局）或子（分）公司下级的展示数据	资金系统	组织机构、年、月	仪表盘
带息负债	同比增长分析	分析上年同期数据情况	资金系统	组织机构、年、月	趋势
银行授信	结构占比分析	分析各个银行的授信占比	资金系统	组织机构、年、月	饼图
四色三级资金预警	四色预警	根据实际值和标准值做出四色预警	资金系统	组织机构、年、月	颜色预警

财务资金管理报表、分析系统管理架构   **表 6-20**

层级	类型	分析主题
集团（局）	分析图	主要指标情况
		各板块营业收入情况
		各子（分）公司主要指标预算完成情况
		各子（分）公司主要指标同比增长情况
		各子（分）公司主要指标排名前十
		各子（分）公司主要指标排名后十
		财务两金情况分析
		财务应收款项分析
	报表	各子（分）公司两金分析表
		各子（分）公司应收账款分析表
		各子（分）公司主要指标分析表
		各子（分）公司主要指标表排名前十分析
		各子（分）公司收入分部情况分析表
		各子（分）公司主要指标表排名后十分析
		各子（分）公司收入分部情况分析表
		月度现金流量综合预测表
		资金存量预警分析表
		债务情况统计汇总表
		货币资金统计表
子（分）公司	统计表	两金及应收款项占用统计快报
		公司主要指标填报表
		分布情况填报表

2. 业务模型简介

（1）财务会计管理

建筑企业数字化管理体系下的财务会计管理，是以提高企业运营质量为重点，以经营活动现金流量管理为核心，提升企业核心竞争力，为建筑企业数字化转型升级提供助力。

财务会计管理以健全企业完善的财务管理制度为基础，以建立计算机信息网络为支撑，以建立集中统一的财务管理体制为手段，运用信息技术手段，实现财务信息化管理与资金的高度集中监控，达到及时准确地反映企业经济状态。

财务会计管理能够科学增强企业决策支持能力和持续发展能力，为管理者特别是中高层管理人员提供财务多角度、多层次统计分析功能及技术手段。

财务人员通过财务会计管理子模块把日常经济业务数据录入到统一的财务信息系统中，当需要财务信息时，具有相应权限的各级管理者通过系统内各种账表、报告快速输出所需的财务信息，能最大限度的实现企业财务数据分层共享，实时控制企业经济业务、资金流动，真正提高资金整体的使用效益和财务管理水平。

（2）资金管理

建筑企业数字化管理的企业资金管理，就是对企业的资金流、资金结算、资金调度和资金运作等进行的系统化管理。

为适应建筑企业管理的变化，结合集团（局）组织结构层次多、集团（局）内部成员多且散、管理链条长、各级分支机构地域纵横交错等特点，运用现代信息技术，采用"数据集中存放、以客户服务为中心"的系统运行模式，建立覆盖全企业范围的快速、稳定、安全的资金管理平台，满足企业资金管理的要求，加强资金集中管理，强化和完善资金在企业内部的循环和余缺调剂，实现集团（局）资金管理业务处理自动化、信息网络化、管理规范化和决策科学化。

资金管理的实际工作和业务（包括资金上收、资金下拨、资金监控、网银支付、信贷管理、存款管理等）进入信息系统，加强企业资金集中管控；通过信息系统透明化，使集团（局）取得资金业务的话语权，统筹安排资金的使用方式，统筹信贷，提高资金整体的使用效益。

（3）固定资产管理

建筑企业数字化管理体系下的固定资产管理，是以解决固定资产实物清查瓶颈，提高清查效率为重点，通过信息化的应用增加固定资产的形态管理，有效解决企业资产管理难题，使企业更轻松、更有效地管理固定资产。

固定资产信息化的应用，首先是提高全集团（局）固定资产管理的速度和准确性，使各种固定资产管理能真正落到实处；其次是轻松管理固定资产，提高经营效率，降低成本支出；最后是为企事业单位资产评估、决策提供更为可靠的依据。

财务人员通过网络，把固定资产日常管理业务数据录入到对应信息化管理平台中，当需要资产信息时，具有相应权限的各级管理者，通过系统内各种账表、报告快速输出所需的资产信息，最大限度实现全集团（局）财务数据分层共享，实时控制企业资产管理。

人力资源管理

1. 建设目标

人力资源是企业管理第一资源，是企业根据其战略目标，结合企业内外环境变化，预测未来对人力资源的需求，制定人力资源开发与管理规划，提供人才支持，以满足企业生产经营需要，实现企业可持续发展。

为改善企业人力资源管理效率，提高企业人力资源管理水平，通过人力资源信息化，实现集团（局）人力资源集中管控，优化重组业务流程，提高人力资源规划管理，增强企业核心竞争力。构建完善的人力资源信息管理系统，为企业人力资源开发和人才队伍建设及相关决策提供数据支持，实现企业人员基础信息的机制管理和人力资源业务的标准化、流程化管理，不断提高工作效率、降低人力资源管理成本，及时、准确对全集团（局）人力资源结构进行快速分析。详见人力资源管理业务模型、人力资源管理数据分析指标模型、人力资源管理报表、分析系统管理架构表格（表6-21～表6-23）。

人力资源管理业务模型 表6-21

序号	业务模块	业务信息节点	业务信息节点实现内容描述	部门/岗位
1	组织管理	组织机构管理	在系统中建立公司体系、部门结构	组织机构管理
2		单位管理	根据公司实际情况在系统中搭建和维护公司体系	单位管理

06 内容

数字化管理内容

续表

序号	业务模块	业务信息节点	业务信息节点实现内容描述	部门/岗位
3	组织管理	部门管理	按实际部门结构在系统中建立和维护部门体系	部门管理
4		岗位管理	按岗位设置情况在系统中建立标准岗位体系	岗位管理
5	人员管理	招聘管理	应聘人员通过外网录入信息并申请职位后,实现外网数据与人力资源数据的有效连接,使得人员甄选后确定录用的人员可直接入职流程	招聘管理
6		人员入职	录用的人员,做入职审批流程,经审批后人员信息进入人事档案	人员入职
7		人员信息管理	人员基本信息维护	人员信息管理
8		人员变动管理	人员调动过程管理(包括调配、任免、离职、转正)	人员变动管理
9		人员合同管理	对员工劳动合同的签订、解除或终止进行管理	人员合同管理
10		薪酬管理	将员工岗薪、绩薪等薪资做入系统并审批发放	薪酬管理
11		福利管理	将"五险一金"等福利待遇做入系统并审批发放	福利管理
12		绩效考核	根据绩效目标制定考核方案,按照考核周期实施对考评对象进行定性和定量相结合的绩效考核并对考核结果加以运用	绩效考核

人力资源管理数据分析指标模型

表 6-22

指标名称	分析维度	分析目的	数据来源	分析基期	图形展现
员工结构	结构占比分析	按性别、学历、用工性质、年龄、工龄多维度分析	人力系统	组织机构、年、月	饼图
关键人才	结构占比分析	按单位分析关键人才的分布情况,按照级别进行结构占比分析	人力系统	组织机构、年、月	饼图
人才队伍	结构占比分析	按人才分类、职业通道、职称、执业资格分析	人力系统	组织机构、年、月	饼图

续表

指标名称	分析维度	分析目的	数据来源	分析基期	图形展现
人员异动	比率分析	按新增人员的来源和用工性质、减少人员的用工性质和辞职原因分析	人力系统	组织机构、年、月	饼图

人力资源管理报表、分析系统管理架构　　　　表 6-23

层级	类型	分析主题
集团（局）	分析图	员工队伍结构
		关键人才分析
		人才队伍情况
		人员异动情况
	报表	人员统计汇总表
		员工异动统计汇总表
		员工异动明细汇总表
		员工主动离职情况统计汇总表
		人才队伍基本情况汇总表
		人员配置情况汇总表
		关键人才情况统计汇总表
		执业资格和职称统计汇总表
		员工工资性成本统计汇总表
		员工年龄结构汇总表
		劳动合同签订情况汇总表
子（分）公司	分析图	员工队伍结构
		人员异动情况

2. 业务模型简介

（1）组织机构管理

集团（局）负责统筹企业规划组织机构管理，通过组织机构的分层管理，实现组织管理行为的分权与集权。建筑企业数字化管理保证集团（局）人力资源管理体系在一个统一规范的平台基础上运行，系统可以清晰地定义出企业组织结构，包括划分下属单位、设置部门和岗位、岗位和部门的隶属关系、岗位的数量、岗位的性质级别、岗位的职责和要求，有效地管理企业的空缺职位，满足集团（局）业务快速扩张需要。

通过数字化建设实现部门新增、更名、合并、转移和撤销等业务，记录单位、部门变更情况，灵活定义单位、部门各项基本信息与辅助信息，满足对组织机构变更过程的管理需要，实现组织内部各层次及各职位管理。同时部门编码和人员编码由集团（局）统一制定，人员编码是员工在系统内的唯一标识，系统实行"一人一号"的管理规则，作为该员工登录所有信息管理平台的用户名，一经确定，不得更改。

（2）人员信息管理

员工信息管理是人力资源系统建设的基础和关键，各级单位认真做好本单位员工的信息管理工作，严格把关，确保人力资源信息的完整性、真实性和准确性。集团（局）人力资源部指导并督促各子（分）公司、事业部做好人力资源信息管理工作，以及对所有员工信息的检查、审核和修改。见表6-24。

人员信息表　　　　　　　　　　　　　　　　　**表6-24**

序号	信息分类	员工主要关键信息内容
1	部门信息	部门名称
2	岗位信息	岗位名称、所属部门、岗位序列、岗位级别
3	个人信息	姓名、身份证号、登记照片、出生日期、性别、民族、婚姻状况、健康状况、参加工作时间、进入五局时间、家庭住址、籍贯、办公电话、手机、户口所在地、政治面貌、入党（团）时间、录用方式、技术职称、第一学历、第一学历学校、最高学历、最高学历学校、职务级别、是否管理人员
4	工作信息	人员编码、人员类别、用工性质、所在部门、岗位名称、最新到岗日期、进入来源、职业通道、岗位级别、职务级别、人才分类
5	学历信息	入学时间、毕业时间、毕业院校、所学专业、学位、学历、（要求自高中填起，需对是否第一学历、是最高学历进行准确标识）
6	合同信息	合同编号、期限类型、开始时间、结束时间、变动类型、签订单位
7	家庭信息	家庭成员姓名、与本人关系、出生日期、工作单位、职业、联系地址

通过人员信息管理模块，完成了员工基本信息录入、查询、修改和输出，实现企业对员工信息的全面掌握；通过业务流程及功能模块建设，使得人力资源实际工作中的招聘管理、人员变动管理、薪酬管理、福利管理、绩效考核、培训和员工自助等工作，实现标准化管理、网络化办公，节约管理成本，提高工作效率；根据企业管理实际，通过在信息系统中建立一套科学、实用、准确的综合报表及决策分析系统，实现对集团（局）、子（分）公司、事业部人力资源状况统计分析，为领导决策提供支持。

人力资源管理业务线条覆盖企业所有单位和部门，贯穿每个员工在公司的所有经历与过程，包括招聘录用、入职审批、调配任免、劳动合同、薪资福利、绩效考核、培训开发、见习转正、员工性质变化和离职退休等每个环节。

（3）劳动合同管理

员工劳动合同的签订、变更、续签、终止与解除，应在人员合同管理模块相应功能节点同步维护。人力资源系统会对未签订劳动合同、劳动合同即将到期人员情况进行预警。

信息系统通过数据库的应用以及预警条件的应用，人力资源管理人员随时了解所管辖范围内的劳动合同签约情况；系统根据预警条件分析出合同即将到期人员；系统中提示在什么公司、什么部门、那些人、职务等合同即将到期；对劳动合同签约情况进行汇总统计分析；从系统签约到变更、续签、解除或终止等全过程的管理。

（4）薪酬福利管理

员工工资发放，通过薪酬管理模块在系统中造表、审批；社保和福利项目通过系统实现代扣代缴；员工薪资福利发生的调整按审批程序办理；每月薪资发放审批通过后，薪酬业务操作员制定本公司当月薪资发放汇总表和明细存档。

设置全集团（局）薪资体系，包括薪资类别、薪资项目、薪资期间、薪资规则表、税率表、代发银行等，薪资类别可直接分配给下级单位使用，而不必分别设置，从而简化用户操作，同时也满足统一管控的需要。薪酬发放流程可以多级审批, 薪资类别一旦被加入到申请单据则该单据, 内包含的薪资类别将不再允许取消复审 (或取消审核)。在数据统计方面, 可以生成各类人工统计报表、薪酬台账、工资总额统计表, 结合人工成本按月、季、年对各子 (分) 公司、事业部的人工成本情况进行统计、分析、预警。

党建工作管理

1. 建设目标

党建工作包括思想建设、组织建设、作风建设、制度建设、反腐倡廉建设、纯洁性建设等, 具有鲜明的党性和实践性, 指导党在不同时代、不同情况下的工作与活动, 总体可以划分为党群工作和纪检监察工作。按照不同的业务场景可以划分为党风廉政建设宣传教育、队伍建设、示范点建设、纪律审查、作风建设、综合事务等。

党中央对加强国有企业党的建设和反腐倡廉工作作出一系列重大部署, 须全面抓好贯彻落实, 以更大力度、更实举措把中央企业党的建设推向深入。怎样有效地加强基层党建, 深入推进党风廉政建设和巡视整改, 是国有企业面临的一个重要研究课题, 建筑施工企业的基层就是负责生产经营业务的项目部, 只有抓好基层项目的党建工作, 才能有效地贯彻落实党中央的方针政策。我们利用智慧工地平台搭建智慧党建系统模块, 可以对施工项目党建工作进行过程监督, 通过智慧党建系统, 可以及时了解项目基层党组织建设、党建活动的开展情况, 抓好党员学习教育工作, 坚持和完善 "三会一课" 制度建设, 同时通过榜样力量发挥示范带动作用, 以高质量党建引领企业高质量发展。详见党建工作管理业务模型、党建工作管理数据分析指标模型、党建工作管理报表、分析系统管理架构表格 (表 6-25 ~ 表 6-27)。

党建工作管理业务模型　　　　　　　　　　　　表 6-25

序号	业务模块	业务信息节点	业务信息节点实现内容描述	部门/岗位
1	队伍建设	人员信息管理	党组织党务人员花名册 纪检专兼职人员花名册 发展党员情况表 年度党费缴纳登记表	子（分）公司党群工作部/集团（局）党群工作部/子（分）公司纪检工作部/集团（局）纪检工作部/相关领导
2	成果管理	成果管理	党建成果统计	子（分）公司党群工作部/集团（局）党群工作部/相关领导
3	示范点建设	廉洁文化示范点	示范点立项情况、自查情况	子（分）公司纪检工作部/集团（局）纪检工作部/相关领导
4	纪律审查	信访管理线索管理	登记、统计来信情况和线索情况	子（分）公司纪检工作部/集团（局）纪检工作部/相关领导
5	监督情况统计及过程监控	监督管理	对纪检监督情况进行过程监控，记录监督创新工作室工作开展情况	子（分）公司纪检工作部/集团（局）纪检工作部/相关领导
6	追责问责	追责问责	处分结果运用和落实	子（分）公司纪检工作部/集团（局）纪检工作部/相关领导
7	党风廉政建设与反腐败工作	廉洁风险防控预警	廉洁文化示范点全覆盖情况；深入基层纪检小组及项目纪检（廉政）监督员群体调研情况；纪检干部"六查六问"活动情况；读书月活动开展情况；党风廉政建设和反腐败工作情况；重大节日期间紧盯"四风"问题情况；领导干部调研情况	子（分）公司纪检工作部/集团（局）纪检工作部/相关领导

党建工作管理数据分析指标模型　　　　　　　　表 6-26

指标名称	分析维度	分析目的	数据来源	分析基期	图形展现
党员数量	数量分析	了解各支部党员构成情况，便于党员的统一管理	党建系统	组织机构、年、月	表格
党员年龄	年龄构成分析		党建系统	组织机构、年、月	饼图、柱状图

06 内容
数字化管理内容

指标名称	分析维度	分析目的	数据来源	分析基期	图形展现
工作岗位	岗位级别分析	了解各支部党员构成情况，便于党员的统一管理	党建系统	组织机构、年、月	饼图、柱状图
党组织结构	结构占比分析	了解基层党组织的作用发挥情况	党建系统	组织机构、年、月	饼图
纪检专兼职人员信息	数量分析	了解各层级纪检人员组成情况	党建系统	组织机构、年、月	饼图
宣传	数量分析	督促各层级将日常宣传落到实处	党建系统	组织机构、年、月	饼图

党建工作管理报表、分析系统管理架构　　　　　表 6-27

层级	类型	分析主题
集团（局）	分析图、表格	党员花名册
		党组织情况表
		党组织建设情况
		纪检系统专兼职人员清单
		纪检监督清单
		关键岗位廉洁从业承诺书
		党风廉政建设责任书
		纪检监察干部交流情况登记表
子（分）公司	分析图、表格	党员花名册
		党组织情况表
		党组织建设情况
		纪检系统专兼职人员清单
		纪检监督清单
		关键岗位廉洁从业承诺书
		党风廉政建设责任书

2. 业务模型简介

集团（局）、子（分）公司、项目可以利用大数据智能分析与统计，及时了解所管辖层级的党建工作，同时通过党建管理系统、移动 APP、微信号等应用开展宣传工作，实现宣传"零"死角，通过积分、任务分实现数字绩效，实现党务管理的科学化、自动化、数字化。党建工作系统大体可以包含宣传管理、学习管理、互动管理、工作管理、积分管理、监督管理等应用内容，达到政治建设、思想建设、作风建设、纪律建设、制度建设有效管理的目的。

（1）政治建设

通过宣传平台、学习平台加强党内政治文化建设，助力开展严肃认真的党内政治生活，了解党内思想动态，始终与消极的、错误的政治文化理念做坚决斗争。

（2）思想建设

宣传平台准确传达中央精神；学习平台利用多媒体方式和碎片化特征助力党员学习；互动平台充分发挥党员主动性，进行思想的讨论；工作平台可以提供知识竞赛等各种小工具，让思想传播变得喜闻乐见；利用互联网实时对组织信息进行更新、管理；利用网络技术根据组织层级进行管理；利用云端大数据做好党员干部队伍管理；利用网络透明性做好党员队伍建设。

（3）作风建设

利用互动平台的开放性和监督性，做好组织作风引导；利用积分平台的评比特性，营造比学赶帮超的积极风气；利用监督平台，做好反腐倡廉工作。

（4）纪律建设

宣传平台和学习平台做好纪律的传播、学习；工作平台为纪律建设提供考核工具；互动平台是纪律执行的变相反应；监督平台为纪律执行提供监督渠道。

（5）制度建设

宣传和学习平台为制度的传播、落实提供有效手段。

（6）反腐倡廉斗争

学习平台是反腐斗争的教育阵地，将腐败扼杀在摇篮里；纪检书记信箱为反腐斗争提供新的监督渠道。

07 技术

数字化管理关键技术

大数据时代，信息技术在建筑施工企业数字化管理建设中发挥了至关重要的作用。大数据技术、物联网技术、移动互联网技术等已充分融入建筑施工企业各业务线条，通过对施工管理数据的采集、汇总、存储、传输、分析，实现企业数字化运营。

大数据技术

BIM 技术

物联网技术

虚拟现实技术

装备智能技术

云计算技术

数据库技术

移动互联网技术

人工智能技术

数字化

Digitalization and Smart
Construction Management of
Construction Enterprises

大数据技术

大数据指无法在一定时间范围内用常规软件工具进行捕捉、管理和处理的数据集合，是需要新处理模式才能具有更强的决策力、洞察发现力和流程优化能力的海量、高增长率和多样化的信息资产。大数据的 5V 特点：Volume（大量）、Velocity（高速）、Variety（多样）、Value（低价值密度）、Veracity（真实性）。它将推动企业数据资源应用从"记录存储"到"整合共享"转变，使数据资源真正成为企业重要的无形资产，并成为企业信息化建设的价值核心。

大数据将带来企业信息化目标的改变。一是数据流将引领技术流、物质流、资金流、人才流，推动分工协作的组织模式，促进生产组织方式的集约和创新；二是推动生产要素的网络化共享、集约化整合、协作化开发和高效化利用；三是建立"用数据说话、用数据决策、用数据管理、用数据创新"的管理机制，实现基于数据的科学决策。

大数据在建筑企业最直观的应用就是将各种业务建立在项目层面，各业务线条的数据库和知识库，比如设计、技术、进度、质量、安全和成本等方面的业务数据库和知识库，来提高日常工作效率和促进各自业务线条日常工作的决策。子（分）公司层面的合同管理、采购招标、目标责任书等数据。在此基础上，企业将进一步建立组织层面各管理方面的数据库，比如企划、客户管理、市场营销、人力资源、财务、科研、法律等管理部门等，用数据来支撑企业层面的管理、经营和战略决策。

在行业监管层面，利用大数据思维，建立建筑业大数据应用框架，统筹政务数据资源和社会数据资源，建设大数据应用系统，推进公共数据资源向社会开放。汇聚整合和分析建筑企业、项目、从业人员和信用信息等相关大数据，探索大数据在建筑业创新应用，推进数据资产管理，充分利用大数据价值。建立安全保障体系，规范大数据采集、传输、存储、应用等各环节安全保障措施。

在智慧城市方面，建筑业大数据将成为城市大数据不可或缺的重要组成部分，与其他行业数据和城市管理数据进行整合，建立城市大数据库，为城市管理的决策提供科学依据，提高管理效率和精细化管理水平，实现城市管理智慧化。

BIM 技术

BIM 是英文 Building Information Modeling 或 Building Information Model 的缩写，代表建筑信息模型化或建筑信息模型。BIM 技术即指关于建筑信息模型化和建筑信息模型的技术。其基本理念是，以基于三维几何模型、包含其他信息和支持开放式标准的建筑信息为基础，提供更加强有力的软件，提高建筑工程的规划、设计、施工管理以及运行和维护的效率和水平；实现建筑全生命信息共享，从而实现建筑全生命期成本等关键方面的优化。

从定义上理解，BIM 技术包含了四个方面的内容：

（1）BIM 是一个建筑物理和功能特性的数字表达，是工程项目设施实体和功能特性的完整表述。基于三维模型，集成项目物理信息、功能需求等参数信息，通过开放式标准实现信息互通互用。

（2）BIM 是一个共享的知识资源，实现建筑全生命周期信息共享。

（3）BIM 是一种应用于设计、建造、运营的数字化管理方法和协同工作过程。支持建筑工程的集成环境和管理环境。

（4）BIM 也是一种信息化技术，其应用需要信息化软件的支撑。同时 BIM 技术作为信息化技术的一种基础性技术，其发展改变传统建筑信息化技术的应用及效果。

总体上说 BIM 技术有面向对象、基于三维几何模型、包含多种信息及支持开放式标准四个特征。

物联网技术

物联网技术，是通过二维码识读设备、射频识别（RFID）装置、红外感应器、全球定位系统和激光扫描器等信息传感设备，按约定的协议，把物品与互联网进行连接，进行信息交换和通信，实现智能化识别、定位、跟踪、监控和管理的一种网络。

信息化技术与物联网技术在建筑行业是通过 BIM 技术进行融合。通过信息化模型和物联网的 RFID 等电子芯片及传感器来实现。将建筑数字化、模型化，建立虚拟建筑。利用物联网将建筑物及空间内物体标签化、可识别化，对需控制的因素依托底层的传感网络进行监控，从而实现对建筑结构、空间、内部设施的集中管控。与信息化模型中的生产信息互补，获得建筑所需的信息。信息化技术承担上层信息集成、交互、展示和管理的作用，物联网技术承担底层信息感知、采集、传递、监控的作用，两者集成应用实现建筑全过程"信息流闭环"。目前的应用模型可以是多维度与多阶段的。如：物联网集成应用，构建起预制建筑建造信息管理平台，制订构件编码规则，结合射频识别技术对预制构件进行动态管理，在预制混凝土装配式建筑的设计、生产及施工全过程管理中应用物联网技术，实现了预制构件生产、安装的信息智能、动态管理，提高了施工管理效率。

建筑工程中物联网集成应用目前处于起步阶段，尚缺乏数据交换、存储、交付、分类和编码、应用等系统化、可实施操作的集成和实施标准，且面临着法律法规、建筑业现行商业模式、BIM 应用软件等诸多问题，但这些问题将会随着技术的发展及管理水平的不断提高得到解决。

建设工程物联网的深度融合与应用，势必将智能建造提升到智慧建造的新高度，开创智慧建筑新时代，是未来建设行业信息化发展的重要方向之一。未来建筑智能化系统，将会出现以物联网为核心，以功能分类、相互通信兼容为主要特点的建筑"智慧化"大控制系统。

虚拟现实技术

虚拟现实也称为虚拟黄金或虚拟真实环境，是一种三维环境技术，集计算机技术、传感与测量技术、仿真技术、微电子技术等为一体。产生逼真的视、听、触、力等三维环境感觉，形成虚拟世界。虚拟现实技术在建筑施工方面的应用主要内容包括：虚拟场景构建、施工进度模拟、复杂局部节点方案模拟、施工成本模拟、多维模型信息联合模拟以及交互式场景漫游等。有效提高模拟的真实性，支持项目成本管控，提升项目质量，提高模拟工作的可交付性。

（1）虚拟现实技术集成应用，可提高模拟的真实性。传统的二维、三维表达方式，只能传递建筑物单一尺度的部分信息，使用虚拟现实技术可展示一栋活生生的虚拟建筑物，使人产生身临其境之感。可将相关信息整合到已建立的虚拟场景中，进行模型信息联合模拟。实时、任意视角查看各种信息与模型的关系，指导设计、施工，辅助监理、监测人员开展相关工作。

（2）虚拟现实技术集成应用，可有效支持项目成本管控。通过模拟工程项目的建造过程，在实际施工前可了解施工方案的可行性及合理性，减少或避免设计中存在的大量数据错误；分析出施工工序的合理性，生成对应的采购计划和财务分析费用列表，高效地优化施工方案；提前发现设计和施工中的问题，对设计、预算、进度等属性及时更新，保证获得数据信息的一致性和准确性。与BIM技术集成应用，很大程度上可减少建筑施工行业中普遍存在的低效、浪费和返工现象，大大缩短项目计划和预算编制的时间，提高计划和预算的准确性。

（3）虚拟现实技术集成应用，可有效提升工程质量。在施工之前，将施工过程在计算机上进行三维仿真演示，可以提前发现并避免在实际施工中可能遇到的各种问题，如管线碰撞、构件安装等，以便指导施工和制订最佳施工方案，从整体上提高建筑施工效率，确保工程质量，消除安全隐患，并有助于降低施工成本与时间耗费。

（4）虚拟现实技术集成应用，可提高模拟工作中的可交互性。在虚拟的三维场景中，可以实时地切换不同的施工方案，在同一个观察点或同一个观察序列中感受不同的施工过程，有助于比较不同施工方案的优势与不足，确定最佳施工方案。同时，对特定的局部进行修改，实时地与修改前的方案进行分析比较，直接观察整个施工过程的三维虚拟环境，快速查看到不合理或者错误之处，避免施工过程中的返工。

虚拟现实技术可与BIM技术集成应用，主要分为准备阶段及应用阶段。准备阶段完成虚拟场景构建，分为BIM模型建立，模型材质选择、3D场景建立。应用阶段主要进行虚拟施工过程模拟、多维模型联合模拟及交付式场景漫游等应用。

装备智能技术

装备智能技术，通过信息化技术使得装备具有感知、分析、推理、决策、控制等功能，如智能穿戴设备，将设备人员与 BIM 模型进行关联，系统可在模型中显示人员所在位置及状态信息。当人员处于危险区域或危险状态时，可进行报警。

如临边洞口防护不到位、部分作业人员高处作业不系安全带等安全隐患在施工现场无处不在，智能穿戴设备可实时发现这些隐患并报警提示。高空作业人员的安全帽、安全带、身份识别牌上安装的无线射频识别，在系统中实现精确定位，如果作业行为不符合相关规定，身份识别牌与 BIM 系统中相关定位会同时报警，管理人员可精准定位隐患位置，并采取有效措施避免安全事故发生。

云计算技术

随着云计算与移动互联网的发展，云计算与智能终端协调配合，"端＋云＋端"模式应用逐步成熟，推动了建筑企业开展商业模式的创新。企业可以通过客户端与云平台的双向沟通开展面向客户个性化需求的施工设计，并通过云平台将产品的施工状况和施工进度及时反馈给客户，实现产品全生命周期的用户参与。云平台的应用提高了建筑企业面向直接用户的沟通和交付能力，实现商业模式创新的同时，更提高了企业的工作效率。在移动云计算中，终端的移动性要求在任何时间、任何地点都能进行安全的数据接入，但还存在一些问题。从移动云计算的概念出发，本章讨论了移动云计算的架构与服务模型，详细说明移动云计算的实例应用，并对未来作进一步展望。

（1）云计算概念

云计算（Cloud Computing）是分布式计算的一种，指的是通过网络"云"将巨大的数据计算处理程序分解成无数个小程序，然后通过多部服务器组成的系统进行处理和分析这些小程序得到结果并返回给用户。现阶段的云计算通过不断进步，已经不单单是一种分布式计算，而是分布式计算、效用计算、负载均衡、并行计算、网络存储、热备份冗杂和虚拟化等计算机技术混合演进并跃升的结果。

移动云计算是基于云计算的概念提出来的。移动云计算是移动用户终端通过移动互联网以按需与易扩展的方式获得所需的基础设施、平台、软件或应用等一种资源或信息服务的交付与使用模式。因此，移动云计算是指在移动生态系统中的可用性，这包含了很多元素，如用户、企业、家庭基站、转码、端到端的安全性、家庭网关和移动宽带服务等。移动云计算作为云计算的扩展，提供给移动用户云平台上的数据存储和处理服务，在移动云计算中，终端的移动性要求其在任何时间、任何地点都能进行安全的数据接入，以便用户在移动云计算环境中，通过移动设备使用应用程序以及访问信息时，有更好的用户体验。

（2）云计算技术基础

云计算技术发源于搜索引擎平台，是基于低成本、高性能、资源灵活分配与应用快速部署等目标的 IT 系统实现技术。其核心是通过高带宽的网络，向用户提供各种类型（包括硬件、平台、软件等形式）的 IT 资源和服务，用户按需使用，代替高额成本构建的传统"烟囱式"的 IT 系统。云计算是虚拟化、网格技术、分布式计算、并行处理、集群调拨管理、公共计算、Web2.0、PaaS、SaaS 等众多新技术的融合，同时它提供了一种新的按需租用 IT 资源和服务为核心的业务模式。电信运营商纷纷引入云计算技术，建设高效率、快速部署、按需使用的 IT 服务的能力，帮助企业缩短业务系统上线周期、降低维护成本，并进行业务模式创新。

随着物联网、工业大数据等信息网络技术和 BIM 技术的融合发展，作为基础设施的移动云计算逐步向建筑领域渗透，面向建筑业生产施工管理智能化需求的云计算产品及服务应运而生。解析服务、云数据、云存储等产品和解决方案的出现，极大地方便了物联网、大数据的工业部署，打通了信息孤岛，建筑企业能够实现跨平台的海量数据分析和管理，实现快速响应和高效的建筑生产施工。

（3）云计算架构

根据移动云计算的特征和应用方式，不同公司或个人提出了自己的移动云计算架构。智能手机、平板电脑等终端设备的出现，使得移动领域的应用越来越丰富，尤其是多媒体业务逐渐增多，如何将这些业务与云计算结合，同时考虑移动网络的异构性，数据带宽以及能量消耗问题来提供更好的客户体验是移动云计算领域亟待解决的一大问题。

在一个 ad hoc 网络中，用户在不需要任何提前的配置，可以随意进入、离开网络以及移动，并且对多媒体应用的支持需要高的比特率 CANA 架构，这个架构采用分层结构，基于一个加强型 HiperLAN/2 协议，包括多个 ad hoc 网络特定的功能，比如，发现邻居节点，聚集和寻找路由等，能有效地支持低移动环境下的多媒体应用，它支持 5GHz 和 60GHz 频带双重模式的操作，在短范围的情况下，高速率链路是在 60GHz 频带范围内的无线链路，然而长范围情况下，低速率链路在 5GHz 频带范围内。

（4）移动云计算应用

①移动云存储，移动云存储是目前移动云计算领域比较成熟的一个应用，它以数据存储和数据管理为核心。目前，一些公司推出了自己的移动云存储服务，其中，"腾讯云"和"阿里云"所提供的应用型功能最为突出。

②消息推送，对于企业用户而言，其移动终端上的消息发送服务已经成为越来越重要的应用之一，由于移动终端一直由用户携带在身边，为了更好地为用户提供实时消息处理功能，公众号的消息推送技术被提出，用以提高消息服务质量以及用户体验。移动终端设备存储容量有限，考虑到目前用户的消息数量越来越庞大，以及一些消息附件的存储问题，将推送技术与移动云计算结合是一个较好的解决方案。

③基于云的移动商务，移动商务是一种运用移动设备进行贸易的商业模式，有了这种模式，用户可以随时随地接入网络，通过移动终端完成商品选择、金额支付、确认收货等一系列操作。目前，建筑企业较为专业的移动端物资周转平台有"资产盘活""物资验收""供方平台"等。

数据库技术

随着经济的不断发展，建筑企业的竞争也愈加激烈，经济效益是企业发展的根本，因此如何提高企业的经济效益一直是建筑企业所关注的话题。目前困扰建筑业的最主要的环节就是成本的控制，如今的市场大环境下，建筑企业如果想立足于不败之地，就必须加强企业的核心竞争力建设，要加强企业的核心竞争力就必须控制企业施工项目的成本，成本无法控制将是企业管理的巨大痛点。本节主要针对建筑行业工程管理中成本控制出现的问题进行研究和分析，充分发挥数据库技术在建筑企业经营管理中的作用。

1. 数据库简介

数据库又称为电子数据库，是被长期存放在计算机内、有组织的、可以表现为多种形式的可共享的数据集合，其目的是便于计算机快速查询及检索。数据库中的数据按一定的数据模型组织、描述和存储，具有较小的冗余度、较高的数据独立性和易扩展性，并可为各种用户共享，其中信息可以分解为记录，每一条记录又包含一个或多个字段（或称为域），字段是数据存取的基本单位。数据库用于描述实体，其中的一个字段通常表示与实体的某一属性相关的信息。通过关键字以及各种分类（排序）命令，用户可以对多条记录的字段进行查询，重新整理，分组或选择，以实体对某一类数据的检索，也可以生成报表。

数据库技术作为一种重要的数据管理技术，通过计算及内部庞大的数据结构层次，实现对数据的存储、组织和管理功能。将数据库技术与网络技术相结合形成新的产物——分布式数据库，从 Oracle RAC 为代表的联机交易型分布式数据库，到 IBM DB2DPF 统计分析型分布式数据库，分布式数据库覆盖了 OLTP 与 OLAP 几乎全部的数据应用场景；分布式数据库在近几年也有着极大的转型，从早年间的 NoSQL 的异军突起占据了互联网分布式数据库的半壁江山，到如今很多传统关系型数据库纷纷开始支持 JSON 格式，数据集已经从单一的关系型数据库向混合型数据库发展。随着大数据 Hadoop、HBase 等技术的不断完善，数据库技术与大数据的相互融合，以其快速、高效、准确的数据处理方式，得到许多建筑企业的认可，例如，Pivotal Greenplum，IBM DB2 BLU 及国内的南大通用 GBase 8a 等，都是将 Hadoop 与数据库技术完美结合的产物。

2. 数据库技术的特点

数据库技术在储备、组织和管理数据的基础上，还扩展了大量其他的信息管理功能，有效地满足了使用用户的个性化需求。数据库技术的特点主要分为以下几个方面：

（1）灵活性较强

计算机数据库具有较强的灵活性，它不仅能够储备数据、管理数据，还可以根据事先制定的指令进行编辑、分析，并在大量的数据之中迅速查找所需要的信息。同时计算机数据库的独特性还能够极大地满足用户的个性化需求，结合不同的信息管理需求，设置不同类型的信息数据库，从而加强统一管理。

（2）共享性较好

信息共享是计算机技术的重要特点，数据库技术作为计算机发展的一个重要成果，其信息的共享性也非常好，在互联网的背景下，数据库技术可以实现资源的共享，从而为更多的人提供服务。

（3）数据的安全性

数据库技术不仅能够给信息管理带来便利，而且还可以为数据的安全管理提供很大的帮助，现在的数据库一般都具有信息的自动备份和恢复的功能，当系统因为外在因素遭到破坏的时候，信息数据也不会因此而丢失，并且若是遇到外在力量的入侵破坏，数据在一定时间内也将会恢复，这就大大提高了数据的安全性，避免数据的误删或丢失。

3. 建筑工程管理的数据库设计

建筑工程行业最为突出的一个问题就是成本控制问题，建筑工程企业的经营管理所追求的不仅有高效益的工程质量，还要有较低的成本。利用科学的方法进行成本的管控，实现项目效益最大化。

在建筑企业管理信息化设计中，最为重要的就是数据库的选择，数据库的选择直接影响系统功能和效能，因此必须根据实际情况，结合系统应用平台以及数据库的开发支持情况来选择数据库，经过分析和研究，总结出建筑工程企业管理在选择数据库时应该注意以下几点：第一，由于在成本预算和核算的过程中处理的数据比较多，因此必须选择功能强大的数据库作为系统的核心；第二，选择数据库必须可以存储大量的数据，还要能够让很多的用户进行访问；第三，一定要能够进行扩展和伸缩，可以根据实际情况来确定数据库的使用；第四，所选择数据库维护功能必须完善。

在数据库的设计中包含一个名词叫表空间，它主要是数据库的逻辑划分，基本上每一个数据库都会有一个表空间，数据库中的表空间主要是用来存放数据字典和回滚段，在数据库的运行中一定要减少输入和输出的冲突，在这里表空间起到了很重要的作用，表空间可以根据用户的输入输出量进行逻辑划分，可以做到表空间和系统应用的衔接，具体实现方式主要还是通过数据段、索引段以及回滚段来实现。

4. 数据库的建立

数据库顾名思义就是存储数据的仓库，它主要是按照数据的结构来组织和存放、管理数据，在这个系统中管理的对象就是建筑工程企业在施工项目过程中所产生的所有的基础数据，这些数据主要是来自基层的管理者，并且这些数据都是基层源数据的资料。比如，施工过程中运用的一些钢筋混凝土的标准表数据以及混凝土的一些强度等级等，除需要这些数据以外，还要有一线管理人员对这些数据进行确认、核实以及提炼，经过相关工作人员的手工处理以后，才能得到一些原始的数据。这些数据是计算机无法得到的，只有得到这些数据以后，才能输入计算机进行逻辑的运算，这些原始数据都是成功利用数据库原理控制经营成本的前提。建立数据库不但能够对数据进行处理和存储，还能对数据进行共享，这样就能保证数据的独立性，实现数据的集中控制和数据的维护。

5. 数据库技术在建筑企业管理的应用

建立以数据库为核心的建筑工程企业管理体系，首先要把数据的管理作为每一个工作人员的职责，利用数据库的功能进行数据的存储和处理，使得工作人员能够全方面地参与到工程的管理中去，可以实现一个人输入的数据可以让很多人使用，每个工作人员都可以随意地调用一些有用的数据进行管理，系统也会自动地进行数据的流传。

（1）数据库技术在企业经营管理中的作用

在系统设计的初始阶段，要根据工程现场的实际情况进行分析和调研，这里主要调研的对象是工程的实际成本，只有结合真实的情况以后才能了解建筑工程企业的需求，根据需求来建立数据库的基本结构模型，在明确工程基本需求以后给出了以下几种功能：在以数据库技术为核心的建筑企业管理系统设计中需要强调的是在系统设计初始阶段要对工程的任务进行详细分解，利用项目进度以及项目成本控制来对项目中的各个数据进行采集额处理，这样才能实现项目建设过程精细化管理，可以为项目管理者提供决策依据。

（2）数据库信息系统在工程项目中的应用

在实际的工程项目中，以数据库为核心的信息管理系统可以实现项目的前期策划管理，还可以加强项目过程管控，使在项目进行中形成一个良好的管理循环，不断地反馈项目中所产生的问题。同时也可以利用现有的科学管理方法和手段，把一些数字化的管理模式运用到每道工序中去，只有这样才能保证工程的顺利实施，才能在保证工程质量的前提下控制好工程成本，提高项目的经济效益。

（3）数据库信息系统在前期策划管理中的应用

项目开工之初，技术和商务人员对项目进行测算和分解，完成对总体项目成本的预控，分工协作把工程量进行分类和整理，并且把这些数据输入计算机中建立数据库，通过信息系统传到各个部门进行审核。成本控制是企业的主要工作，上级公司必须根据市场的实际情况进行成本分析和控制，严格审核工程数量，利用信息平台编制核算表，并通过数据库进行处理，也可对每项经费进行分类，分成几个核算中心，然后把这些表单发到每一个部门进行审核，并且通过数据库系统提供一些相关计划，数据库信息系统可以在管理中严格执行合同条款，这样可以严格控制用料，并且制定一些奖惩的措施，做到人尽其才、物尽其用。

（4）数据库信息系统在竣工决算管理中的应用

项目进入竣工决算阶段，是对项目成本管控的最终检验，将成本数据与工程数量、进度管控、方案比选、资源配备、管理费用等数据汇总对比分析，准确掌握项目盈亏项、节超率、利润点，形成有理有据的成本分析报告，为项目竣工决算谈判提供数据支撑，也能对企业类似工程提供参考依据，真正发挥数据价值。

移动互联网技术

移动互联网是指以各种类型的移动终端作为接入设备，使用各种移动网络作为接入网络，从而实现包括传统移动通信、传统互联网及其各种融合创新服务的新型业务模式。移动互联网跟传统有线互联网相比具有终端移动、业务及时、服务便利、业务 - 终端 - 网络强关联的优势。经过前几代的技术迭代之后，目前已经发展到第五代技术，即俗称的 5G 技术。典型的移动互联网业务模型包括五层：移动终端、移动网络、网络接入、业务接入和移动网络应用。它将推动企业信息系统使用从"PC端"到"移动端"转变，使系统使用不再受到空间与时间影响，实现"随时可用、随处可用"。企业信息系统也将从"大而全"的重量级应用，转变为"小而精"的移动化轻量级应用。

移动互联网涉及传统蜂窝通信、互联网、无线通信网、传感器网络、物联网、云计算等诸多领域，能广泛应用于个人即时通信、家庭互联、战场通信、现代化物流、诚信信息化、应急通信网络等多个场景。

作为移动互联网最新代表的 5G 技术，将全面构筑经济社会数字化转型。5G 应用能够有效带动产业发展，与云计算、大数据、人工智能等技术深度融合，将支撑传统产业研发设计、生产制造、管理服务等生产流程的全面深刻变革，助力传统产业优化结构、提质增效。其应用体系包括三大应用方向、四大通用应用和行业应用。从应用方向上看，5G 应用包括产业数字化、智慧化生活、数字化治理三大方向；5G 通用应用（即未来可能应用于各行业各种 5G 场景的应用）包括 4K/8K 超高清视频、VR/AR、无人机 / 车 / 船、机器人四大类；5G 应用到工业、医疗、教育、安防等领域，还将产生 X 类创新型行业应用。

从建筑行业来看，整个行业主要将直接受益于移动互联网带来的发展，即超高清视频、VR/AR、无人机、机器人四大类应用。另外也将助力智慧工地、智慧城市等高端高效率应用。

人工智能技术

人工智能是研究和开发用于模拟、延伸与扩展人的智能的理论、方法、技术及系统的一门新技术科学。它是在计算机科学、控制论、信息论、神经心理学、哲学、语言学等学科的研究基础上发展起来的，因此又可以把它看作是一门综合性的边缘学科。它将推动企业信息化从"业务支撑"向"业务替代"转变，通过"机器人"引入，部分甚至完全替代传统人工作业，从而解放生产力，提高业务效率。

人工智能研究的主要内容包括：机器学习、知识工程、计算机视觉、自然语言处理、语音识别、计算机图形学、多媒体技术、人机交互、机器人、数据库技术、可视化、数据挖掘和信息检索与推荐等。

人工智能的发展对工程建设行业具有重要意义，人工智能通过综合各类生产要素作用于工程建设活动中，有利于提高生产力水平，助力行业发展，主要表现在三个方面：一是人工智能可以依托大数据，对庞大的信息资源进行处理，分析得到有效数据，避免错误决策，推进行业管理提升；二是人工智能可以通过智能化的精准控制来达到减少资源浪费、提高生产水平和生产效率的目的；三是应用于项目施工过程中，可以提升施工质量和效率、降低安全风险。

08 创新
数字化管理平台

大数据时代新技术层出不穷，业务需求快速多变已成为新常态，建筑施工企业在搭建数字化管理平台时，应充分考虑系统的安全性、稳定性、可扩展性，按照统一的技术架构、数据标准、接口标准有效整合数字化管理关键技术，从而达到系统快速搭建、迭代的目的，以保障系统稳定扩展与平滑演进，避免企业在数字化建设中资源投入风险和信息安全风险的发生。

互联网集成平台
BIM 应用平台
智慧工地平台
大数据平台

数字化
Digitalization and Smart
Construction Management of
Construction Enterprises

互联网集成平台

数字化时代下外部的快速变化与企业内在的稳健经营要求形成了强烈矛盾，带来了巨大挑战，反映在企业数字化转型上，业务需求快速多变、新技术层出不穷，而数字化系统需要稳定扩展与平滑演进，频繁地颠覆重构不仅造成重复投资建设，更带来业务经营与企业运营方面的额外风险。

企业需要不断强化提升数字化能力，应对挑战。其中包括：

（1）业务与技术深度结合能力

实现企业运营的新功能、新需求不断在技术系统中落地，并反哺业务，结合能力包括产品服务数字化、精准营销全要素在线、实时决策支持等。

（2）数据智能和价值再造能力

面对全量数据和数据全生命周期的治理和价值挖掘能力，再造能力包括外部数据融合、分析、建模、治理和数据安全等。

（3）技术管理和技术融合能力

对企业纳入的数字技术进行高效管理，融合能力包括弹性基础设施、组件解耦服务化、服务运营管理、新技术纳入、API 管理、技术安全以及开发运营等。

为提升企业数字化运行管理，企业需要构建一个支撑数字化转型的技术平台。

1. 互联网集成平台架构

互联网集成平台（图 8-1）是以公有云和私有云为基础，利用云计算、物联网、大数据、人工智能、移动互联网等技术手段，同时引入中台的概念，通过技术服务手段搭建的开放性服务平台。其特征具体表现为：

（1）应用场景化

根据不同业务场景，提供个性化应用功能，满足不同角色对象在企业生产经营活动中的需求随时随地可接入使用数字化系统，平台需要丰富业务场景，提升用户体验。

（2）能力服务化

业务能力共性提取，形成数字化服务接口，业务流程灵活编排，支持业务

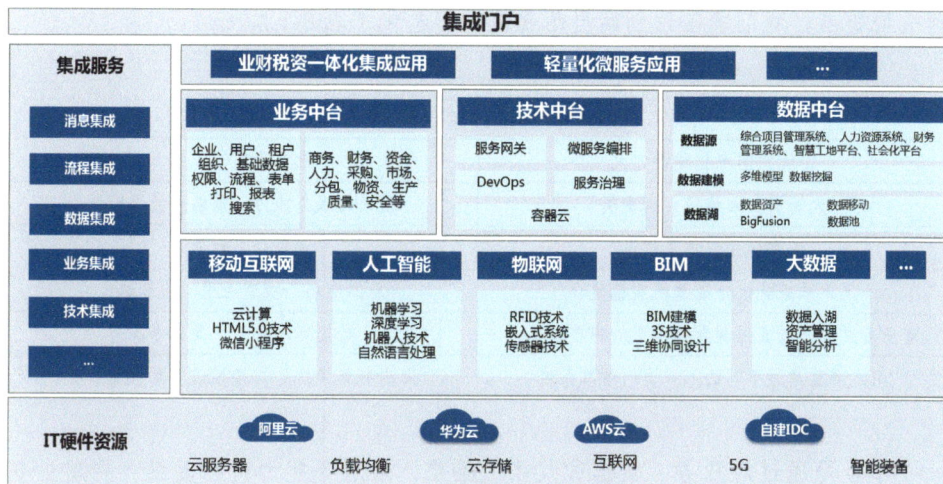

图 8-1　互联网集成平台

敏捷与创新。

（3）数据融合化

实现全量数据采集汇聚，全域数据融合，全维数据智能分析，寻找洞察业务内在规律，提供决策支持。

（4）技术组件化

以组件化框架承载，按需引入大数据物联网视频智能分析，AR、VR等新技术，技术架构实现易扩展，技术元素易集成，技术能力易调用。

（5）资源共享化

资源实现智能终端网络连接，计算存储资源云化，共享复用，资源弹性高效管理。

总之，在集成平台的数字化系统上，达到业务经验有效沉淀，数据资产逐步积累，技术架构平滑演进，企业数字化能力迅速得到提升的目的。

2. 中台的概念

中台是一个新的概念，但却是一个旧有的名词，只是在新时期我们赋予其新的内涵。这是因为在数字经济时代，信息化建设方式发生了较大变化，为快速响应需求，我们需要用创新思想来建设信息化（表8-1）。

信息化建设方式对比表   表8-1

传统的信息化建设方式	数字化建设方式
大规模、大建设、大发展	强大的服务能力，前端轻量化部署
注重标注化体系建设	大平台、轻部署
用大系统替代分散系统实施整合	总体规划、快速应用、快速迭代
重业务支撑，过度强调数据应用的完整和全面	数据标准统一，复用率高
用户需要通过不同的入口访问信息系统	用户有更多的入口接触访问到信息系统

中台是通过对业务、数据和技术的抽象，对服务能力进行复用，构建企业级的服务能力，消除企业内部各业务部门、各级分子公司间的壁垒，以适应企业特别是大中型企业集团业务多元化的发展战略。基于中台，企业可快速构建面向最终用户的前台应用，满足各种个性化特征的前台需求，为企业数字化转型提供管理方向。

中台定义：

（1）中台是一种企业级能力复用平台，具有一种共性能力，支持了多个业务。核心是"功能复用"，构建"大中台，小前台"来满足业务快速扩展的需求；

（2）主要职责是汇总所有业务数据，协同各个业务单元，提炼业务的共性需求，支撑前、后台业务的快速发展；

（3）沉淀大量的用户行为数据（包含内外部用户），为大数据智能算法新的商业模式奠定基础；

（4）作为业务服务的提供方，不需要依赖业务的稳定性，而是需要不断为新业务提供能力支持。

3. 中台的分类

中台可分为业务中台、数据中台、技术中台。

业务中台：与业务属性强相关，包含业务抽象封装、协同、能力重生等；

数据中台：内容包含主数据、应用模型数据分析、基于数据的定制化创新、数据反馈的持续演进等；

技术中台：是将使用云或其他基础设施的能力各种技术中间件的能力进行整合和包装，过滤掉技术细节，提供简单一致，易于使用的应用技术基础设施的能力接口，助力前台和业务中台数据中台的快速建设。

（1）业务中台

业务中台是阿里巴巴首先提出企业信息技术业务架构的转型之道。站在阿里巴巴全局视野来看，业务中台是从整体战略、业务支撑、连接消费者和业务创新等方面进行统筹规划。阿里的业务中台更多关注如何支撑业务和为业务服务。

阿里通过阿里云平台将技术中台进行部署，对集团内共享业务单元（中台）提供支撑，并最终对前台各业务线提供服务化的能力输出。

业务中台简单地讲，就是将业务与业务逻辑进行隔离，通过制定标准和规范，清楚地描述有哪些服务、数据和功能，以减少沟通成本，提升协作效率，让任何一条业务线都具备整个企业的核心能力，向各业务线条提供能够快速、低成本创新的能力。

从技术角度看，做中台是为了搭建一个灵活快速应对变化的架构，更快实现前端需求，避免高度复用功能重复建设，这是敏捷开发、提高效率的地方。从业务角度看，借助中台沉淀能力，可以支持快速创新，让研发更灵活，业务更敏捷，以应对未来不可预知的市场变化。未来如果其他业务板块功能先研发出来，我们借鉴，在底层只要组合一下即可，业务功能更加灵活和快速。

业务中台是企业中台建设的核心，需要解决多业务领域的复杂协同，所以面临挑战比较大，一是需要企业一把手牵头，总体规划、分步实施，找准切入点；二是明确业务目标和范围，先试点，用验证过的技术平台和中台方法论去赋能业务；三是在试点过程中，持续融合和迭代优化，磨合出自己的中台理念，构建自己的业务能力生态，才能逐步铺开，最终优化组织，提升效率。

（2）数据中台

所谓数据中台，即实现数据的分层与水平解耦，沉淀公共数据能力。它可分为三层：数据模型、数据服务与数据开发。通过数据建模实现跨域数据整合和知识沉淀；通过数据服务实现对于数据的封装和开放，快速、灵活满足上层应用的要求；通过数据开发工具满足个性化数据和应用需要。

1）数据模型

数据模型是分层次的，以往叫作数据仓库模型。它概括三层，即基础模型一般是关系建模，主要实现数据的标准化，可以称为"书同文、车同轨"；融合模型一般是维度建模，主要实现跨越数据的整合，整合的形式可以是汇总、关联，也包括解析；挖掘模型其实是偏应用的，但如果用的人多了，也可以把挖掘模型作为企业的知识沉淀到中台，比如客户浏览偏好分析的模型具有很大的共性，就应该把它规整到中台模型，以便开放给其他人使用。中台的中是相对的，没有绝对的标准。见图 8-2。

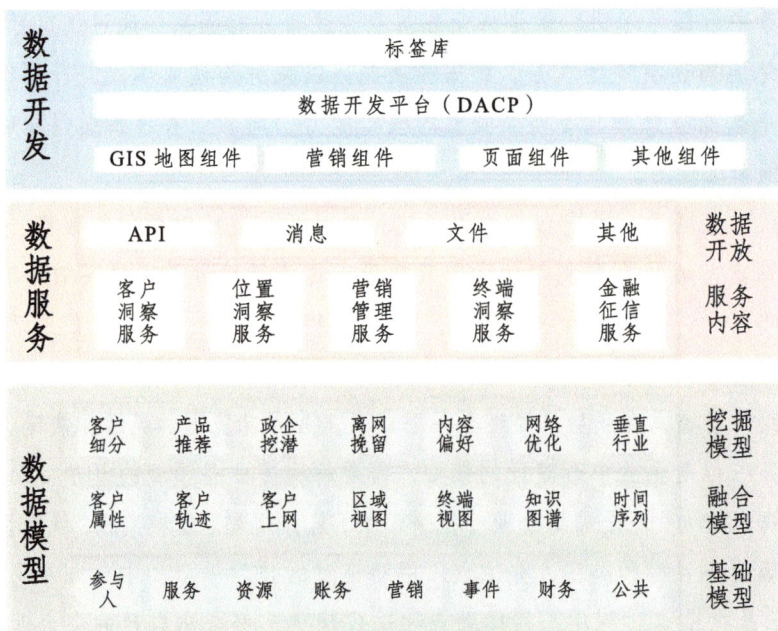

图 8-2 数据模型

2）数据服务

将数据模型按照应用要求服务封装，构成了数据服务，这与业务中台中的服务概念是完全相同的，只是数据封装比一般的功能封装要难一点，毕竟OLTP功能的变化有限，而数据分析受市场因素影响很大，变化更快，导致服务封装难度变大。随着企业大数据运营的深入，各类大数据应用层出不穷，对于数据服务需求非常迫切，大数据如果不服务化，就无法规模化，也就无法满足内外大数据服务要求。

3）数据开发

只有数据模型和数据服务是远远不够的，因为再好的现成数据和服务也往往无法满足前端个性化要求，这时候就得"授人以鱼不如授人以渔"了。数据中台的最后一层就是数据开发，其按照开发难度也分为三个层次：最简单的是提供标签库（DMP），用户可以基于标签的组装快速形成营销客户群，一般面向业务人员；其次是提供数据开发平台，用户可以基于该平台访问到所有数据并进行可视化开发，一般面向SQL开发人员；最后就是提供应用环境和组件，让技术人员可以自主打造个性化数据产品，以上层层递进，满足不同层次人员要求。

（3）技术中台

技术中台是企业级技术能力复用平台，对业务提供统一的技术支持和输出。企业级并非指只服务于企业内，而是宽泛的、跨产品的、跨行业的服务，围绕企业运营相关的客户都属于服务范围之内。技术中台剥离业务与数据的粘连、捆绑，只提供技术能力服务。使用服务的产品是抽象的，提供技术能力是具体的，同时技术中台有良好的复用性，可在技术能力的普遍性与易用性之间找到平衡点。技术中台区别于传统系统拼凑、累加方式，是通过对技术能力的持续平台化沉淀，建设统一的服务平台。

4. 总结

企业中台建设是一个系统性工程，不会一步到位，更不可能一蹴而就。我们看到阿里巴巴的中台建设很成功，也听到不同的成功案例，但他们的成功并不意味着自己也能成功。企业中台的落地，背后是治理，是企业架构与时俱进和不断迭代的过程。见图8-3。

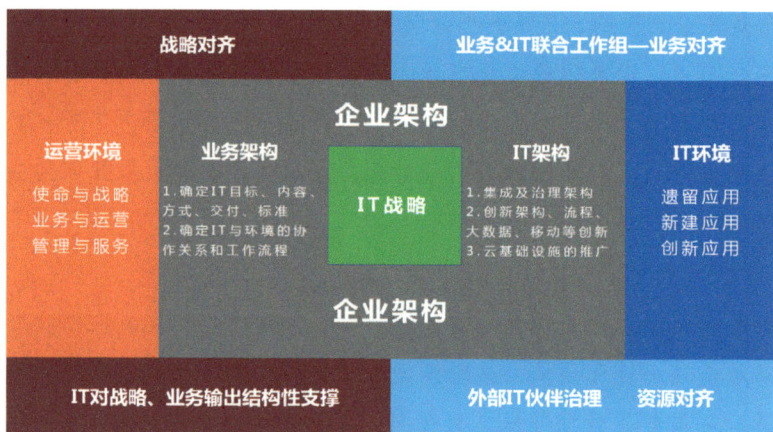

图 8-3　企业 IT 战略

（1）战略对齐

确保业务战略和 IT 战略的对齐，需要 IT 对企业战略、业务输出结构性支撑和技术支撑。

（2）企业架构

企业架构需要洞悉环境与产业变迁，根据企业运营发展战略，建立科学合理的业务架构和 IT 架构，治理 IT 资产和业务的关系，以及与组织的关系，从而保证 IT 对齐战略，成为战略的执行基础。

（3）可复用

基础服务形成后，那通过中台向前台提供"相应的服务"是整体布局还是分散布局，取决于服务提供的可开放共用程度。就像我们看到，各大互联网决定中台建设开始，总是要伴随企业层级组织架构的调整。破除部门墙、业务墙、数据墙，通过开放共享最终才能实现"可复用"目标。

（4）灵活扩展

在中台服务均可输出后，业务量可能会短时间激增。能经受住大流量高峰时期的高并发、高可用，将成为一个重大挑战。底层的可灵活扩展能力也非常重要，企业应当应用 DevOps、Docker、微服务等先进的开发技术理念，在中台建设前就开启数字化技术转型。

110

BIM 应用平台

BIM 技术应用目前已经贯穿于项目管理的全生命周期，对于我国建筑施工行业而言，BIM 技术不断深入应用对我国建筑施工行业的创新发展将带来巨大价值。

建筑施工企业最关键、最为重要的管理在项目、在现场。推进信息化建设，很重要的一点就是以信息化技术促进工程建造升级，提高项目一线信息化和数据管理应用水平。非常有必要补齐项目作业层信息化平台的短板，将作业层的业务由线下转到线上。把以现场管理和资源配置为核心的 BIM 技术与以成本管理为核心的管理信息化系统（ERP）有机结合起来，通过建立统一的信息交换标准和信息集成机制，打通两者之间的数据接口，大量工程基础数据自动通过 BIM 平台提供，减少繁琐的手工录入工作，确保信息化系统数据的准确性、及时性、完整性，以信息化技术促进工程建造升级，提高项目一线信息化应用水平，最终实现管理信息化和数字建造的集成融合。

围绕工程总承包精细化管理，应用 BIM 及相关信息技术，将作业层的业务由线下转到线上，实现设计、采购、建造、运维全过程数字化应用，减少数据孤岛及工程施工数据传递的损失，使得由设计开始的各项数据能够更好为工程建设服务。把 BIM 技术与管理信息化系统有机结合起来，搭建以数字化为核心的项目管理平台，关联项目管理业务流程、表单、文档，通过物联网技术集成管理智慧工地，形成一体化平台；通过建立统一的数据标准和数据接口，将设计环节、采购环节和施工环节无缝衔接，让三个环节的数据信息流转，将设计数据和建设数据有效关联并流传到运营环节，实现真正意义上的工程数字化移交。过程中的各项数据能够实时、有效进行采集，平台自动获取数据和生成数据，减少繁琐的手工录入工作，确保数据的准确性、及时性和完整性，基于汇总的数据进行分析决策，为企业及项目决策提供更好的依据。形成以 BIM 为基础、以业务（技术）为主线、以管理（成本）为核心的技术思路，实现从数据到信息，从信息到平台，从平台到管理。通过虚拟流程的应用实现实体流程的管理，最终实现工程总承包项目管理智慧化。

BIM 应用平台是充分利用 BIM 的直观性、可分析性、可共享性及可管理性等特性，通过与云计算、大数据、物联网、移动互联网、人工智能等新一代信息技术集成应用，实现建筑智慧设计、智慧建造、智慧运维的全生命周期管控。见图 8-4。

图 8-4　BIM 应用平台架构图

BIM 应用平台可划分为三个层级：硬件支撑平台、技术支撑平台、业务与作业管理平台。

（1）硬件支撑平台

包含服务器、网络系统、BIM 建模终端、智能装备建设、存储设备建设以及安全设备建设等。

（2）技术支撑平台

根据市场现有 BIM 轻量化引擎的特点，分析优势与不足，结合企业发展规划开发适应企业管理和生产要求的自主 BIM 轻量化引擎。BIM 轻量化引擎拟实现作为中间件，可被前后端调用，模型属性信息修改等应用，并且支持 IFC 格式及国内常用 BIM 建模数据格式，能在手机端、PC 端、网页端多种媒介上显示模型。此外拟实现脱离建模软件对模型进行剖切、标注、属性查看、隐藏显示、查看模型结构等基本功能。

（3）业务与作业管理平台

设计阶段：当今在建筑设计等领域中以"参数化设计""衍生式设计"为代表的新一代信息技术设计方法已经成为重要的设计手段，而设计管理中 BIM 技术的应用更能为项目创造更高价值。从城市尺度上的规划设计到单体建筑的形态设计和表皮设计，从景观规划的场地布局到产品、家具的外观设计，这类基于数字化技术的设计方法以极大包容的态度给设计领域带来了全新的工作方法和审美选择。市场环境的变化也带动设计业务的具体变化，鉴于现在设计业务的工作模式，将新技术结合传统设计将是设计行业变化一大趋势。利用 BIM 技术等手段实现对设计工作的统筹管理，重点关注设计成果的精细化管理，可以有效避免设计手段与现场管理脱节造成的材料清册和工程量清单不够准确、信息不完整、设计深度难以满足施工、采购设备和材料等问题。

生产阶段：生产阶段最重要目标就是在合理的成本下高效率、高质量、安全地完成施工任务。利用 BIM 技术可实现施工方案阶段的虚拟施工、方案优化，施工深化设计中的碰撞检查；施工造价管理的精确算量、成本控制，可解决施工、进度、技术、质量、安全、成本等多方面管理问题；利用移动通信技术实现工程质量、安全的现场检查；利用物联网技术可提高现场管控能力；利用人工智能技术在建筑施工中可在质量管理方面应用于混凝土性能预测；在安全方面通过实时分析现场采集图像，可以及时发现现场存在的不安全行为、机械设备和环境等安全因素；利用虚拟仿真、信息通信、智能技术等可与建筑机器人互联互通，建筑机器人自动场景识别、自动定位导航和自动智能施工，实现建筑机器人在施工建筑中应用，促进建筑技术、建造方式的改革创新，推动解决传统建筑行业安全风险高、劳动强度大、质量监管难、污染排放高、生产效率低等问题。

运维阶段：建筑运维阶段是建筑生命周期中最长、项目回收投资和取得收益的重要阶段。运维最主要的价值就是提供一种高效、透明化、面向用户的服务，在数字化时代下，传统运维模式面临巨大挑战。为应对新环境下的运维挑战，以 BIM、物联网、云计算为代表的新一代信息技术给运维管理带来了新生机，新型智能运维把运维工作分为三部分：监控、管理和故障定位，其核心是事前智能预警、事中实时跟踪，事后快速定位、夜间无人值守、远程集中管理。BIM 技术凭借在可视化分析、大数据管理、工作协同、信息共享等方面的技术优势，为建筑数字资产的留存、全寿命周期管理提供了途径。物联网技术能够将环境感知、监测及控制应用到每一个具体的建筑构件及设备，BIM 技术与物联网技术对于建筑运维来说相辅相成，物联网技术可以实现实时数据的收集处理、建筑元素之间的信息交换与通信，实现在建筑三维空间中的定位与管理等，以达到建筑数字化管理、节能减排及可持续发展的目的。如在城市综合管廊运维管理中可以发挥 BIM 技术的可视化及模拟性特点，BIM 模型导入到智慧管廊运维管理平台当中，可模拟巡检管廊内部的设备运行情况，并进行分析与优化，在日后设备维修工作时能够评估验证；将 BIM 技术与 IOT 技术结合起来，BIM 模型与物联网设备进行数据集成显示，对管廊内部的温度与湿度等进行控制；将 BIM 技术与 AI 技术结合起来，设置挂轨式机器人对管廊内部情况进行监控，机器人的高清摄像头可以对廊内画面实时上传，监控指挥中心可以明确廊内的具体情况，结合上传的指标数据综合分析，加强管廊巡检的可靠性。如在地铁运维方面可改善运维使附加增值，通过 BIM 技术建立数据模型，存储地铁项目中管线、照明、通信、信号、站台等各个设施数据信息，运维方可以通过对这些数据的查阅进行设施的维护与修葺工作，BIM 模型为运维提供数据支持，增加其价值，大大提高运维方的工作效率。

城市运维及智慧城市，通过基于 BIM+GIS、物联技术、移动通信网络、大数据等新兴信息化技术，建立覆盖市政、交通、安防、社区和服务等城市运行和管理所需各方面要素的大数据模型，采用云计算和人工智能技术实现数据的实时挖掘、分析、预测和决策，实现城市规划、建设、运行和管理等方面决策的智能化、自动化、即时化，提高城市管理效率和精细化能力，实现城市运行的自动化和智慧化升级，全方面提升市民对科技进步的获得感和栖息品质。

智慧工地平台

智慧工地是智慧地球理念在工程领域的具体表现，是一种崭新的工程全生命周期管理理念。

智慧工地是指运用信息化手段，通过三维设计平台对工程项目进行精确设计和施工模拟，围绕施工过程管理，建立互联协同、智能生产、科学管理的施工项目信息化生态圈，并将此数据在虚拟现实环境下与物联网采集到的工程信息进行数据挖掘分析，提供过程趋势预测及专家预案，实现工程施工可视化智能管理，以提高工程管理信息化水平，从而逐步实现绿色建造和生态建造。

智慧工地将更多人工智能、传感技术、虚拟现实等高科技技术植入到建筑、机械、人员穿戴设施、场地进出关口等各类物体中，并且被普遍互联，形成"物联网"，再与"互联网"整合在一起，实现工程管理干系人与工程施工现场的整合。智慧工地的核心是以一种"更智慧"的方法来改进工程各干系组织和岗位人员相互交互的方式，以便提高交互的明确性、效率、灵活性和响应速度。

智慧工地平台，是依托物联网、移动互联网、云计算、人工智能、大数据等信息技术建立的大数据集成平台，围绕工地现场的人、机、料、法、环等生产要素，实现施工现场管理在线、工具在线、工艺在线，通过数据全方位加工和应用，以达到提升现场监督能力，提高管理效率、降低劳动强度的目的，见图 8-5。

智慧工地平台可划分为三个层级：现场应用层、数据处理层、数据展示层。

（1）现场应用层

充分利用物联网、移动互联网技术提高施工现场管控能力，一是通过RFID、传感器、摄像头、手持设备等智能终端，以采集、存储、传输、分析、发布等数据信息功能为基础，实现对项目建设过程的实时监控、智能感知、数据采集和高效协同，提高作业现场的管理能力。二是通过第三方系统的应用，包括劳务管理平台、质量安全管理系统、进度管理系统、BIM 管理平台等，通过对施工现场各业务环节、不同业务场景的应用，实现对施工现场的人、设备、物资、进度、质量、安全、成本等要素的全面控制。

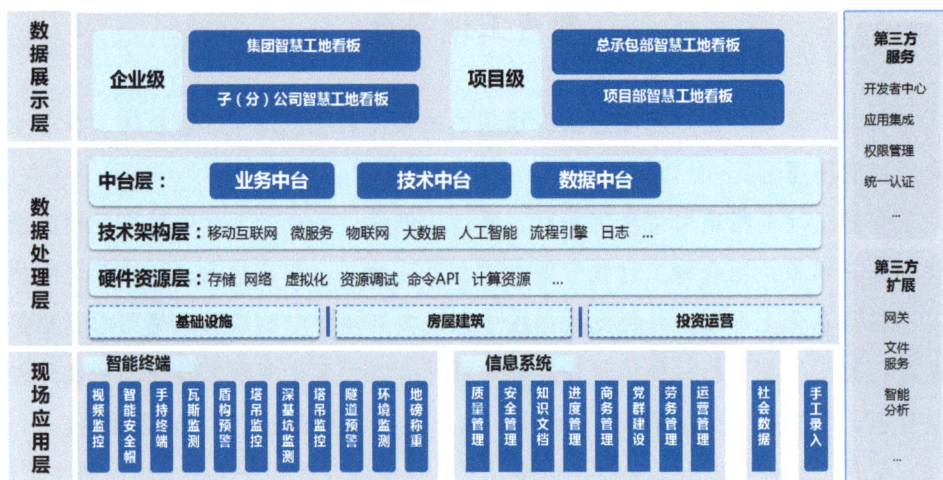

图8-5　智慧工地平台架构图

（2）数据处理层

智慧工地应用数据驱动业务的基础，汇聚项目全生命周期、全要素、全参与方、全域数据业务管理活动，展现项目全貌和运行状态，与现场应用层实现交互，提升业务管理的智能化。同时我们引入中台的概念，按照统一的数据标准（主数据）、数据接口标准实现第三方系统、智能终端的整合与数据集成，通过数据的高效计算、分析为企业应用层提供服务。

（3）数据展示层

智慧工地数据展示是将集成的各类应用数据，利用大数据分析能力，根据不同的管理要求，以图形化、表格化的方式呈现，形成企业级、项目级看板，实现现场管理可视化和智能化，实现工程项目资源优化配置，工程项目智能决策与服务。

大数据平台

大数据平台基于最新的数据湖技术体系来实现，具体包括数据后台、数据中台、应用前台。见图8-6。

图 8-6 大数据管理平台架构图

数据后台：数据湖支持管理和对接各类数据引擎，包括关系型数据库和数据仓库的结构化数据、数据流接口提供的 JSON/XML 半结构化数据，以及图片、音视频、文档等非结构化数据。各类数据对接进入数据中台，称之为"入湖"，采用的技术手段主要是"数据移动"，数据湖提供了 NIFI、Sqoop 这样的数据对接工具来实现这一过程,根据实际情况可以采用全量更新、增量更新的形式来"入湖"，这样，资金核算、财务核算、商务管理、设备管理、物资管理、BIM、智慧工地以及外部社会化接口数据，都可以作为数据源，"入湖"大数据中台。

数据中台：数据"入湖"大数据中台以后，形成大数据中台的数据资产，大数据中台可以根据他们的数据状态进行有效的资产层级存储、数据主题管理和数据的加工治理。数据湖的数据资产管理模块就像企业数据中台的大总管，管理着数据地图、元数据、数据质量、数据安全，甚至可以做一些简单的数据同步，从而达到数据统计、监控数据治理、数据资产运营的目的。比如，从数据源对接"入湖"的数据最初便是以颗粒度较小的、结构与源头数据类似的形式存储在数据湖"贴源层"中，从数据资产元数据管理中可以看到组织／人员、市场／客户、工程／项目、资产／设备的维度表数据，也可以看到分包、物资、资金、进度、合同等事实表数据，它们的结构、数量都可以在数据资产管理中直观展示。数据从初始的"贴源层"，逐步变成数据"集市层"的结果数据，称为数据治理的过程。在此过程中，可以根据不同场景、不同需求，灵活制定治理策略，运用大数据的快速计算能力，对数据进行加工处理。比如，时效性要求非常高的情况下，企业的策略可能是先全量"入湖"，运用 Sqoop 工具调用 MapReduce 进行初始化治理操作（离线分析），形成企业主题数据集市，然后对增量数据做数据移动，通过转换器快速转换成结果数据，追加到对应的主题数据集市中，达到实时在线加工成结果数据的效果。

应用前台：通过智能分析快速对接数据资产结果数据，进行多维度数据建模，以拖拽的形式快速形成可视化图表，包括灵活的报表（资产、资金、材料、进度、质量、安全、成本等）及丰富的图表界面（仪表盘、柱状图、折线图、雷达图、饼图等），作为 BI 分析、即时查询之用，形成集团（局）、子（分）公司、项目层级运营看板。

09 路径
数字化实施路径

建筑施工企业数字化战略制定后，数字化管理路径是企业实施数字化管理的行动纲领，是实施数字化管理落地，确保数字化管理战略规划目标达成的重要保障，企业须以战略目标为引领，制定切实可行的实施方案。

战略引领
场景应用
资源统筹
自我主导
分步实施

数字化

Digitalization and Smart
Construction Management of
Construction Enterprises

战略引领

企业在实施标准化、信息化、精细化管理的"三化融合"中，在标准化的基础上运用信息化管理手段，通过信息化倒逼标准化成果落地，进而促进企业精细化管理水平提升，是被实践证明的科学有效的管理工具。随着信息技术的迅猛发展，建筑企业推进数字化升级战略，标准化落地依然是重中之重。

建筑施工企业数字化转型已建立较好的基础，包括较好的基础数据支撑，以及对建筑业数字化发展的广泛共识，标准起到了重要作用。标准在我国建筑施工行业已上升为一种基础管理的制度性管理，建筑数字化标准建设也积累了一定经验，将在未来建筑数字化发展中扮演更加关键的角色。

当前，建筑施工企业日益增长的数字化转型发展需求和传统发展模式变革不充分、不彻底之间存在五个主要矛盾，一是建筑业信息化发展与企业管理变革不自信的矛盾；二是信息化管理平台与企业管理业务不匹配的矛盾；三是企业上级与下级管理数据不互联的矛盾；四是企业部门与部门之间不互通的矛盾；五是岗位与岗位之间不互融的矛盾。因此建筑施工企业数字化转型必须制定战略规划，并遵循三大基本原则。

（1）科学规划，系统布局。以推动企业高质量发展为着力点，强化标准体系顶层设计和系统架构。系统梳理数字化转型标准化建设的短板和需求，制定实施任务清单，构建完善标准体系，确保高标准推进数字化转型。

（2）开放共享，协调发展。着力发挥标准化的互联互通作用，以标准化促进各业务线条、产业链等领域数字资源深度融合，助力打破信息孤岛。针对数字化转型多学科融合和涉及面广的特点，着力加强各领域标准化建设的统筹协调。

（3）先易后难，重点突破。以企业数字化转型为先导，撬动业务和产业链相关方数字化转型，加快各领域数字化转型标准化建设。围绕数据共享、流程再造、信用体系、服务协同等关键领域，优先制定企业数字化转型数据基础标准。

场景应用

建筑施工企业在开展数字化管理战略规划前，首先需要对各业务环节的应用场景进行分析，应用场景是指一个应用（信息系统、工具软件）被使用的时候，用户"最可能的"所处场景，包括时间、空间、设备支持、业务相关方等多个方面。

制定时需了解企业的使命、愿景和目标，并对核心价值链的相关业务环节进行深入的分析，从业务模式和流程入手，找到数字化的支撑点和机会点，进而构建支持业务发展策略的数字化战略，制定信息化建设的目标。

数字化管理战略规划需要从信息技术应用源头入手，挖掘企业到底需要哪些信息？这些信息的应用场景在哪里？通过哪些渠道可以获取？怎样对这些信息进行分析、处理、存储和传播？这些信息对企业有哪些影响？企业怎样才能知道哪些途径提供的信息有价值、哪些途径提供的信息价值含量低？企业如何能够调整自己的信息渠道？从而进一步帮助企业搭建合理的信息资源体系，以及信息编码体系，并结合系统需求分析，提供完整的信息内容解决方案，为企业今后的信息系统实施提供切实可行的基础支持。同时，通过制定信息分类、存储、传输和使用的标准，形成规范和制度，并应用相应的信息管理手段，包括激励机制和绩效考核等，对信息内容的加工处理进行规范化，真正实现企业数字化建设体系、内容和价值。

资源统筹

目前建筑施工企业在开展数字化建设的进程中，存在资源整合度不高、应用推广力度不够、资金保障不足、人才资源短缺等问题。针对这些问题，企业需进行全面系统的梳理，分析产生问题的原因，研究制定解决问题的办法。

（1）注重资源整合，提升统筹领导能力

要在企业网信工作领导小组的统一领导下，整合全企业信息化资源，把分公司、子公司、事业部、项目部纳入整合范围，分级建设。

（2）注重顶层设计，提升一体化水平

做好企业数字化建设的顶层设计，加强与业务线条、各业务部门的对接，充分了解业务流程，吸纳各项业务对信息化的需求，以信息化促进标准化，实现企业"一张网"，保证数字化建设的系统性和整体性。

（3）注重人才培养，提升信息化应用能力

企业管理者要有大视野、大格局、高站位做好信息化专业人才队伍建设，分层分级多渠道培养，通过培训、选拔、建立专家库、社会联合培养等多种方式，打造企业信息化实用型人才。

企业数字化转型不是一蹴而就的事情，而是一个长期的艰巨的工程，必须从战略层面高度关注和重视数字化，正视自身面临的竞争环境和转型压力，找准自身定位和目标需求，加强数字化统筹协调和战略规划，做好顶层架构和路线图设计，分阶段分步骤实施，因此企业主要领导重视是转型能否成功的关键，企业主要领导必须转变，愿意并且乐于享受数字化带给组织以及业务的活力；在企业数字化转型阶段初期，往往是无法精准量化衡量投入回报的，构建数字平台、配备智能设备、投入 IT 基础费用及数字供应链优化等投入，反而需要大量资金去摸索和试错，并且需要与大量的外部企业协同作业、共同推进，因此统筹好内外部资源是转型能否成功的重点，而确保资源的有效、充分、持续投入是转型能否成功的基本保障，也能反映企业对数字化转型的重视程度及企业获取资源的能力，企业决策层必须真正认可数字化转型，并清晰认识数字化转型在未来可能带给企业的潜在价值，才能将资源投入到企业的数字化转型之中；企业竞争归根到底是人才比拼，企业数字化转型不是简单的信息技术应用，而是需要为企业打造一支能够适应数字时代业务发展的战略军，企业只有拥有了一批具备先进数字理念、数字技能、数字业务能力的人才，数字化转型才会有源源不断的动能，因此专业人才队伍建设是转型能否成功的基础。而目前的建筑施工企业普遍缺乏数字化人才，特别是既懂业务、管理，又懂数字化、信息化技术的复合型人才，企业应利用联合培养、定向培养、转岗培养、继续教育等方式加强人才培养，以校园招聘、社会招聘及收购企业等方式加强人才储备，以积极营造数字化管理氛围，提高企业全体员工数字化能力素养，从而弥补短板获取创新能力。

自我主导

目前，一些企业的数字化建设主要是依托管理咨询公司、互联网公司、软件公司的专业机构开展，企业各管理层并未充分参与数字化管理战略规划制定。由于外部单位普遍缺乏对企业管理和业务需求的深刻理解，更多的是在技术的角度制定战略，而忽略了企业管理实际，造成制定的规划蓝图无法跟企业战略、管理、业务和流程有效结合，很难帮助企业建立务实高效的数字化管理框架。

因此企业数字化管理战略规划要落地，必须坚持以自我为主导，业务管理与信息技术共同驱动，形成切实支撑企业发展战略、业务管理模式的数字化管理规划蓝图。在组织保障方面，吸纳各业务部门骨干成员组成信息化创新团队，负责本业务线条数字化管理工作；在业务管理方面，信息化创新团队要从数据逻辑、业务管理、流程管控、战略支撑等维度整体规划，完成本部门、本线条的业务管理模型构建，同时要考虑业务管理的中长期发展需要；在数据管理方面，信息化创新团队要梳理出本线条各层级数据分析模型以及分析指标，明确指标分析维度和计算规则，通过大数据平台实现数据抓取、统计、分析、展示，形成数字资产，为管控决策层和业务管理层提供决策支撑；在知识管理方面，信息化创新团队要梳理出本线条各层级知识管理模型，用于管理非结构化数据，如文档、视频、图片等，通过知识管理系统实现集团（局）、子（分）公司、项目资源共享，有利于企业知识积累，避免因人员岗位变动造成企业知识流失的情况发生。同时各部门可以通过线上资料检查，规范本线条业务管理，实现过程督导。

由于建筑企业是以项目为基本单元的特殊性，信息化创新团队更要做好项目基层需求调研工作，梳理有效需求，在构建数字化管理平台时，应充分结合基层员工提出的需求与建议，找准痛点、难点问题，运用数字化手段打通项目数字化建设的最后一公里。

建筑企业数字化建设一定是"一把手工程"，企业最高决策层、业务管理层必须全员参与、协同作战，适时邀请专门机构开展咨询，对规划目标、内容、措施以及技术路径、风险评估等提出合理化建议，最终形成企业数字化管理规划蓝图。

分步实施

数字化建设是一个庞大的系统工程，要立足于企业管理实际，按照数字化管理战略规划分阶段、分步骤实施。在实施过程中必须认真评估各层级需求，结合企业自身特点，协同管理层、各线条业务骨干、外部单位共同组建实施团队。通常企业方与外部单位需各设立一位项目经理，负责协调相关方的资源，共同推进实施计划的开展，具体分为以下六个实施步骤：

（1）调研及咨询

首先，企业信息化创新团队对现有业务和信息化管理现状进行调研和分析，明确实施目标与范围，制定具体的行动方案。然后结合企业现阶段业务管控水平、管控模式及管理重点，以及未来中长期发展战略规划，形成初步数字化管理战略。最后聘请管理咨询公司、互联网公司等数字化管理专业机构进行咨询，结合信息技术发展情况和现有系统架构，进一步优化和完善，形成可落地的数字化管理战略规划。

（2）准备和计划

企业最高决策层"挂帅"，吸纳各业务部门骨干成员组成信息化创新团队，建立运营管理体系、业务管理体系、数据管理体系，统一数据标准，包括组织架构、岗位、角色、用户、生产数据、风控预控数据；做好详细需求调研，细化至各业务功能模块、数据分析模块；制定详细实施计划，明确各参与方人员配置、工作内容以及时间节点；做好资源保障，如人员、资金等计划安排，确保项目实施按照节点要求推进。

（3）方案确定

根据需求调研报告，结合现有信息系统架构，构架数字化管理平台，形成系统开发文档；按照数据管理体系要求，统一接口标准，保障系统数据互联互通；制定详细系统开发计划，做好硬件、网络和开发环境等资源保障；各参与方要实现工作协同，深度参与系统开发工作，为后期交付运营奠定基础；系统开发完成后，要组织各业务线条对系统功能进行测试，模拟业务的流程、流转步骤，确保系统按照管理需求实现。

（4）试点应用

系统开发并测试完成后，开展数据初始化工作，编制系统操作手册，建立用户权限管理体系；选取领导重视、管理精细化程度较高的子（分）公司、项目开展试点应用，总结经验；根据试点项目、单位反馈的建议，进一步优化和完善系统。

（5）培训及推广

数字化管理平台具备全面推广的基础后，实施人员尤其是各线条业务骨干，要结合数字化管理战略规划以及本线条管理要求，编制业务应用手册，并针对企业各层级操作人员开展应用培训；各层级操作人员按照业务应用手册要求，结合自身提出的需求和建议验证系统功能，反馈应用意见。

（6）分步应用及持续改进

在推广过程中，按照"先易后难""先管理线条后经济线条""先财务一体化后业务财务一体化"的原则分步开展；要求管理相对规范、标准化程度较高的业务线条率先实现数字化管理，待应用成熟后，逐步延伸至管理相对复杂、数据交互较多的业务线条，有助于数字化管理思想的落地。

数 字 化

Digitalization and Smart
Construction Management of
Construction Enterprises

第三篇

项目智慧工地建设

10 概述

项目智慧工地发展应用

伴随新一代信息技术、人工智能技术与工程施工技术的深度融合，智慧工地的概念应运而生。大力推进智慧工地建设，是建筑企业尤其是建筑央企贯彻落实党和国家有关建筑业现代化工作要求，也是打通建筑业信息化落地最后一公里的关键，更是建筑企业抢滩行业管理前沿的必然选择。

智慧工地概念
智慧工地实施背景
智慧工地实施意义
智慧工地应用现状
智慧工地发展路径

数字化

Digitalization and Smart
Construction Management of
Construction Enterprises

智慧工地概念

在新一轮技术革命大趋势下，我国正处于工业化、信息化、国际化深入发展的重要时期，十九大报告指出，"要推动互联网、大数据、人工智能和实体经济深度融合"。对于建筑业，BIM、5G、云计算、大数据、物联网、人工智能等新型信息技术正不断渗透融入，并不断改变着企业和施工现场的生产管理方式。

信息技术的应用极大地提升了建筑业的技术水平和管理水平，但技术的进步也推高了从业者们的要求和期望，"智慧建造""智慧工地"等名词应运而生。

单从字面上看，智慧工地包含"智慧"和"工地"两个方面的内容。首先是对"智慧"的理解，在智慧中国大环境下，大家言必称智慧，如"智慧政务""智慧农业""智慧制造"等。过去信息技术的五大基础门类，分别是微电子、光电子与集成电路，通信与网络，计算机科学与技术，自动化与自动控制，机器学习与感知，如今已分别更名为智能芯片、智能网络、计算机智能、智能控制、人工智能，其各门类向智慧的转变，实质上是一种社会需要和发展趋势的体现。其次是"工地"，表达的是施工现场的范围，是建筑项目生产一线。所以顾名思义"智慧工地"可以理解为应用多种信息化手段实现在工地上的智慧生产管控，重点应该是施工现场范围内的众多科技与信息化手段的集成应用过程。中国建筑股份有限公司总工程师毛志兵总认为，"智慧工地"是充分应用BIM、物联网、大数据、人工智能、移动通信、云计算及虚拟现实等信息技术与机器人等相关设备，通过人机交互、感知、决策、执行和反馈，实现工程项目施工的智能化，是信息技术、人工智能技术与工程施工技术的深度融合与集成。

智慧工地与智慧建造既有共通之处，又有不同。两者之间关系可以简单理解为，"智慧工地"是"智慧建造"的组成部分，是建立在现场高度信息化基础上的一种支持对人和物全面感知、施工技术全面智能、工作互通互联、信息协同共享、决策科学分析、风险智慧预控的新型施工手段。它紧紧围绕人、机、料、法、环等关键要素，综合运用BIM、大数据、物联网、移动计算、云计算等信息技术与施工过程有机结合，对工程进度、质量、安全等生产过程及商务、成本、技术等管理过程加以重塑升级，使施工管理可感知、可预测、可决策，提高施工现场的生成效率、管理效率和决策能力，实现数字化、精细化、绿色化和智慧化的生产和管理。

智慧工地实施背景

1. 智慧工地是建筑行业新的生产力

伴随城镇化的不断深入，工程体量成倍增长，工期要求越来越严，施工参与方也越来越多。面对这些问题，项目管控难度大、管控手段落后的矛盾日益凸显。同时，国家对建筑业的节能减排、绿色施工、环境保护的要求也越来越高。由此可见，传统建筑靠消耗资源、靠密集劳动发展，难度将会越来越大，各种传统的工作方式，已无法满足大型项目管控的要求。利用信息化手段的生产管理模式创新，已经成为解决建设工程中出现的管控力度不强、监管手段落后等难题的迫切需要，成为项目建设管理方的必然选择，这是一种新的生产力。

2. 智慧工地是建筑业发展的时代课题

习近平总书记在中央网络安全和信息化领导小组第一次会议上的讲话中提到，"要认清我们面临的形势和任务，充分认识做好工作的重要性和紧迫性，因势而谋，应势而动，顺势而为"。建筑业是国民经济的支柱产业，建筑业信息化是建筑业发展战略的重要组成部分，也是建筑业转变发展方式、提质增效、节能减排的必然要求，对建筑业绿色发展、提高人民生活品质具有重要意义。2018 年建筑业完成总产值 23.51 万亿元，同比增长 9.88%，增速远超当年 GDP 增速。而 2019 年建筑业完成总产值 24.84 万亿元，增速明显放缓。这是由于我国经济结构模式不断优化，面对资源节约和环境保护等方面的严格要求，建筑业发展进入了新常态，导致传统建造模式下的中高速增长面临巨大压力。而数字化和信息化对行业新的推进和促进作用已经是有目共睹的事实，与信息化、数字化深度融合发展是建筑业适应经济社会发展大势、优化升级和实现高质量发展的重要途径和必然要求，将对建筑业产生战略性和全局性的影响。

3. 人工智能等新技术的深度融入是大势所趋

2016 年住房和城乡建设部发布了《2016—2020 年建筑业信息发展纲要》，提出建筑业要增强 BIM、大数据、智能化、移动通信、云计算、物联网等信息技术集成应用能力，要求促进智慧建造和智慧企业发展，促进建筑业数字化、网络化、智能化取得突破性进展，实现全面提高建筑业智慧建造的能力。随着工程信息化管理技术的发展，以云计算、大数据、物联网、移动互联网、人工智能等为代表的新技术与施工现场管理深度融合将是大势所趋。

智慧工地实施意义

1. 大力推进智慧工地建设，是贯彻落实党和国家有关建筑现代化的工作要求

2017 年 2 月，国务院办公厅印发《关于促进建筑业持续健康发展的意见》（国办发〔2017〕19 号），明确提出"推进建筑产业现代化""推广智能和装配式建筑""加强技术研发应用"，用科技手段促进建筑产业发展已是大势所趋。住房和城乡建设部《关于印发 2016—2020 年建筑业信息化发展纲要的通知》（建质函〔2016〕183 号）等文件均对智慧工地和建筑信息化提出详细要求。因此，大力推进智慧工地建设工作，实现信息技术与建筑工程施工现场管理深度融合，提升施工现场现代化管理水平，是贯彻落实党中央、国务院、国家有关部委关于建筑业信息化发展的要求，是推动建筑施工行业转型升级，进一步促进建筑业持续健康发展的企业责任。

2. 大力推进智慧工地建设，是打通建筑信息化落地最后一公里的关键

对建筑领域信息化落地的最后"一公里"即施工现场来说，通过云计算、大数据、物联网、移动互联网、人工智能、BIM 等先进信息技术与建造技术的深度融合，打造"智慧工地"，对改变传统建造方式、促进建筑企业转型升级具

有重要意义。

3. 大力推进智慧工地建设，是基层减负，抢滩行业管理前沿的必然选择

在大数据时代，智慧工地建造一定是行业管理前沿的必然选择，利用信息化管理平台提升管理、为基层员工减负、收集数据资产等意义其实在各个行业都得到了验证。实现现场动态的实时感知，智能分析，用数据支撑决策，能够有效解决如何提高管理质量与效率，高层领导如何感知现场的管理需求和发展问题，让未来走向智能化发展。

智慧工地应用现状

过去的 30 年，建筑业基本实现了从手工到机械化的转变，为"智慧工地"的提出和发展奠定了坚实基础。回顾科学技术部在建筑领域的立项研究，可以清晰地发现"应用信息技术改造传统建筑业"的发展历程。一是在"六五""七五"期间，伴随着有限元技术应用，国家立项研究"计算技术的开发""建筑工程设计软件开发"等，推动了计算机辅助计算技术的普及；二是在"八五""九五"期间，依托计算机图形技术，国家立项研究"计算机辅助设计工程应用开发""CAD 工程应用技术开发与示范"等，推动了计算机辅助绘图技术的普及；三是在"十五""十一五"期间，依托数字技术和互联网技术，国家立项研究"城市规划、建设、管理与服务的数字化工程""建筑业信息化关键技术研究与应用"等，进一步推动了计算机辅助管理技术的普及，把信息技术应用拓展到了管理领域。

1. 政府、行业大力推动信息技术在建筑领域应用发展

（1）潜在市场巨大，生态日趋成熟

建筑业作为我国国民经济重要的支柱产业，2019 实现增加值为 70904 亿元，占国内生产总值的 7.16%，建筑从业人员达到了 5427 万人，建筑企业 9.5 万家。

建筑业在吸纳农村劳动力就业、维护社会稳定性、稳保经济增长等方面持续发挥着重要作用。而建筑业的数字化水平确是众多行业里最低的，低于金融、制造业甚至是农业。所以智慧建造、数字建造潜力很大，是建筑业的一次重大变革，其中蕴含着巨大的潜在市场。国内已经有几家知名电商找准机遇，快速推进智慧建造研究，也有越来越多的建筑企业针对品牌形象与企业转型的需要，引进各类智能化建造设备和技术打造智慧工地。

随着各式各样的智能化装备、软件的应用开发，智能化技术日渐成熟。越来越多的软件服务从线上服务端转入线下智能端的物联网应用整合中，从而加快了以平台为核心的智慧化管理，加速推进平台产业化。以阿里巴巴为例，2017年阿里云提出"要成为全球产业 AI 的拓荒者"，到目前，通过与医院、汽车等传统行业合作，探索新的工作方式，已经在智能医疗、智能零售、智能教育、智能家居、智能汽车等领域有了许多成功的案例。同时，阿里云 AI 战略布局中，也包含了智能城市，智能城市的范畴远远超过了智能工地。当前正是智慧工地平台处于百花齐放的阶段，对照中铁铁路管理系统的建设模式，后期一定是少数的几个系统统一行业市场。如果前瞻性做一些工作，取得一些平台知识产权成果，后期平台进入盈利阶段，创造的自身管理及外部效益将是巨大的。从优胜劣汰、居安思危的角度考虑，大型建筑企业"十四五"规划中必将数字化进程与"智慧工地"建设列为企业生产经营的重要一项，着手数字化转型。

（2）政府支持全面有力

国家部委以及各地方政府相继出台了 BIM 技术应用、智慧工地建设相关文件，科学技术部在"十三五"国家重点专项《绿色建筑及建筑工业化》的研究领域"建筑信息化"中，启动了"绿色施工与智慧建造关键技术研究与示范"研究项目。关于"智慧建造"，项目定位是在"十二五"绿色施工研究基础上，开始启动"智慧建造"研究，探索"互联网＋"环境下的智慧建造技术与装备。研究目标是：开展 BIM、物联网、大数据、智能化、移动通信、云计算等信息技术在绿色施工与智慧建造中的集成应用研究，探索研究"互联网＋"环境下的智慧建造技术，促进建筑业技术升级、生产方式和管理模式变革，塑造绿色化、工业化、智能化新型建筑业态。地方政府更是重视整体的数字经济布局，以重庆市为例，智博会在重庆地区每年的定期召开，得到了相关国家领导人的高度认可，重庆市建委对智慧工地建设有明确清晰的工作方案和强有力的推广举措。

（3）智慧工地应用逐步形成标准

随着建筑行业智慧工地深度应用与发展，为指导建筑行业智慧工地更好的落地应用，国家住建部多次组织行业内的多家大型建筑企业进行建筑施工行业信息化发展报告的编制，其中也包含智慧工地应用现状与分析，如《中国建筑施工行业信息化发展报告（2017）——智慧工地应用与发展》的编制。2018年由中建集团牵头，国内多家知名企业参与《智慧工地技术标准》的编制。2020年5月26日，由中建集团编制的《中国建筑智慧工地应用标准》正式通过专家组评审，该标准对于中建集团推进智慧工地标准化、指导和规范应用实践、推动施工生产转型升级具有重大意义。浙江省、湖北省、河北省、江苏省、重庆市、深圳市、成都市等省市也通过文件指导、标杆示范等各种形式对辖区内智慧工地建设提出明确要求，各地出台了一系列的智慧工地建设方案、应用标准。

2. 建筑企业积极落实、推广智慧工地建设

概括起来有两个阶段，第一阶段也是起初探索阶段，少数的企业和项目针对管理上的难题、痛点及信息技术的发展，开展了一些智慧工地建设探索。中国建筑、中国铁工、中国铁建、中国交建、中国电建等大型央企在城市轨道交通、高速铁路、高速公路、大型综合场馆、公用民用建筑等重点项目，早在2015年开始就开展过一些工作，并针对智慧工地建设推广举办过观摩会，受到外界广泛关注与好评，多次被各级媒体报道，初步态势比较好，有效提升了企业形象与品牌影响力。第二阶段是影响扩大阶段，"智慧工地"开始涌现。伴随行业机遇，国内软件公司、互联网公司纷纷投入智慧工地项目研究与推销，越来越多智慧工地涌现。特别是2018年以来，各大建筑企业都把智慧工地提到了一个新的高度，推动了一大批智慧工地项目建设，比如北京城建集团北京新机场航站区工程项目、中铁四局郑州地铁绿城广场站项目、中铁十一局上海地铁15号线项目、中铁十二局成都地铁5号线项目、中铁大桥局青洋路项目、中国二十冶巴马区域项目、中国一冶天津北辰东道项目、中化岩土集团成都东西轴线东段

项目、中建八局徐州地铁 3 号线、深圳地铁 13 号线项目、中建五局长沙地铁 6 号线、重庆地铁 5 号线、9 号线、深圳地铁 13 号线项目等，特别是几大型建筑央企，在北京、天津、上海、深圳、长沙、重庆、西安等地铁和市政领域的主战场都积极开展智慧工地实践，从临建标准化、集成平台、硬件设施着手，提升了项目现场生产及管理整体形象，取得了较好的社会与管理效益，如重庆礼嘉嘉陵江大桥智慧建造受到了市领导的关注与调研，深圳地铁 13 号线智慧工地得到了市领导的点赞。

现阶段建筑行业内智慧工地建设内容主要有三个方面：一是基于轻量化 BIM 模型的进度、质量、安全、物料、施工技术交底等应用；二是基于物联网技术的前端数据自动采集、传输、平台分析展示，实现智能分析、监测预警，比如人脸识别、环境监测、视频监控等；三是基于数据录入、审批、分析、共享的项目协同管理。

3. 经验、管理缺乏，问题逐渐显现

建筑业与信息化融合，是旧生产方式内在矛盾发生、演变和转化的过程，信息化是新的生产力，融合的本质是行业体制机制改革，根本目的是解决行业高质量发展的基本问题。当前，建筑业日益增长的信息化建设需要和传统发展模式变革不充分、不彻底之间存在五个主要矛盾：

一是建筑业信息化发展与企业管理变革不自信的矛盾。建筑企业的管理模式和运作机制相对比较落后，不科学、不成熟，标准化程度不高，业务管理受技术、资金、人才等因素影响较大，管理的升级已远落后于信息化发展速度，自上而下进行管理变革必将带来企业管理的阵痛，因此如何处理信息化发展与企业管理变革之间的关系，是当前和今后一段时期制约行业信息化发展的主要问题。

二是信息化管理平台与企业管理业务不匹配的矛盾。IT 企业懂理论、有专业、缺建筑企业管理知识、业务管理逻辑，而建筑企业懂管理、有经验、缺信息化专业知识、IT 技术逻辑。因此大多数建筑企业在信息化平台采购和自主开发方面往往掌握不好，导致应用平台要么"水土不服"，要么"功能不足"。另

外由于信息技术的迭代更新，导致旧的平台架构落后甚至被淘汰，不断增长的优化迭代需要导致投入成本的不断增加。

三是企业上级与下级管理数据不互联的矛盾。企业战略规划层、管理控制层、执行操作层管理链条与各层核心诉求不统一。当前，项目一线仍处于被动应用信息化系统阶段，甚至为了"指标好看"，选择性的传递数据，真实、准确、有效的源数据反而不多，造成企业级管理平台"空有其表"，缺乏有效数据支撑，不能真正发挥作用，更谈不上"大数据"的挖掘与应用。

四是企业部门与部门之间不互通的矛盾。企业各部门花费大量的人力、物力、财力建设部门级信息化系统，但管理语言不统一，技术语言不一致，系统之间信息无法交互，甚至各部门数据资料仍使用硬盘保存在部门或个人处，形成信息孤岛，导致数据难融通，管理协同、降本增效的目标大打折扣。

五是岗位与岗位之间不互融的矛盾。IT岗位与业务岗位，业务岗位与业务岗位之间的专业差异、指标差异，导致岗位之间融合难。

当"智慧工地"逐渐成为建造技术和管理升级、生产和管理方式变革的重要载体，但由于缺乏建设经验及管理意识，也存在一些矛盾，暴露出了一些问题，必须要正视和解决。主要在于：一是建设分散，系统孤岛众多，无法形成项目管理整体应用，数据散落在外部云上，数据安全未能得到有效的保护，数据治理利用价值仍有限。当前建筑企业智慧工地项目主要是在人员管理、材料控制、生产管控、安全施工、绿色施工、智能监测方面开展了应用，总体上各个点的应用还是比较零星、分散、局部，智慧工地建造只停留在看板阶段，不能形成应用管理，我们可以理解为端应用阶段，还达不到智慧工地建造要求。二是应用范围不足，普遍门槛高，投入大，产出有限，"智慧工地"项目建设往往进场快，没有完善策划、方案、合同、验收等流程，导致在后期工作上处于被动，增加了建设成本。三是管理方面也比较混乱，责任界限模糊，项目对"智慧工地"缺乏正确的认识，信息化、互联网思维生态未形成，缺乏正确的规范引导。

任何事物从发展阶段来看，有"初级阶段、中级阶段、高级阶段"之分，目前，正是"智慧工地"发展的初期。要实现更高水平的智慧工地建造管理，大部分企业和项目已经熟练掌握了以BIM、物联网、移动通信、云计算、智能技术和机器人等相关设备等为代表的当代先进技术的集成应用,积累了丰富经验,行业、企业和项目大数据积累已经具备一定规模,开始将基于大数据的项目管理应用于工程实践,具备了智慧工地快速发展的基础,这应是我们下阶段要大力推进的。

智慧工地发展路径

1. 智慧工地需要贯穿全过程

智慧工地建设是建筑业高质量发展的必由之路。工程建造进入大数据时代,传统的施工模式终将被淘汰,代表绿色、智能和宜居的智慧建筑必将成为建筑行业发展的方向。建筑业发展至今,除了做大市场,管好成本,促好履约,除了修更多的桥,建更多的路,挖更多的隧道,在精细管理,高质量发展上还能做什么,在哪些方面能有所突破?无外乎是信息化管理和智能装备应用,这两点涵盖的范畴非常之广,可以说是建筑产业现代化必由之路。

建筑产业现代化的核心是借助工业化思维,推广智能和装配式建筑,即通过标准化设计、工厂化生产、装配化施工、一体化装修、信息化管理、智能化应用,实现建筑产品像制造飞机、汽车一样的装配化生产制造,推动建造方式的创新,提高建筑产品的品质,这与"智慧工地"的特点高度契合。"智慧工地"就是通过对当代先进信息技术和人工智能设备的集成应用,与工业化建造方式及机械化、自动化和智能化装备相结合,有效提升工程项目建设的技术和管理水平,为施工管理提供统一的协同中心、数据中心和业务中心,突破地域、时间界限,对施工现场的各种生产要素进行合理配置与优化,畅通产业链与各参建方之间在各阶段、各环节的信息渠道,实现信息共享,提升协同效率,提高建造效率与效益。可以看出,结合工业化思维的智慧工地建造理念是推进建筑产业现代化的最佳手段,需要将"智慧"理念贯穿到设计、生产、施工全过程。

2. 智慧工地需要求真务实

当前,"智慧工地"的建设方兴未艾,各地建设单位和施工单位均在不遗余力地基于自身理解探索更加科学和完善的施工管理方案和策略。智慧工地建设不能等、不能急，那么，"智慧工地"到底该如何建造？如何对此进一步规范化和标准化？如何在乱象中找到一条投入小、管理细，能发展核心技术并领先行业前沿管理，甚至产生经济的路径？面临诸多现实的实际问题，我们应该从政策指导、示范引导、软件系统支撑等多方面采取措施。一是组织制定《推进"智慧工地"发展指导意见》等政策和相关标准，掌控"智慧工地"发展进程和节奏，避免"冒进"或"迟疑不前"。二是鼓励项目开展"智慧工地"标杆示范工程建设，树立样板，分享经验，避免低水平重复。三是统筹研发高水平的"智慧工地"应用软件系统，重修建设标准，注重提前谋划管理指标设计与源数据共享逻辑，筑牢云计算和大数据应用的基础，支撑"智慧工地"健康发展。在具体实施过程中，应注重前期策划工作，做好施工组织设计与资金成本策划。四是本着"技术实用、成本合理"的原则来实施"智慧工地"建设，注意不同项目的差异化需求，统筹规划，深入研究，求真务实。同时要注重简化智能设备的接入，数据的采集、转换、存储，降低使用成本，降低准入门槛。五是在具体应用上要注重场景化合理，切实解决施工现场的难点、痛点及风险防范。

3. 智慧工地需要专业协同

智慧工地建设是建造行业管理的大趋势，企业发展融入时代大发展的潮流。智慧工地建设不是少数几个人的头脑风暴，应遵循行业及新技术发展规律，通过与行业主流的互联网智慧工地平台、硬件服务商对接交流，学习借鉴智慧工地建设各领域的技术路径。如林同棪国际与阿里云的智能城市战略合作，2018年重庆智博会，林同棪国际与阿里云共同宣布，开启共筑智能城市战略合作，共同打造智慧城市建设大脑。阿里云用科技手段为林同棪国际提供服务及业务创新，解决城市建设中的难点问题，林同棪国际则发挥国内外基础设施专家的资源优势，结合中国城市基础设施的实践经验，与阿里云的云计算、大数据充分融合，相互赋能，提供建设全生命期的数字一体化解决方案。可以看出，建筑企业信息化建设第一步就是要走出去，必须与专业的互联网公司合作，在走出去引进来寻求合作的同时，需重视集团（局）、子（分）公司、项目的信息化基础技术互融联通问题，重视管理体系的信息化基础设施标准化建设。

4. 智慧工地需要专业人才

习近平总书记曾指出"建设网络强国，没有一支优秀的人才队伍，没有人才创造力迸发、活力涌流，是难以成功的。念好了人才经，才能事半功倍"，搞智慧工地建设也是如此，智慧工地建设推进需要专业人才。这里的专业人才不是指单方面的施工专家或 IT 专家，而是指施工专家与 IT 专家的结合体，通俗说是懂施工工程的 IT 技术人才。就地下工程盾构施工而言，我们知道盾构施工过程涉及一系列复杂力学过程，目前广泛应用的力学分析都是基于连续介质力学，但是由于盾构施工中土体介质的不连续性，导致理论分析结果与隧道施工的实际情况有偏差，需要结合施工实测数据和人员经验才能保证盾构隧道顺利施工。这里就有实时监控量测技术与专家系统（人工智能）的用武之地了，应用一系列的监控量测技术获取盾构掘进数据、管片拼装、实时注浆、固结稳定等一系列的数据，实时传送至专家系统（人工智能），综合分析盾构施工状态并动态反馈调整,这一定是盾构施工关键技术之一。又比如当盾构下穿既有建(构)筑物时，下穿高层、古建筑、地下敏感管线等，周围地层的受力及稳定情况便尤为重要，相应的位移传感、压力传感、重力感应设备配套通信技术就是关键要点。如果我们不懂施工，又或者懂施工不懂 IT，这些问题就无法得到全面解决。所以说，目前我们缺的是懂工程的 IT 工程师，这点毋庸置疑。在人才培养方面，我们应瞄准行业前沿，主动对标国内国际先进，注重培养和引进精通信息技术、工程技术和工程业务的复合型人才，下大气力对综合素质的人才进行培训，培育创新思维强、知识技能丰富的专业人才团队。

5. 智慧工地需要智慧系统

在智慧中国的大背景下，社会各行业、各企业均在建设自己的智能化管理平台，应该说平台系统应有尽有。目前存在一个普遍现象，一些企业的智能化管理平台功能单一，只是看板，不能用于管理，且盲目效仿，数据输入输出没有实现智能化，大多数没有上线有效运行，并不能真正解决企业实际问题。只有极少数民营企业具有较成熟的管理平台。

"智慧工地"系统建设,要从企业和项目管理痛重难点、多层级多用户角度出发,整合数据资源,形成智慧工地大数据体系。在技术路径方面,采取理论研究、跨界融合、集成创新、示范应用、实效优先的方法,着力解决当前工地现场管理的突出问题,围绕现场人员、材料、设备等重要资源的管理,构建一个实时高效的远程智能监管平台,有效的将人员监控、位置定位、工作考勤、应急预案、风险预警、物资管理等资源进行整合。通过现场相关信息的采集和分析,为管理层进行人员调度、设备和物资监管以及项目整体进度管理提供决策依据。

"智慧工地"系统建设,以大数据中心为枢纽,承载项目建设的所有工程数据,包括监控、进度、质量、安全、成本等数据,通过集约化管理,将建造过程的环境、数据、行为近乎透明地展示在决策者面前,辅助项目管理。

"智慧工地"系统建设,需重视集团(局)、子(分)公司、项目各层级的信息化基础技术问题,重视信息化基础设施标准化建设,在较好硬件环境和较高信息化认识的前提下,打造BIM+物联网(前端智能数据采集+中端智能数据通信+云端智能数据处理)+MIS的企业信息化管理集成平台(云端部署在总部数据中心)。实现基于BIM的进度、质量、安全、资料管理和基于前端数据采集分析的监控预警,同时结合企业管理协同平台与综合项目管理系统,解决企业智能化管理和工程施工到运营阶段的智能化管理问题。

6. 推进"BIM+智慧工地"

目前,行业内"智慧工地"应用管理较为分散,数据分布零散,数据共享困难,无法实现基于大数据的分析决策,因此,探索信息技术与工程施工技术的更深度融合与集成,推进"BIM+智慧工地"是一条正确的实施路径。"BIM+智慧工地"建设主要推动BIM、大数据、人工智能、物联网、云计算等信息技术与建造技术深度融合,探索智能设备在施工现场的应用,以BIM技术为核心,分阶段开发以BIM为核心的智慧建设管理平台,形成"平台+标准"的成果体系,创新工程项目管理模式,提升精细化管理水平,为企业在未来行业内高质量发展提供管理支撑。

10 概述

项目智慧工地发展应用

推进"BIM+智慧工地"建设，一是要结合国家部委、地方政府、企业内部等对BIM应用和智慧工地建设工作要求，对上级及有关各方文件精神深入贯彻落实，确保方向正确，提升项目精细化管理与企业管理水平。二是要建章立制，健全体系。在集团（局）树立全局"一盘棋"思想，自上而下地开展"智慧工地"建设工作，积极探索，打造样板示范工程，减少低水平重复，避免在项目管理模式变革进程中的成本浪费，打造统一的"BIM+智慧工地"建设技术标准、建设实施方案、考核管理办法、成果推广应用机制体系。三是要实事求是，制定战略。要以企业现阶段项目管理需求和远期企业智能化管理为导向，立足行业和集团（局）目前管理水平，实事求是，在适用性和创新创效上下功夫。树立近期与远期目标，有计划、分层次、分阶段推进"BIM+智慧工地"建设工作。四是要打造样板，示范推进。要以集团（局）和地方建委BIM及智慧工地示范工程为突破口，争取政策扶持，推动信息集成管理平台、智能技术与智能设备的联通，共同打造示范样板工程。以示范样板工程带动集团（局）、子（分）公司、项目"BIM+智慧工地"建设工作的整体推进，提升企业在探索项目管理模式变革进程中实现效益最大化。

11 基础
智慧工地基础建设

施工项目临建标准化是智慧工地的重要组成部分，是智慧工地对内应用的载体，也是对外展示的窗口。统一策划、统一标准、统一实施好智慧工地基础建设，能够充分展现一个优秀企业的文化、管理品质和管理实力，甚至产生现场推动市场的"头雁效应"。

数字会议系统
临建设施配套系统

数字化

Digitalization and Smart
Construction Management of
Construction Enterprises

11 基础

智慧工地基础建设

近年来，随着我国经济的高速发展，人们的环保意识、精细化管理意识不断增强，各方对建设项目的文明施工、标准化要求越来越高。但在施工前，现场临时建筑、设施的管理及标准化往往易被忽视，如何更好地对这些施工现场开展标准化的建设和管理，成了各建筑企业在标准化、精细化发展过程中必须要直面的问题。项目临时建设工程的策划、实施，直接影响到施工效率、成本控制、环境保护等方面，是项目策划方案的重要内容。对于实施智慧工地建设的施工项目，临建标准化也是智慧工地的重要组成部分，是智慧工地对内应用的载体。统一策划、统一标准、统一实施好智慧工地基础建设，不但是企业对外展示的窗口，充分展现一个优秀企业的文化、管理品质和管理实力，甚至产生现场推动市场的"头雁效应"。

数字会议系统

会议系统通过扩声系统、显示系统、中控系统、远程视频会议系统的建设，满足语言扩声、交流培训、工作报告、接收各级召开的高清视频会议，同时可与系统内其他数字会议终端召开会议，数字会议系统配置1台视频终端及配套设备、专线网络，专人维护，确保会议显示、扩声以及数字信号传输质量。

会议中控系统：实现会议室的音视频集中管理功能，实现各种系统设备之间的多媒体交互，可扩展支持输入输出节点无上限，保证音视频、控制的同步性。

扩声系统：配置音频处理器、功率放大器、音箱、话筒等设备，其中音频处理器具备良好回声抑制、降噪、保真、防啸叫等功能。

显示系统：采用大屏幕显示系统（LCD屏），支持多路数字信号高保真输入、输出，不相互干扰。可以将各种不同分辨率、格式、接口视频设备一起使用。

临建设施配套系统

临建实施配套系统主要是指构建作为智慧工地对内应用载体，对外展示窗口的"三箱两室一通道"。

1."三箱"建设

项目施工现场入口处应合理设置三箱（茶水亭、智慧工地应用园地、安全宣讲台）。茶水亭主要为现场作业人员临时休息的场所，内部安装液晶电视机，播放娱乐身心的电视节目等相关内容；智慧工地应用园地主要为智慧工地平台项目管理数据展示及进行安全、技术可视化交底的场所。安全宣讲台主要为作业人员日常安全教育及班前安全教育的场所。

（1）选址要求

茶水亭、智慧工地应用园地、安全宣讲台应与施工现场平面布置统一规划，根据现场环境，合理设置在实名制通道处，以不影响施工、方便使用、整体与实名制通道、现场会议室及其他设施（VR体验室/馆、安全质量体验馆等）统一协调为原则。

（2）建设要求

茶水亭、智慧工地应用园地、安全宣讲台均应采用可周转的标准集装箱，规格尺寸300cm×600cm，外观颜色统一。

门楣横批、门柱对联均应采用方正大黑简体字。门楣高度60cm，横批字体高度30cm；门柱宽度50cm，对联字体宽度21.5cm，字体离地高度40cm。"三箱"横批、对联整体高度协调一致，居中美观，见图11-1。

"三箱"底板应高出地面（地坪）10cm，底板铺设米色系纯色地板砖，地板砖规格为60cm×60cm。顶部采用米色系纯色铝扣板集成吊顶，铝扣板规格为30cm×30cm或60cm×60cm。"三箱"内部统一CI覆盖，电视机设备采用壁挂，设备线路均做隐蔽美观处理。

智慧工地应用园地设置透明式感应自动门，自动门采用无框全透明玻璃。

安全宣讲台内部中间位置设立式宣讲台，采用可周转材料制作。

11 基础

智慧工地基础建设

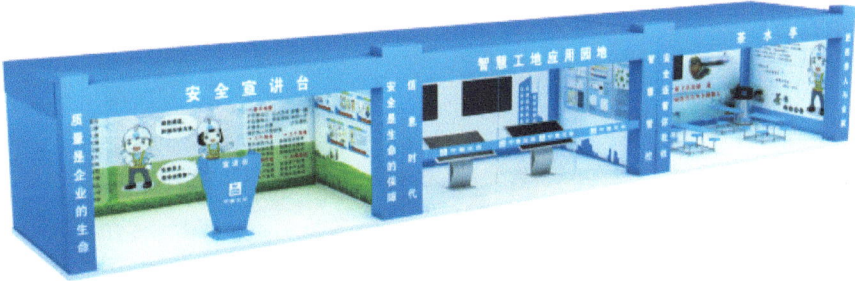

图 11-1 "三箱"效果图

2. "两室"建设

项目在施工现场应设置工地现场会议室，兼做智慧工地管控室。如有盾构施工、大型掘进机施工或瓦斯监测、深基坑监测等自动监测预警系统，则加设监控室，监控室与工地现场会议室应整体布置，中间设置透明玻璃墙分区管理。

（1）选址要求

工地现场会议室应与施工现场平面布置统一规划，根据现场环境，以不影响施工、方便使用、整体与实名制通道、现场会议室及其他设施（VR体验室/馆、安全质量体验馆等）统一协调为原则。

（2）建设要求

工地现场会议室应采用可周转的标准集装箱，标准建设尺寸为：长 900cm×宽 600cm（3个标准集装箱大小）。如加设监控室，则工地现场会议室标准建设尺寸为：长 1500cm×宽 600cm（5个标准集装箱大小，其中监控室尺寸为：长 600cm×宽 600cm）。

工地现场会议室应配置显示、扩声设备、LED屏及会议桌椅，扩声设备主要包括音频处理器、功率放大器、音箱、话筒。显示设备应采用LCD液晶拼接屏，规格为 4×55 寸，LCD屏支架等应隐藏设置，确保美观，LCD显示屏同时用于智慧工地平台项目管理数据展示，见图11-2。

监控室监控显示设备应采用LCD液晶拼接屏，2×4方式拼接，LCD屏、CI与墙面整体一体、美观协调为原则，单块屏幕规格不应小于49寸，并结合现场实际情况合理布置，见图11-3。

图 11-2 "两室"效果图（会议室）

图 11-3 "两室"效果图（监控室）

工地现场会议室主墙面（LCD 屏墙面）布置企业文化图牌，中间为显示屏及落地旗。长墙面布置企业经典工程效果图、党建组织机构图、党员先锋示范岗等，无监控室的工地现场会议室，会议室主墙面（另一侧短墙面）应布置为党建文化墙。

3."一通道"建设

项目在工地出入口应设置实名制通道，实名制通道兼具门卫室、实名制考勤、安全帽存放、机械操作工手机存放等功能，是工地现场的重要"门面"。

（1）选址要求

实名制通道应与施工现场平面布置统一规划，根据现场环境，以不影响施工、方便使用、整体与实名制通道、现场会议室及其他设施（VR 体验室／馆、安全质量体验馆等）统一协调为原则。

（2）建设要求

实名制通道应采用可周转集装箱，框架尺寸为 600cm×600cm×300cm（两个标准集装箱大小），见图 11-4。

图 11-4 "一通道"效果图

实名制通道内应铺设米色系纯色地板砖，地板砖规格为 60cm×60cm。吊顶应采用米色系纯色铝扣板集成吊顶，铝扣板规格为 30cm×30cm 或 60cm×60cm，室内净空高度不小于 280cm。

实名制通道前后应设置玻璃自动感应门，中间应设置 3 道闸机，采用双层挡板翼闸，配置智能人脸识别门禁系统，快速准确进行人员的识别及出入控制。

实名制通道内一侧墙顶部设置 2 台液晶显示屏，分别显示劳务实名出勤、考勤信息与视频监控画面,显示屏两侧应设置吸顶喇叭,用于语音播报欢迎信息、进出人数等。

实名制通道内应布置机械操作工手机存放柜（带指纹锁、手机充电功能）、安全帽存放柜，均应选用可周转材料。

12 管控

智慧工地建造管理

项目智慧工地建造，是构建一个以党建为根基、项目为主体、生产为主线、内控为核心、安全质量为保障、监测为手段、智能为目标的新型管理体系。通过多方协同、多级联动、管理预控、整合高效的智能化生产经营管控平台，利用物联网、传感网络、云计算等先进技术，以信息化、智能化、数字化服务于项目生产全过程管理，实现企业各管理层对项目主要指标进行风险管理、精准管控。

智慧工地建造管理体系
智慧工地建造管理平台
内控管理
生产管控
监测预警
BIM 应用
智慧党建

数字化

Digitalization and Smart
Construction Management of
Construction Enterprises

智慧工地建造管理体系

项目管理是实现项目目标的手段，而管理体系是更好应用管理手段的基础。针对项目智慧工地建造管理的"大课题"，笔者在实践中探索一套项目数字建造、智慧建造领域切实可行的"1+5"智慧工地建造管理体系。

智慧工地建造管理体系简要描述为 1 个管理平台、5 大管理模块。"1 个管理平台"是指智慧工地建造管理平台。"5 大管理模块"是指内控管理、生产管控、监测预警、BIM 应用、智慧党建，具体包括：

内控管理：策划预控、分级管理、成本管控、知识空间等；

生产管控：进度管理、安全管理、质量管理、资源管理等；

监测预警：视频监控、环境监测、深基坑预警、盾构预警、隧道预警、瓦斯隧道预警等；

BIM 应用：数字模型、深化设计、可视化交底、施工阶段应用、智能施工等；

智慧党建：组织建设、党建风采、党员之家、学习教育、榜样力量等。

智慧工地建造管理平台

项目智慧工地建造，是构建一个以党建为根基、项目为主体、生产为主线、内控为核心、安全质量为保障、监测为手段、智能为目标的新型管理体系。通过多方协同、多级联动、管理预控、整合高效的智能化生产经营管控平台，利用物联网、传感网络、云计算等先进技术，以信息化、智能化、数字化服务于项目生产全过程管理，实现企业各管理层对项目主要指标进行风险管理、精准管控。

1. 平台建设

智慧工地建造管理平台以互联网开放平台为基础技术平台，完成系统的开发、运维、集成、共享等服务，并作为物联网设备的统一管理后台；以数据平台作为物联网设备数据、管理数据、物资数据等新老业务系统数据的迁移、接入、存储、整合与分析平台，采用私有部署模式；以数据看板作为数据综合分析的可视化决策支持工具；以智慧工地建造管理平台门户作为各层级各类平台用户的统一、个性化入口。

数据平台建设主要包括：

（1）环境部署

集团（局）本地部署，分析类数据存储于本地。

（2）主数据统一

主数据以集团（局）既有系统为标准，做好统一或映射。

（3）多数据源接入

支持现有数据仓库已接入的所有业务系统，办公系统；支持新建的智慧工地建造管理平台接入的所有物联网设备及其管理系统。

（4）数据资产管理

建立数据湖，统一存储和融合计算，现有数据仓库面向分析的数据（包括物资大数据）入湖，新系统分析数据入湖；实现资产管理，包括数据目录、元数据管理、数据标准制定、企业组织权限；数据清洗、加工、转化、加载等。

（5）数据建模

维度、指标、表达式灵活拖拽，实现多维建模，数据快速召回。

（6）数据分析

选择数据模型，搭建图形、表格、指标卡、地图等可视化控件，设置筛选条件、排序；方便的自由布局，设置筛选条件、钻取＼联动＼链接。

（7）分析报表实现

现有数据仓库报表实现，实现新业务系统产生的新报表，支持报表订阅和报表分享。

2. 数据大屏建设

数据大屏（看板）是数据综合分析的可视化决策支持工具，也是智慧工地建造管理平台门户，为各层级各类平台用户提供一站式统一登录入口、个性化入口。

数据大屏可集成各工具应用端的数据，并将工具的数据进行抽提整合形成数据指标，实时反映现场管理情况。大屏分为集团（局）、子（分）公司、项目大屏、主题大屏（进度、成本、质量、安全等）。大屏权限按组织、按业务、按用户角色等设置，保证数据安全，人人可获取到自己想要的数据。

3. 平台首页

通过智慧工地建造管理平台（图 12-1）的应用，以数据化的方式快速建立项目管理模型，简洁明了的把各业务系统最基础、最核心的管理指标集中呈现，使相关管理层能第一时间了解项目的基本状态，促进项目管理受控。同时通过平台应用解决项目各类汇报的重复工作，有效起到基层减负的作用。主要包括：

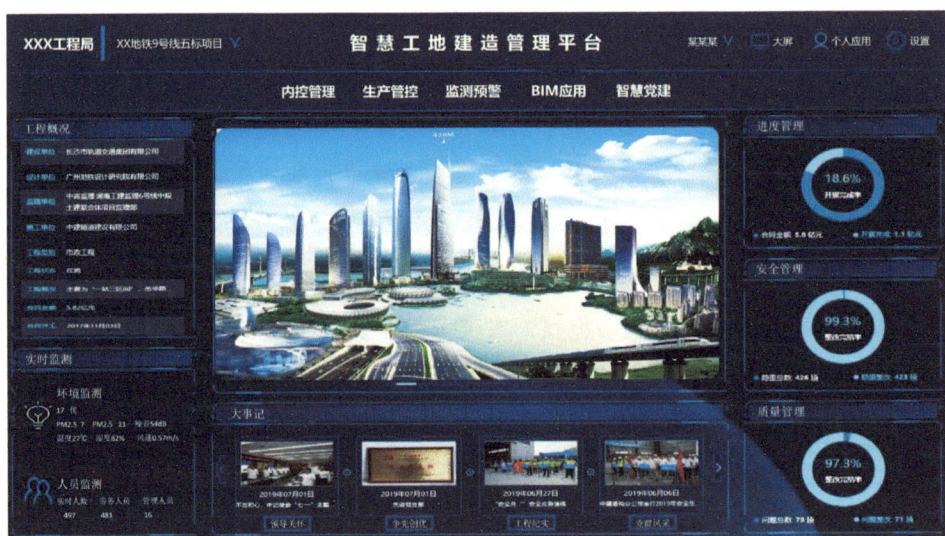

图 12-1 智慧工地建造管理平台首页

（1）工程概况

项目相关的基本信息，包括工程类别、工程地点、工程状态、合同金额、合同开工、合同截止、开工日期、计划竣工、建设单位、设计单位、监理单位、施工单位、项目重难点、组织结构、任务划分、管理目标、工程实际进展等。

（2）实时监测

环境监测智能监测系统小于2分钟自动推送PM2.5、PM10、噪声、温度、湿度、风速等数据；人员监测数据有项目实时人数、人员进出场信息等。

（3）大屏轮播

项目宣传视频、项目效果图、工程航拍图。

（4）大事记

从领导关怀（各级领导检查、调研等内容）、工程纪实（各项单位、分部、分项工程开工、重要节点、重要的工地例会、质量月活动、安全月活动等内容）、创先争优（项目部集体荣誉、项目员工个人荣誉等内容）、党建风采（党建线条重要工作、党建主题活动等内容）四个主题，记录项目重要活动和重大事件。

（5）进度管理

实时分析项目合同金额、开累完成值、开累完成率。

（6）安全管理

实时分析安全巡检发现的隐患总数、整改完成项、整改完成率。

（7）质量管理

实时分析质量巡检发现的问题总数、整改完成项、整改完成率。

内控管理

内控管理是企业为保证经营管理活动正常有序、合法的运行，采取对财务、人、资产、工作流程实行有效监管的系列活动。企业内控要求保证企业资产、财务信息的准确性、真实性、有效性、及时性；保证对企业员工、工作流程、物流有效的管控；建立对企业经营活动有效的监督机制。

1. 策划预控

利用信息技术，进一步明确各级管理机构在项目策划中的职责和主要任务，保障项目首次资源配置的适当性和施工部署的合理性，防范系统性风险，方案预控有效运用智慧工地建造管理平台中智能报表的分析与预测，能确保方案管理程序合规、合法；成本预控利用信息化集成，反映项目过程管控情况，预警实际值和责任值产生偏差时，进行原因分析，对存在问题采取整改措施，实时纠偏，见图 12-2。

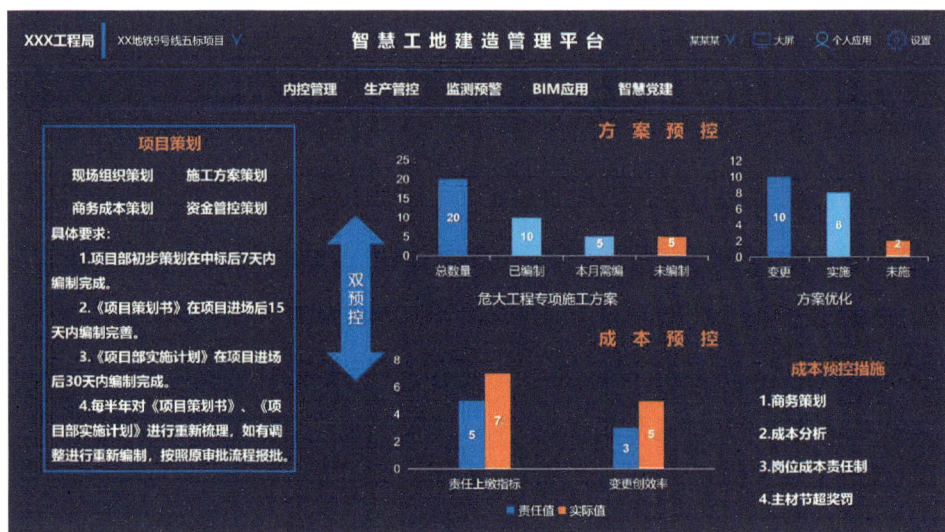

图 12-2　策划预控

（1）主要管理指标设计

项目策划：以发现问题和督导责任落地为导向，遵循分级组织、逐级细化的原则，根据项目的规模、大小、难易程度等进行分级策划。主要包括现场组织策划、施工方案策划、商务成本策划、资金管控策划。

方案预控：以《危大工程专项施工方案动态管理台账》《方案优化台账》等智能报表为载体，记录过程管理状态。通过首次策划编制方案与变更优化后方案对比，分析首次策划方案存在的不足与方案优化带来的经济效益，进一步总结为案例，全集团（局）分享。

成本预控：利用实际成本发生情况与责任指标对比分析，创效实际完成情况与责任指标对比分析，全过程检验项目目标成本状况，根据差值分析原因，

154

采取有针对性的措施，保证目标成本的实现。

（2）主要功能应用设计

项目策划：项目中标后规定时间内完成《初步策划》编制，项目进场后规定时间内完成《项目策划书》《项目部实施计划》编制，每半年对《项目策划书》《项目部实施计划》进行重新梳理，如有调整进行重新编制，按照原审批流程报批。

方案预控：资料工程师通过《危大工程专项施工方案动态管理台账》，提示项目当月需要编制方案数量，自动跟踪审核审查进度，规范方案管理行为；技术质量经理通过《方案优化台账》填报内容，提示项目当月方案实施和未施情况，提醒方案优化进展情况，见图 12-3。

<table>
<tr><th colspan="67">危大工程专项施工方案动态管理台账</th></tr>
<tr><th rowspan="2">序号</th><th rowspan="2">方案名称</th><th rowspan="2">危大方案类型</th><th rowspan="2">类别</th><th rowspan="2">是否超规模</th><th rowspan="2">状态</th><th rowspan="2">施工图下发时间</th><th rowspan="2">计划编制完成时间</th><th colspan="2">项目编制</th><th colspan="2">项目会审</th><th colspan="2">总包部会审</th><th colspan="2">分公司会审</th><th colspan="2">公司会审</th><th colspan="2">公司级论证</th><th colspan="2">局级会审</th><th colspan="2">局级论证</th><th colspan="5">中标企业技术负责人审批</th><th colspan="3">专业监理工程师审核</th><th colspan="3">总监理工程师审批</th><th colspan="4">专家论证</th><th colspan="5">论证后中标企业技术负责人审批</th><th colspan="3">论证后总监理工程师审批</th><th colspan="3">方案交底</th><th colspan="5">安全技术交底</th><th colspan="2">技术复核</th><th colspan="2">技术再复核</th><th colspan="2">危大工程实施</th><th colspan="3">监测</th><th colspan="3">验收</th></tr>
<tr><th>编制人</th><th>完成时间</th><th>会审时间</th><th>会审意见</th><th>会审时间</th><th>会审意见</th><th>审核时间</th><th>审核意见</th><th>审核时间</th><th>审核意见</th><th>论证时间</th><th>论证意见</th><th>审核时间</th><th>审核意见</th><th>论证时间</th><th>论证意见</th><th>审批时间</th><th>审批人</th><th>是否技术负责人</th><th>是否取得授权受托人</th><th>单位公章</th><th>审核时间</th><th>审核意见</th><th>审核人</th><th>审批时间</th><th>是否签字</th><th>是否盖执业印章</th><th>专家会时间</th><th>专家姓名</th><th>论证结果</th><th>修改完善时间</th><th>审批时间</th><th>审批人</th><th>是否技术负责人</th><th>是否取得授权受托人</th><th>单位公章</th><th>审批时间</th><th>是否签字</th><th>是否盖执业印章</th><th>时间</th><th>交底人</th><th>接收人</th><th>时间</th><th>交底人</th><th>重大风险源</th><th>安全员</th><th>接收人</th><th>时间</th><th>人员</th><th>时间</th><th>人员</th><th>开始时间</th><th>完成时间</th><th>时间</th><th>监测人员</th><th>监测内容</th><th>时间</th><th>验收人员</th><th>验收内容</th></tr>
</table>

图 12-3　危大工程专项施工方案动态管理台账

成本预控：成本预控措施有商务策划、成本分析、岗位成本责任制、主材节超奖罚。商务策划是项目最终实现责任利润目标的指导文件，实施过程中，严格执行策划，协调和优化资源配置，确保成本受控，创效最大化，并及时根据实际情况的变化进行分析评审，适时修订，保证及时有效。项目过程成本管理严格按照商务策划执行，各类资源的投入与成本不得随意超出策划管控目标。定期召开成本分析会，有效实施项目岗位成本责任制，依据项目分段、分项的目标成本，对各相关岗位、个人分解相应的岗位成本责任，明确岗位具体应控制的最高成本支出额度或应节余的最低成本目标。主材节超奖罚严格执行公司超耗必扣制度。项目责任上缴指标以《项目部责任书》下达的指标为准，若实际完成值未达到责任值时，系统自动预警，提示项目管理人员进行分析，提出整改措施；变更创效率以《项目部责任书》下达的指标为准，若实际完成值未达到责任值时，针对未完成的立项进行原因分析，梳理后期创效明细，明确责任人、完成时间节点。

（3）未来展望

危大工程专项方案管理致力于发展成一套标准化、规范化、精细化、信息化的方案管控流程体系，将集团（局）所有危大工程专项方案集成，形成一个最全的方案库，利用大数据分析功能，助力项目管理提升。

2. 分级管理

分级管理明确"责权利"，分层级发挥管理作用，定期检查对比分析，提前预警，预控风险。分级管理体系等级能直观了解项目在施工业务分级管理体系中属于哪一级，检查人员根据项目的不同级别，检查不同的内容。分级管理问题库，记录项目受检情况，反映项目过程管控存在问题，记录对存在问题采取的整改措施，呈现实时纠偏情况，并督促责任人销项，相关问题能有效溯源，见图12-4。

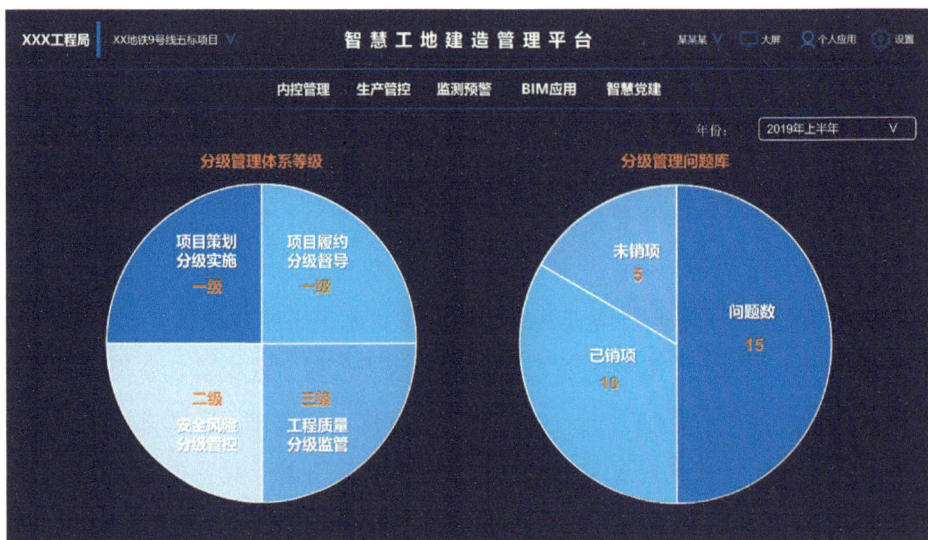

图12-4　分级管理

12 管控

智慧工地建造管理

（1）主要管理指标设计

项目策划分级实施：项目策划遵循分级组织、逐级细化的原则，根据项目的规模、大小、难易程度等进行分级策划。分为集团（局）级策划、公司级策划、分公司级策划，分别对应为一、二、三级。

安全风险分级管控：针对工程性质、类别和特点，参照《施工现场危险源辨识与风险评价实施指南》，从路基工程、地铁工程、隧道工程、桥梁工程、其他工程五大工程类别的安全风险程度、施工技术复杂程度和发生事故产生的危害程度，将风险项目分为三个等级。

项目履约分级督导：根据项目战略定位、项目实施难度对全集团（局）施工项目实施三级督导。

工程质量分级监管：根据项目战略定位，工程性质、类别和特点对施工项目实行三级质量监管。

分级管理问题库：反映各层级项目检查、督导所发现存在的问题，便于项目整改可追溯。

（2）主要功能应用设计

项目策划分级实施：合同额超过10亿元、实施难度大或风险高的项目，由集团（局）相关部门组织实施集团（局）级策划；合同额5亿～10亿元、一般难度和风险的项目，由公司主要领导组织实施公司级策划；合同额不超过5亿元、一般难度和风险的项目，由分公司主要领导组织实施分公司级策划。

安全风险分级管控：一级风险项目，集团（局）重点监督，公司每月开展不少于2次综合安全检查；二级风险项目，集团（局）协助管控，公司每月开展不少于1次综合安全检查；三级风险项目，集团（局）季度抽查，公司负责管控，每两月开展不少于1次综合安全检查。

项目履约分级督导：一级督导项目，集团（局）重点督导，每月根据项目情况现场督导并通报情况，公司每月督导不少于1次；二级督导项目，集团（局）协助督导，重点关注项目主要节点和产值，每季度通报完成情况，公司每季度督导不少于2次；三级督导项目，集团（局）监督管理，重点关注项目产值完成情况，公司每半年督导不少于3次。

工程质量分级监管：包括体系建设与体系运行、实测实量实施检查；重点工程、重要结构物的砼强度实施抽检；重点项目的试验、测量实施专项检查和通报；质量事故实施调查与确定处理方案、事故处理与责任追究。一级监管，集团（局）重点监管，每半年不少于1次综合质量检查；二级监管，集团（局）协助监管，公司每半年不少于1次综合质量检查；三级监管，公司实施监管，分公司每半年不少于1次综合质量检查。

（3）未来展望

利用信息化手段，融合进度管理系统、质量巡检系统、安全巡检系统的数据集成，实现部门间的信息共享，强化管理指标数据的智能综合分析功能，针对各类问题制定针对性强、可操作性的管理措施，进一步发挥项目策划分级实施、安全风险分级管控、项目履约分级督导、工程质量分级监管"四个分级"管控作用。

3. 成本管控

成本管控系统充分利用大数据集成，以项目经济线全过程业务活动为主线，获取各类经济指标，后台智能化分析，实现项目经营情况的直观展现。同时，对关键指标执行，实行在线监督，动态管理，当责任指标与实际完成指标出现偏差时，系统及时预警，项目管理人员根据预警情况进行分析，找出存在问题，提出整改意见，及时纠偏，见图12-5。

（1）主要管理指标设计

责任指标：是项目管理指标的基准，实际指标完成情况与责任指标对比分析。

主材节超：分析钢材、混凝土、水泥、防水等主要材料节超情况，作为项目成本分析及晒成本数据支撑。

管理动态：记录项目成本管控工作，主题活动包括商务策划、成本分析、变更创效推进等内容。

利润情况：分析项目开累盈亏情况，未达责任指标，系统预警，采取解决措施，及时纠偏。

产值确权：分析业主开累已确权收入，通过确权率，反映项目应收计量款情况。

12 管控

智慧工地建造管理

图 12-5　成本管控

变更创效：分析变更创效完成额、创效利润、创效率，实时掌握项目创效推进情况。

（2）主要功能应用设计

责任指标：均以《项目部责任书》下达的指标为准。

主材节超：确定策划节超率，根据施工图确定主材收入量，通过材料计划、进场验收、限额领料、耗用盘点等环节控制，进行对比分析，确保数据及时性、准确性。

管理动态：通过系统后台设置，系统管理员填报。

利润情况：按现场形象进度确认收入，对应发生成本及时归集，收入及成本数据同进同出，时间节点一致，摊销原则统一。

变更创效：依据与公司签订《创效责任书》实施，变更创效完成额以业主批复为准，创效利润以公司考核为准。

（3）未来展望

成本管控系统充分利用信息化手段，深度融合业务财务，提高数据获取的自动化程度，不断提升数据准确性、及时性、真实性和完整性，满足企业管理者对所需数据的及时获取、共享、分析，实现对项目全过程成本动态管控。逐步强化便于管理层宏观管理的检索功能，按专业、区域进行分析对比功能，自动生成各类管理指标数据的智能综合分析功能。

4. 知识空间

基于移动互联网和大数据技术建设的知识文档管理系统，是企业非结构化数据和半结构化数据的存储和应用系统，是大数据系统的补充。建立资料分级分类管理体系，分级授权，实现工程图纸、各类图片资料、文档的数据共享，服务于建筑施工企业生产经营。

知识空间的全面应用，将分散在员工个人的办公电脑上文件数据集中统一存储，加强管理，保护企业重要文件的安全，避免丢失损坏。针对企业所有文件数据集中存储进行分类及标签管理，实现全文检索，极大提升查找定位文件效率。通过建立文件数据尤其是大文件共享传输的平台手段，对视频、语音、设计图纸等大办公文件进行格式转换及压缩，提高共享传输及预览效率。实现针对企业所有文件数据统一的备份归档，对文件全生命周期进行管理保护，区别于以项目为维度的档案系统，对历史文件数据长期保存。建立文件整体安全管控体系及文件保密防泄漏手段，实现单位所有文件数据存储传输加密管理、权限管控及所有操作日志记录，防止重要敏感文件信息外泄。各项资料支持 office、WPS、PDF、图片、视频、CAD 图纸等多格式文件的在线预览，见图 12-6。

（1）主要管理指标设计

法规制度：通过分析项目对制度办法、标准规范、法律法规文件上传数及浏览数，呈现项目主要制度文件、规范标准的使用量，以促进相关文件的宣贯学习。

过程管控：分析施工过程管理中上传的技术交底、施工记录、试验资料、测量资料等影响计量及结算的过程资料上传量与计划量对比，及时督导过程资料的编制，做好资料的过程管控，确保编制的及时性和有效性。

日常报表：分析项目日常管理中的监理报表、业主报表、公司报表的计划

12 管控
智慧工地建造管理

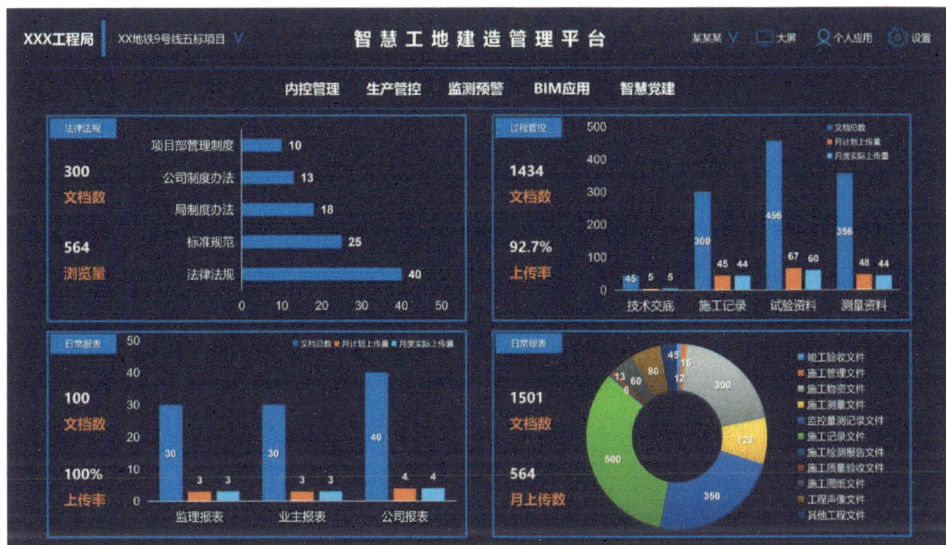

图 12-6　知识空间

与实际完成量，定期上报各类报表，促进日常报表的规范化、标准化。

竣工资料：分析各类工程档案资料月度上传量，促进归档资料的过程归集，解决工程资料的收集整理问题，实时的采集汇总，避免因人员变动造成的资料缺失。

（2）主要功能应用设计

支持 WPS、office 文档在线编辑文件功能。支持基于插件的 WPS、office 的文件在线编辑。支持内部共享发送。可设置文件查看、下载及有效时间等权限。支持生成外部链接或二维码的方式，对外共享文件，并可设置文件下载权限、文件发布有效时间、访问密码等。支持基于关键字进行搜索，范围包括：文件内容、文件名、文件夹名、文件标签；支持中英文混合搜索、支持在结果中二次搜索；支持模糊搜索和精确搜索。可根据不同文件夹的上传、下载、阅读数据，分析线条文档应用情况，自动生成图表。也可对不同人员的操作进行分析，生成个人工作分析报表。

法规制度：集团（局）级及公司级制度，在项目知识空间创建时，从系统中选取本项目相关的制度及规范标准。只需项目部上传本项目制定的制度办法，同时可上传项目实施过程中，更新的相关制度办法、标准规范。集团（局）级制度可自动抓取项目部更新的制度办法覆盖旧版本（需管理员审核）。系统后台录入，上传到文件夹，前端自动更新呈现文件数，根据后台系统日志，提取文件浏览数。

过程管控：根据线条管理需要，按照规范的管理子目，进行资料上传，主要以 doc、execl 版电子文档为主，已完善手续文件，扫描签章页上传，也可上传 JPG、dwg、MP4 等专用文件格式的文件。系统后台录入，每月录入施工各项记录文件及台账，从台账中自动取计划数，根据实际上传数自动分析上传率，未完成项目自动推送、前端自动更新呈现。根据文件性质和保密要求，对上传文件设置浏览、下载权限，如需查看或下载，通过权限申请流程，获取相关功能权限。支持对文件夹和文件所有操作权限的控制，支持权限回收。部分资料如项目策划，审批上传后不可删除替换。上传的所有文档系统自动生成资料台账（在子文件夹下自动更新），支持一键下载，将整体文件打包下载。商务财务文件，支持隐藏功能，只可以特定人员显示，其他人员不显示该部分文件夹及文件名称等，系统可设定各业务线条文件权限。

日常报表：系统后台录入各项报表，系统设定各类报表上传频率及规定上传时间，自动分析上传率，未完成项目自动推送、前端自动更新呈现，定时提醒特定的文件是否上传。

竣工资料：根据项目所在地档案管理部门及建设单位要求，进行归档子目的创建，作为日常事项各线条进行归口上传存储，过程中及时汇总收集各项资料，不定期抽查资料归档情况，纳入员工绩效考核，系统后台上传到细目文件夹，前端自动更新呈现总文件数、月度上传数。

（3）未来展望

企业知识就是财富，未来将致力于开发知识的集成应用和创新功能，吸收企业内的隐性和显性知识应用于工作实践从而创造价值，与共享环节一起改善知识扩散度，通过获取外部新知识或提升内部知识层次，改善知识掌握度，使该部分知识能在应用中产生直接的价值。

生产管控

生产管控是指有组织、有计划的协调生产关系，有效利用生产资源、合理组织施工生产，以达到预期的生产目标。建筑施工企业的生产管控主要包括进度管理、安全管理、质量管理、资源管理等。

1.进度管理

项目进度管理的信息化应用依托生产进度管理系统，系统按照"统筹规划、分步实施"的原则，结合项目一线当前生产管控重点，以分部分项、检验批划分为基础，生产进度为主线、工程数量管理为源头，实现过程产值计量、材料消耗、分包计量的过程管控和实际成本统计分析功能，同时伴随系统的应用，不断积累企业生产要素大数据，见图12-7。

图 12-7　进度管理

（1）主要管理指标设计

生产进度管理系统主要实现两个方面目标：一是企业级生产监控看板，通过数据可视化等技术手段，实现集团（局）生产管理数据分析，产值、形象进度统一同步，生产管理逐级穿透，预警偏差分析溯源；二是项目级生产管理工具，通过使用项目生产进度管理系统，规范基础管理工作，实现项目现场生产管理数字化、信息化。主要管理指标包括：

项目产值：分析项目合同额、开累完成产值及开累完成产值占合同额百分率。

形象进度：根据道路工程、桥梁工程、隧道工程、地铁车站工程、盾构区间工程、管廊工程等不同专业，分析项目各单位工程中主要分部分项工程形象进度完成情况。如隧道工程形象进度，还可自行判断步距是否符合安全步距要求，若步距超标，则形象进度分析图上即刻显现不同颜色的报警信息。

工期节点：分析合同工期、实际开工日期及剩余工期，同时重点分析项目具体的重要工期节点和控制性工期节点。

节点预警：分析项目关键节点从项目首次策划至最新调整计划时的具体情况及该项目关键节点的实际运行状态。

进度报告：以日报、周报、月报或自定义报表形式展现项目各阶段的施工情况。

工程动态：从项目策划管理、履约督导和考核表彰等方面反映项目履约管理动态。

施工记录：以完成施工任务为基准，记录每日完成施工任务量、天气、温度、湿度、环水保、质量及安全情况等。

（2）主要功能应用设计

项目产值：现场责任工程师通过手机APP及时记录现场施工任务量完成情况，系统自动统计分析每日完成产值，自动统计形成日完成产值、周完成产值、月完成产值、季度完成产值、年累完成产值、开累完成产值。

形象进度：从道路工程、桥梁工程、隧道工程、地铁工程、盾构工程、管廊工程等专业中选择符合项目特点的专业工程进行形象进度分析。

工期节点：梳理项目总体工期计划，确定以合同工期节点为重要工期节点，以集团（局）、子（分）公司规定的关键性工期节点为控制性工期节点。通过实际工效与理论工效的对比分析，判断关键节点能否按期完成。如有滞后，则根据预警条件设置系统会自行判断向各层级管理人员发送短信预警信息。预警条件按履约风险等级划分为一级、二级、三级。一级为集团（局）层级，二级为公司层级，三级项目层级。

进度报告：自动生成日报、周报、月度，项目管理例会可直接采用数据进行分析汇报。支持导出 Excel 文件实现再编辑，提高业主、监理单位的数据报送效率。

工程动态：通过系统后台设置，系统管理员填报。

施工记录：现场责任工程师每日收集现场施工情况，交接班前按要求录入生产进度系统，包含且不限于现场施工影像资料、天气情况、气温、湿度、环水保、质量、安全情况等。

（3）未来展望

通过生产进度管理系统的成熟应用，实现工期履约提前预警，为企业管理者提供决策依据，提高项目工期履约管控效率，提前介入帮扶项目及时解决困难，实现工期完美履约。

2. 安全管理

基于移动互联网和大数据技术的安全管理系统，以安全风险辨识为基础，突出风险管控，强化隐患治理，实现安全管控动作标准化，过程管理规范化，形成企业与项目安全管理问题库等信息资产，见图 12-8。

（1）主要管理指标设计

风险管理：分析项目风险数量和风险级别，提示当期风险数量，列明当月重大危险源和责任人，提示当期完成应急预案和演练数量，列出应急指挥长姓名和电话。

行为安全之星：分析行为安全之星活动开展数据，按照日、周、月三个周期，并可按分供方进行统计。

安全动态：通过检查验收（各级安全环保管理线条领导检查、观摩、评定、验收等内容）、主题活动（安全月活动、演练活动、培训教育、技能比武等内容）、行为安全之星活动三个模块，记录项目安全管理工作开展情况。

图 12-8　安全管理

安全巡检：分析安全隐患整改流程中的检查数量、问题总数、已销项数量、整改中数量、已超期数量、整改完成率及安全隐患发生类型比例。

（2）主要功能应用设计

系统通过识别风险、控制风险，固化安全管控流程，实现过程可预警、结果可分析，确保管理制度落地，最终达到安全"零"事故目标。通过建立安全隐患问题库，实现现场安全检查、整改、复查等业务智能流转。安全巡检过程中，运用手机 **APP**，有效定位安全隐患发生工点工序，拍照取证后即时下发安全整改通知单，精准传递至安全问题整改责任人，第一时间完成整改闭环，并对超时整改实行未销项提醒，解决传统低效率的问题，避免人为修改数据，实现隐患与事故可追溯。通过填报行为安全之星活动记录，自动统计分析项目安全活动开展情况，切实提高安全活动的针对性。从安全隐患类型、安全检查频率、安全隐患整改效率等角度对安全巡检数据进行分析，实时反映安全管控状态，构建持续有效的安全风险分级管控和隐患排查治理双重预防机制。通过安全隐患数据库的数据整理，可以建立集团（局）安全隐患库和核心数据资产。

通过规范整改通知单及回复单格式，全集团（局）统一后，减少一线人员工作量，为基层减负。主要功能包括：

风险管理：结合集团（局）安全生产管理手册、项目安全风险评估报告、项目重大危险源识别清单、应急预案台账、应急演练台账，制定安全风险管理重点。

行为安全之星：现场安全工程师，根据行为安全之星表彰卡发放标准，及时发放，并通过手机 APP 实时记录，自动分析平安之星、平安班组、活动经费等指标详情。

安全动态：通过系统后台设置，系统管理员填报。

安全巡检：相关人员在巡检过程中，通过手机 APP 完成巡检整改流程发起及整改回复闭合，隐患描述、整改要求、整改回复内容必须规范具体，严格按照手机 APP 应用端问题类型选择归类，自动生成安全隐患整改通知及回复单。

（3）未来展望

通过积累的安全巡检系统的管理数据，探索利用人工智能手段（比如自动监测监控、物联网、云计算等），自动分析、识别，监控现场风险、隐患，主动提示安全风险、不安全行为、不安全状态以及管理上的缺陷，从而提升现场安全管控水平，逐步实现线上进行安全检查，提高安全管控智能化水平。

3. 质量管理

基于移动互联网和大数据技术的质量管理系统，实现质量管控动作标准化，过程管理规范化，企业与项目决策数字化。解决传统低效率的质量管理问题，避免人为修改数据，实现现场质量检查、整改、复查等业务智能流转，问题与事故可追溯，形成"事前预控""事中管控""事后总结"的全过程动态管理，见图 12-9。

（1）主要管理指标设计

质量月报：实时分析实体质量检测数量及合格率、试件试验检测数量及合格率，确保实体质量受控；制定月度质量控制重点，做好工序过程控制。

图 12-9　质量管理

问题类型：分析设置的钢筋工程、模板工程、混凝土工程、防水工程、支护工程、桩基工程、预应力工程、土石方工程、路面工程、砌筑工程、围护工程、测试管理、内业管理、其他等问题发生频率，采取更为有效的管理措施，做好质量事中管控。

质量动态：通过管理亮点（分部分项工程、工序工艺过程质量亮点等内容）、检查验收（各级质量管理线条领导检查、首件验收、工序验收等内容）、主题活动（质量月活动、质量竞赛活动、质量之星评比等内容）三个主题，记录项目质量管理工作。

质量巡检：分析发起的问题整改流程中的检查数量、问题总数、已销项数量、整改中数量、已超期数量及整改完成率，有效溯源，为分供方考核提供有效证据支撑。

巡检统计：对比每日检查次数与问题出现次数，督促质量管理人员认真履职，提高现场工程师发现问题、解决问题的能力。

（2）主要功能应用设计

质量管理系统的应用过程中，运用手机 APP，有效定位质量问题发生工点，拍照取证后即时下发质量整改通知单，精准传递至质量问题整改责任人，第一时间完成整改闭环，对超时整改实行未销项提醒。从质量问题分布、质量问题发生频率、质量问题发生趋势等角度对质量巡检数据进行分析，实时反映工程质量状态，推动质量管理有的放矢。通过质量问题库的数据整理，可以建立集团（局）质量问题库，形成核心数据资产。通过规范整改通知单及回复单格式，全集团（局）统一后，减少一线人员工作量，为基层减负。主要功能有：

质量月报：相关人员（质量工程师、试验工程师）通过手机APP，根据现场每日工作完成情况，进行数据录入，并结合集团（局）规定的项目施工质量月报，制定质量控制重点。

质量巡检：相关人员在巡检过程中，通过手机APP完成巡检整改流程发起及整改回复闭合，单位工程、分部工程、分项工程及检查部位录入时，内容必须与检验批资料内容一致。质量问题描述、整改要求、整改回复内容必须规范具体，严格按照手机APP应用端问题类型选择归类。

质量整改：质量整改是对质量巡检后的数据进行管理，并自动生成质量整改通知及回复单。

质量动态：通过系统后台设置，系统管理员填报。

（3）未来展望

利用人工智能辅助管理，精准识别施工现场质量隐患，通过进一步积累过程管理数据，让大数据对问题隐患分析更准确。探索并研发物联网技术能力，利用BIM、云计算等信息技术，完善平台功能，提升项目质量实测的操作工具及方法，尽可能消除人为操作引起的偏差，通过基于物联网及BIM技术的信息管理，实现信息高效互通，及时并准确地掌握项目实测实量的数据信息，建立混凝土拌合站管理及工地试验室管理系统，动态监测，全面质量管理，确保施工质量。

4. 资源管理

资源管理主要实现对项目的人、材、机等资源要素进行全面动态管理，包括员工管理、劳务管理、材料管理、设备管理，见图12-10。

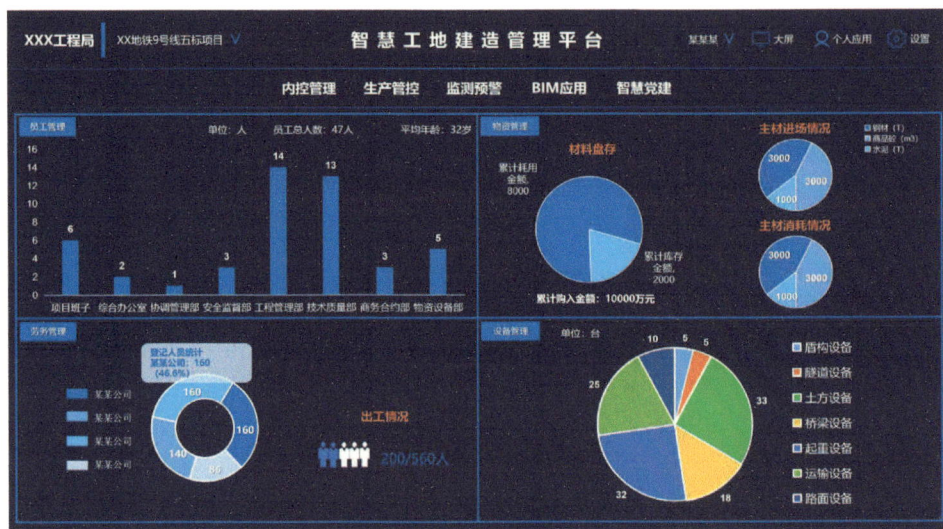

图 12-10　资源管理

（1）员工管理

基于平台智能报表分析功能，分析项目管理人员年龄、性别、知识层次等结构，有助于人力资源的大数据分析，合理优化员工资源，激发员工工作热情，见图 12-11。

1）主要管理指标设计

项目人员总况：分析项目各部门人员组成及项目管理人员年龄结构。

政治面貌：分析项目管理人员政治面貌。

学历构成：分析项目管理人员的学历情况。

工龄情况：分析项目管理人员的工龄情况。

用工性质：分析项目管理人员的用工性质。

2）主要功能应用设计

全面掌握项目管理人员动态，完善人员信息收集，做好智能报表的录入。

3）未来展望

优化单一的项目管理人员基本信息分析功能，全面融入企业人力资源管理系统数据，实现无纸化员工档案管理、企业内部员工间的有效沟通，促进员工交

12 管控

智慧工地建造管理

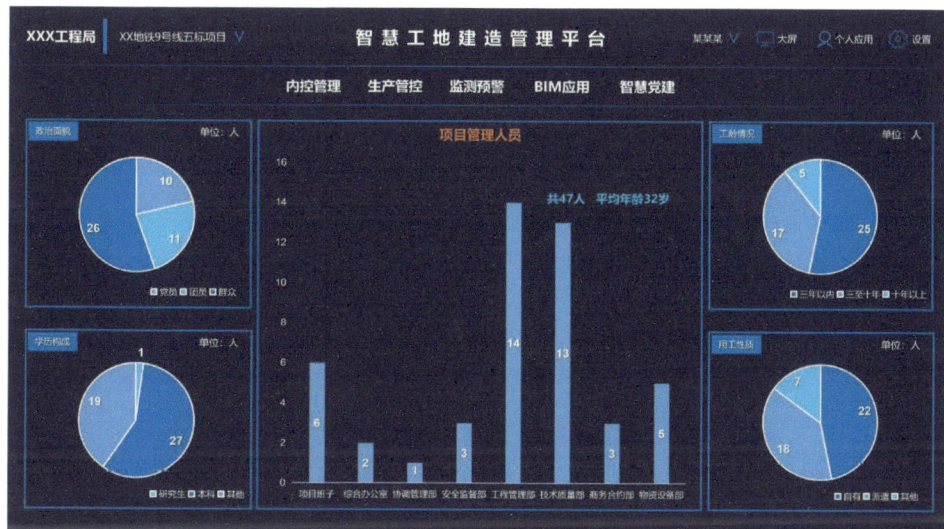

图 12-11 员工管理

流互动，激发员工活力。进一步完善人力资源动态管理，降低企业人才流失率。

（2）劳务管理

基于移动互联网和大数据的智慧工地劳务实名制系统，核心优势就在于能够将繁琐的事务性管理数字化和智能化，智慧工地的劳务管理不仅仅是避免管理劳务所出现的用工风险，更重要的是优化企业管理减轻负担同时又能保障工人的合法权益。劳务工人进入工程项目现场后，经过智慧工地进行实名登记（包括姓名、性别、年龄、工种、采集正面照片、身份证信息以及入场时间等），形成劳务信息数据库，实现人员考勤数据采集、数据统计，完善人事管理现代化，准确掌握出勤情况、人员流动情况，形成工人出勤统计，做好工资发放管理，见图 12-12。

1）主要管理指标设计

进场管理：对劳务人员进行进场登记，包括个人身份证信息、工号、所属分包单位、班组、工种、进场时间、是否办理证件、是否完成入场教育及从业记录等信息。

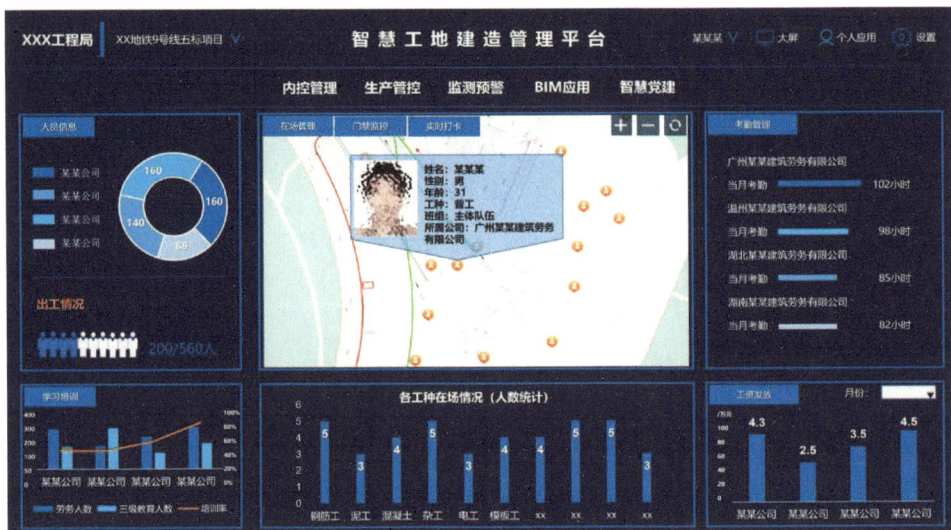

图 12-12　劳务管理

　　培训记录：自定义安全培训教育类型，查询劳务人员接受各类安全教育培训情况，及时发现未参与安全教育的劳务人员，并对未参加的教育人员限制进门权限，有力保障施工现场安全生产作业。

　　考勤管理：通过项目管理端、通道控制器、人脸识别机及安全帽定位芯片多途径及时获取劳务人员出工情况，通过系统可及时查询各分包单位的考勤，查看施工现场当前各工种出工情况及人数分布，可做出及时调整，合理优化便捷管理，考勤记录对各个劳务人员进行信息跟踪并实时更新，为工资发放提供有力依据，避免因工时问题发生的劳务纠纷。

　　工资发放：系统根据现场各分包劳务考勤情况进行报表，及时获取考勤信息进行工资发放，并每月上传银行工资发放流水信息，可随时调取某劳务分包公司及某劳务工人的工资发放记录，为工资结算提供有力信息依据。

　　2）主要功能应用设计

　　进场管理：相关人员（劳务管理员、现场管理人员）通过身份证识别器获取劳务人员身份证信息并填写进场时间、工种等其他相应所需信息，确定进场人员是否进行过安全教育，确定完成安全教育后将劳务人员信息传输到电脑端，并从电脑端分别发送到施工现场控制通道及人脸识别机上，此套流程做完才可正式进场作业。

培训教育：相关人员（安全员、施工员、劳务管理员）对劳务人员的每次培训交底通过系统进行及时录入，在录入过程中选择绑定劳务公司并跟踪到劳务人员的信息记录中，让每一次培训交底留痕，及时查出问题所在，同时形成劳务人员的一体化信息。

考勤管理：通过进场管理所发送的劳务人员信息，在人员进出场时形成自动记录，相关人员（劳务管理员）及时检查人脸识别机的通过情况，避免发生因刷脸问题而无法进入施工现场，同时应严格管理把控施工人员进出，必须走考勤通道，否则工时不进行记录。

工资发放：相关人员（财务人员）通过系统考勤情况进行参考，严格按照系统中的各劳务人员考勤情况进行工资发放，工资发放之后及时将银行流水上传至平台，便于及时查询工资发放信息。

3）未来展望

未来劳务人员管理将会变成多元用工模式，一种是市场专业劳务作业队伍；另一种是建筑企业自身通过组件培养，建立劳务资源自供系统。无论哪种方式，实施智慧工地劳务实名制后，将大大改善劳务用工乱象，使得建筑企业在劳务用工时直接管理到班组。

未来的智慧工地劳务人员将真正实现产业化、组织化、规模化运作，统一纳入系统管理。智慧工地信息化管理通过劳务实名制，对劳务人员进行严格管理，没有经过基本职业技能培训的务工人员不得进入施工现场，进入施工现场的工人必须登记建筑工人的专业技能水平，不良及良好行为记录等。这不仅有利于提升建筑工人职业素养，督促工人们自身加强安全学习与技能学习，并存入自身职业档案，进入集团（局）用工平台，从而提升行业进入门槛。通过建立统一的建筑工人实名制台账，核实建筑工人合法身份证明，必须签订劳动合同，并明确工资发放形式，或采用银行代发或采用移动支付等便捷方式支付工资。这样不仅有利于对劳务作业班组的引进、考核、监督与禁用，有利于作业班组的稳定与成长，还有利于解决工人薪资纠纷问题，使得建筑行业这一老大难问题得到根本改善与解决。

（3）材料管理

利用信息化对材料相关数据进行集成和共享，规范材料管理流程，直观快速了解材料购入、消耗、库存的情况，并对主要材料的进场及消耗进行分析，特别针对自建搅拌站进行管理，能对项目材料节超有效管控，通过指标分析，发现材料管控漏洞，追溯问题，及时整改，用信息化倒逼内控管理，见图 12-13。

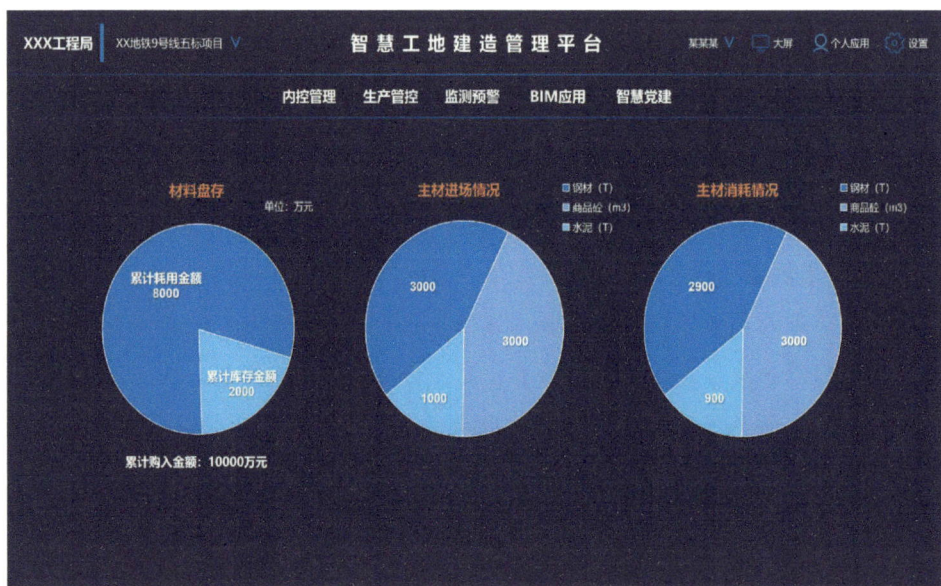

图 12-13　材料管理

1）主要管理指标设计

材料盘存：分析累计购入金额、累计耗用金额、累计库存金额，体现项目材料整体情况。

主材进场情况：分析钢筋、商品混凝土、水泥进场数量。

主材消耗情况：分析钢筋、商品混凝土、水泥消耗数量。

材料节超情况：分析各工点钢筋、商品混凝土、水泥、防水材料节超情况。

2）主要功能应用设计

材料盘存：通过及时办理材料结算确定购入量，进行材料盘点核实消耗用量，分析材料耗用量及库存量，为成本分析数据做支撑。

主材进场情况：主材按计划采购，各工点按需分配，形成队伍材料领用台账。

主材消耗情况：通过材料盘点，确定各工点材料消耗量。

材料节超情况：根据施工图确定主材应耗量，通过材料计划、进场验收、限额领料、耗用盘点等环节控制，分工点进行对比分析，确保数据及时性、准确性。

3）未来展望

优化应用系统，实现手机 APP 从材料进场、过程消耗、材料出库等全智能化，材料管理追根溯源，确保工程质量。降低现场管理风险，减轻基层工作量，实现材料管控精细化升级。

（4）设备管理

以信息技术为基础，进行设备信息数据监管，为企业的设备信息管理建立一个集中的共享数据库，实现设备管理的一体化数据采集、传输和处理，能够使各种点检、维修、维护、润滑、保养、备品备件、资材计划及维修合同预算等自动生成，用以完善各种标准，随时掌握设备的运行状态，实行有效的预防性维修，保持和改善设备的工作性能，减少故障，延长零部件的使用寿命，提高设备运行率和减少设备的故障率，见图 12-14。

1）主要管理指标设计

设备数量：根据设备管理台账按设备所属类别进行统计分析。

设备登记：记录设备编号、设备名称、设备品牌、规格型号、所属类别、所在位置、生产日期、自有 / 租赁、产品合格证、进场日期、退进日期、特种设备检验证、操作人员、操作证、维保记录、设备运行情况等信息。

维修保养：记录保养日期、设备编号、设备名称、保养项目、保养周期、更换周期、养护部门、养护人等信息。

2）主要功能应用设计

设备登记：利用固定模板编辑导入管理系统。

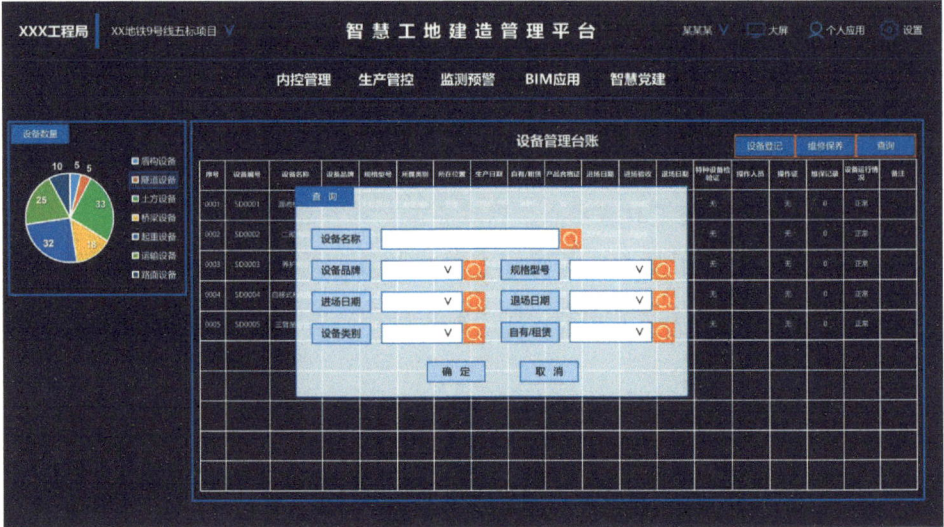

图 12-14　设备管理

维修保养：利用固定模板编辑导入管理系统。

管理台账查询：可从设备名称、设备品牌、规格型号、进场日期、退场日期、设备类别、自有/租赁等条件中进行模糊查询。

3）未来展望

结合集团（局）管理的实际运作模式，借鉴国际上流行的设备管理思路，从设备的台账、检修计划、成本分析、备件管理、设备消缺等全过程进行管理，可随时监控设备运行状况，及时发现设备运行中存在的问题，把故障消灭在萌芽状态。

监测预警

监测预警系统实现监测信息与风险分析结果的汇集、相关信息的抽取，并据此进行风险分析，把分析结果直观地展现在决策者面前作为预测预警或事件处置的依据。通过整合企业和专业机构的资源，对重要项目、重大隐患进行监测监控，分析风险隐患，预防潜在的危害。

1. 视频监控

利用移动互联网和大数据技术，通过视频监控，实现对施工场地，办公区域，生活场所，大型、高危风险（重要）工点工序的实时全方位监控、管理、巡查，留存影像证据、资料，总结分析数据资料，优化管理层巡查检查方式，减少基层传统低效率的问题，为基层减负，见图 12-15。

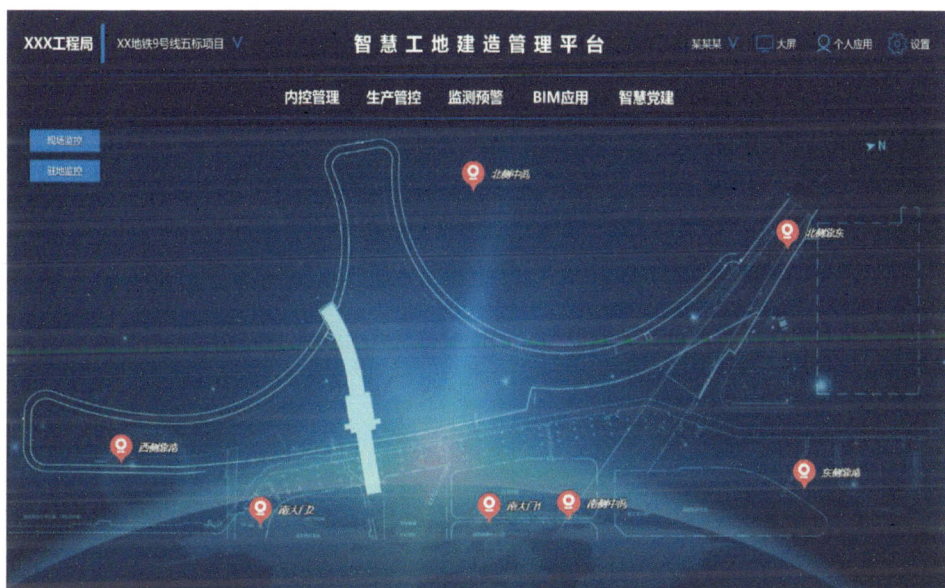

图 12-15　视频监控

（1）主要管理指标设计

现场监控：根据工程项目地形和场布以及主要工作区域，在合适位置安装架设高清摄像头，全面覆盖施工区域，减少监控盲区，实时传回至监控中心或手机应用端，留存实时影像资料，为现场管理提供决策依据。

驻地监控：根据工程项目场布，安装架设高清摄像头，全面覆盖驻地区域，减少监控盲区，实时传回至监控中心或手机应用端，为后勤管理、环境卫生、安全保卫等留存影像。

（2）主要功能应用设计

现场监控：必须采用高速光纤网络，将现场视频监控系统接入平台，在卫星地图上呈现项目施工现场具体位置和视频监控摄像头具体布置情况，提取视频监控数据，实时播放现场动态，前端自动更新呈现，任意点取摄像头进行播放、查阅。

驻地监控：项目部驻地视频监控系统接入平台，系统后台设置，在驻地全景图上呈现监控视频摄像头的具体布置位置，提取视频监控数据，实时播放驻地动态。

（3）未来展望

开发采购智能视频分析技术，在图像及图像描述之间建立映射关系，从而通过数字图像处理和分析来理解视频画面中的内容，在云端实现控制移动、变焦等功能进行巡查，借助计算机强大的数据处理能力过滤掉图像中无用的或干扰信息，并自动分析、抽取视频源中关键的有用信息，自动学习和思考，从而替代人力或者协助人力进行监控。比如人群聚集、人数统计、车辆统计、体温监测、人员徘徊、物品遗留、滞留、突然倒地等需求数据。

2. 环境监测

环境监测系统以计算机技术和数据库技术为核心，管理大量环境监测信息和数据储存的信息系统。利用环境监测管理系统可以加强对环境污染监测数据的处理，能够快速有效地对环境进行准确监测。利用环境监测系统加强对环境污染监测数据的处理，能够快速有效地对项目施工场地环境进行准确监测，从而使项目部对污染源有更全面、更深入与更直观地把握，以提高对环境监测数据分析管理的科技水平，实现工地现场扬尘监测、噪声监测等环境指标的记录、智能分析，见图12-16。

（1）主要管理指标设计

实时环境：AQI、天气、温度、湿度、风速、PM2.5、PM10、噪声等指标及环境监测情况统计表。

12 管控
智慧工地建造管理

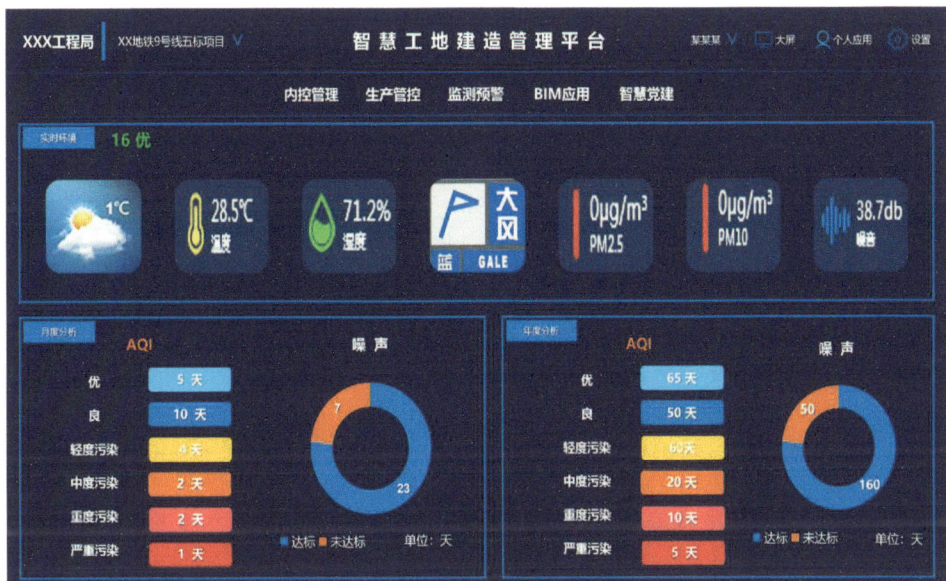

图 12-16 环境监测

月度环境统计分析:本月 AQI 和噪声情况天数,分别用绿、蓝、黄、橙、红、褐色来表示 AOI 的优良等级,用环形图呈现噪声达标天数情况。

年度环境统计分析:本年度 AQI 和噪声情况天数,分别用绿、蓝、黄、橙、红、褐色来表示 AOI 的优良等级,用环形图呈现噪声达标天数情况。

(2)主要功能应用设计

实时环境:通过采集天气预报与现场环境监测仪器的天气信息、环境监测数据,对现场数据采集层传输过来的数据信息进行自动分析,与提前设定的绿、红指标阈值进行对比,按照颜色显示施工现场当前的环境监测状况,形成实时环境的优良等级,便于管理人员及时掌握施工现场的环境指标,分析超标报警原因,及时采取措施消除污染源。

(3)未来展望

未来的环境监测系统将会继续完善环境自动监测设备,采用先进的遥感监测技术,增强移动监测功能,让监测范围更加广,自动化程度更高。利用 5G 技术建立强大的环境监测信息化网络,提高环境监测的实时性和监测容量,监测数据自动化传输更加便捷、精准，通过已存储的资料进行大数据分析，可以智能提示环境污染的因素、建议处理措施等，为用户及时、有效调整环境污染治理对策提供参考，为环境监测提供便利。

3. 深基坑预警

深基坑施工过程中，必须保证支护结构稳定性，确保基坑施工安全，不危及基坑周边建筑物和既有构筑物、地下管线等。基坑监测系统是对基坑监测数据进行智能化管理及分析的应用端。实现深层水平位移、地表沉降、管线沉降、建筑物沉降、地下水位、支撑轴力等数据实时采集、数据自动规整、结果计算、趋势分析、预警设置、报警通知、报告推送等功能。提供的预警信息自动处理上传共享，通过手持终端或者电脑端网站实时共享，以便动态指导施工。通过统一的信息化平台实时收集各个现场作业数据，实现对项目的超前管控、实时纠偏的目的，旨在提高精细化管理水平，确保施工安全。

基坑监测系统全方位把控基坑施工信息，掌握施工安全状态。监测人员将监测数据实时采集至手机 APP 端，通过后台软件处理数据并发布预警信息→电脑端通过网页访问、手机端通过 APP 访问、自动生成、下载打印→相关人员查看预警信息→按红、橙、黄预警采取不同处理措施→消除预警→数据及文件存储，见图 12-17。

（1）主要管理指标设计

工程信息：包含基坑尺寸、车站类型、设计监测点布置总数以及深层水平位移、地表沉降、管线沉降、建筑物沉降、地下水位、支撑轴力 6 项重要监测项目的应测测点数量统计，并涵盖具体的工程进度、监测总数、应测测点、实测测点、监测点平面布置图详情。

当期预警：循环滚动当天深层水平位移、地表沉降、管线沉降、建筑物沉降、地下水位、支撑轴力 6 项监测项的三色预警及预警处理情况。黄色、橙色、红色预警分别用黄色、橙色、红色表示，按层级短信推动预警信息，三色预警位置出现预警弹窗及信息。

累计预警：包含开累总预警次数和深层水平位移、地表沉降、管线沉降、

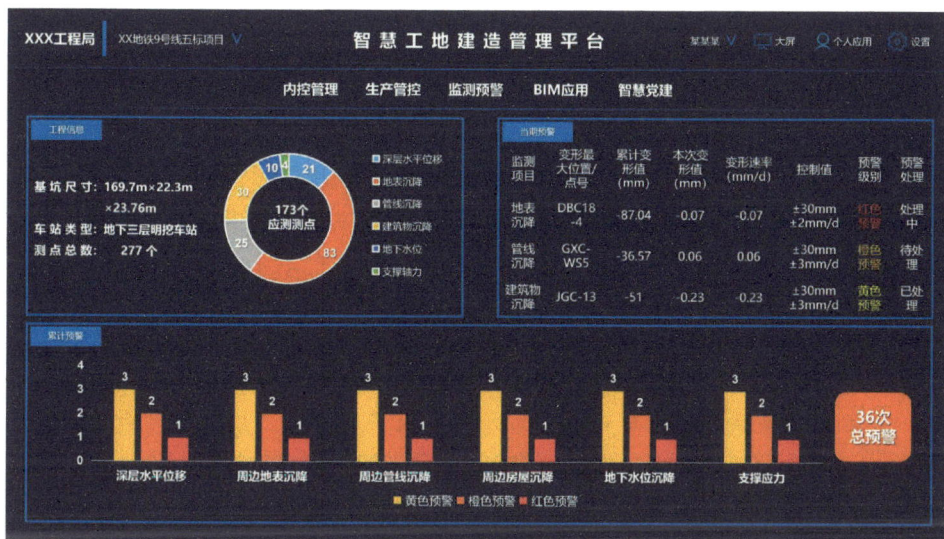

图 12-17　深基坑预警

建筑物沉降、地下水位、支撑轴力 6 项主要监测项三色预警情况统计。

（2）主要功能应用设计

工程信息：采集重要的基坑概况及监测信息（基坑的大小、监测点类型、监测点位总数、已实施的监测点位数量等关键信息），通过监测点位的平面布置图直观显示每个监测点位的准确位置，便于管理人员查阅相关监测点信息，实时采集的工程进度与监测点位的布设匹配，动态进行监测点位的管理。

当期预警：将监测数据采集至平台，系统自动进行监测数据规整、结果计算、智能分析，将实际数据与设定的预警黄色、橙色、红色预警阈值进行比较，一旦数据超标，系统按照层级自动将预警信息推送集团（局）、子（分）公司、项目相关人员，便于管理人员及时做出预警处置。管理人员通过查阅监测日报、周报、月报、累计监测预警及预警处置详情，跟踪预警处置状况，为风险消除措施提供决策和依据，动态跟踪直至风险解除。

累计预警：对主要监测数据进行统计分析，找出监测预警的规律，自动进行趋势分析，为管理人员采取解决方案提供决策。三色监测预警数据统计表为管理人员提供详细的预警数据，通过查询栏详细了解某一时段的预警情况，为后续施工安全提供指导。导出报表功能实现报告自动推送，为资料报送提供便捷。

（3）未来展望

基坑监测系统将会由监测机器人和一系列的传感器组成的自动监控系统进行更加智能化监测，能够进行数据自动、实时无线采集，自动数据传输，并根据阈值进行自动预警，同时基于 BIM 技术，实现智能数据分析及可视化、实时化的现场监控。

4.盾构预警

因盾构推进施工将会扰动土体、对地下水产生影响，从而引起地表、地下设施及附近建筑物的变形、沉陷。因此，必须进行跟踪监测，根据监测成果，及时调整及优化盾构推进参数，将盾构施工的影响区域内的变形控制至合理范围内，以确保地下设施、建筑物及居民安全，盾构远程监测系统基于盾构施工风险智能预警功能，把握了盾构区间施工安全的关键环节。从工程进度、风险提示、姿态预警、注浆量预警、出渣量预警、监测预警六大功能模块全方位把控项目盾构施工信息，通过统一的信息化平台远程实时监控在建项目盾构施工技术和施工安全状态，达到对项目施工进行风险自动预警、超前管控、实时纠偏、指导施工、解决故障等目的，协助管理人员轻松掌控盾构施工状态，提高精细化管理水平，提前预控安全风险。

现场部署数据采集器，将盾构机数据传输至系统平台，采集盾构现场的仪器仪表数据、盾构 PLC 数据、视频流数据，管理人员将洞内、洞外监测数据及管理数据采集至系统平台，系统对采集的信息自动作出分析、评估。当该参数的实时数据达到某种预警条件时，自动向相关人员发送短信通知，提醒管理人员关注施工状态，采取相关措施，提前消除安全风险。施工相关方通过盾构远程监控系统，实时掌握项目盾构施工状态，确保生产安全、进度可控、风险预控，见图 12-18。

（1）主要管理指标设计

设盾构远程监控中心由盾构信息监控管理平台、数据中心、视频监控与大屏幕等组成。盾构机相关数据通过铺设在隧道内的光纤传向地面操作站，然后

12 管控

智慧工地建造管理

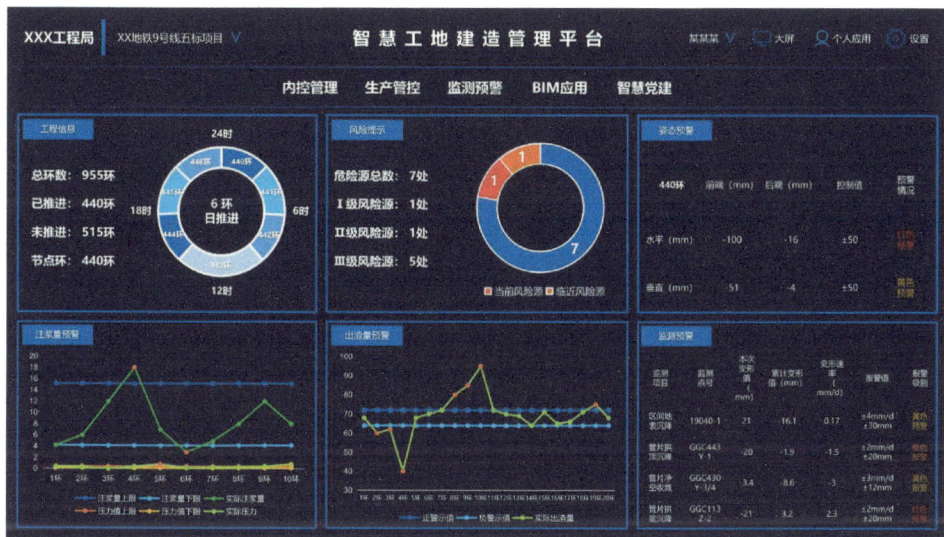

图 12-18　盾构预警

把数据发送到监控中心。管理人员按照规范要求将盾构洞内和洞外监测数据采集至手机 APP 端，自动传输至系统平台。系统对管理数据进行分析、统计，自动预警、生成所需相关表单。

工程进度：盾构的施工进展情况，包含总环数、已推进环数、未推进环数、当前节点环数和单日推进环数情况，相应环形图上的环号弹出环号、推进状态、单环时长、开始时间、完成时间，以及工序进度分析、循环进度分析、月进度分析相关信息。

风险提示：危险源总数、Ⅰ级风险源数量、Ⅱ级风险源数量、Ⅲ级风险源数量、当前风险源和临近风险源的数量，环形图上的当前风险源、临近风险源颜色区域弹出当前或临近风险源名称、风险等级、开始环数、结束环数详情及风险源示意图、风险源统计表等相关信息。

姿态预警：盾构机每环姿态前端及后端的水平、垂直位置数据及黄色、橙色、红色预警级别信息，预警情况相应预警等级位置弹出开始预警时间、偏差值、报警情况、推送层级、推送责任人、推送方式、处理责任人、处理措施、处理详情、处理完成时间详情及设备掘进参数、姿态历史曲线分析。

注浆量预警：注浆量和注浆压力相关数据曲线及通过设定的限值进行预警，预警点位弹出对应该环注浆量的预警环号、实际注浆量、偏差值、预警级别、推送层级、推送人详情。

出渣量预警：每环实际出渣量曲线及设定的正负出渣量超标警示值线条，预警点位弹出环号、实际注浆量、偏差值、预警级别、推送层级、推送人详情。

监测预警：区间地表沉降、管片拱底沉降、管片净空收敛、管片拱底沉降、建筑物沉降等盾构洞内、洞外监测项监测数据及预警信息。预警情况相应预警等级位置弹出开始预警时间、偏差值、预警级别、推送层级、推送责任人、推送方式、处理责任人、处理措施、处理详情、处理完成时间信息，并可查看监测日报、周报、月报及累计监测预警详细信息。

（2）主要功能应用设计

1）进度管理提示盾构机区间施工进度及日进度情况，通过时间环掌握当日每环的施工时长，初步判断施工进展情况。

工序进度管理：以横道图形式展示盾构施工工序进度数据，包含每道工序施工时长及分析情况，如果某道工序时长超出设定的计划时长，横道图红色图标出现预警因素，并可查阅日循环报表，便于施工进度管理人员进行日进度的调查、处置、纠偏。

循环进度分析：将盾构机的进度信息按每环进行统计查询，提前设定环进度计划阈值，基于每道工序相关数据智能生成循环进度分析曲线，将实际进度与计划进度进行对比，管理人员选择盾构施工的时间段查看循环进度统计，及时掌握影响进度的因素，采取解决措施进行进度纠偏。生成的循环报表可导出报送无系统权限的相关单位或人员。

月进度分析：基于提前设定年计划环数、月计划环数，系统智能将每月计划完成环数和实际完成环数进行对比分析，生成月进度分析柱状图，管理人员跳转界面至盾构施工月进度分析报表查看开累、月进度详情，帮助管理人员及时掌握项目进度，及时调整进度计划。生成的月进度报表可导出报送无系统权限的相关单位或人员。

2）风险提示将盾构区间已识别的风险源采集至平台，根据风险源所处的位置以及盾构机环号，实时掌握风险源的管理情况，通过设定临近风险源提醒时间阈值，提前向管理人员推送风险点预警短信，便于管理人员提前准备相关工作。平台所有自动发送的预警短信都在平台上存储并记录，方便管理人员进行查询。可查看风险源示意图和风险源统计表，掌握风险源详细信息，采取相关措施预控风险源。

3）姿态预警通过采集盾构机的数据，实时掌握盾构机前端、后端的姿态情况，基于预警的严重程度设定黄色、橙色、红色三色预警级别及预警信息推送的集团（局）、子（分）公司、项目层级相关人员，系统自动分析姿态偏差值，实时向管理人员推送盾构机姿态预警短信。可查看盾构机具体的实时参数、预警信息、处理详情及姿态历史曲线分析，便于管理人员采取措施做出盾构机姿态纠偏决策。

4）注浆量预警通过设置注浆量和注浆压力的上下阈值，系统对采集的现场两项实际数据自动分析，生成曲线分析趋势图，当数据超出或低于阈值进行自动预警，按照严重程度将预警信息推送至各层级相关人员，便于管理人员采取措施消除风险。可查看每环注浆量统计分析表，通过设定环号、区间查询某个时段的注浆量及注浆压力，为分析决策提供依据，导出报表报送无系统权限的相关单位或人员。

5）出渣量预警通过设置每环正负出渣量阈值，系统对采集的实际出渣量数据与理论出渣量进行自动分析，生成曲线分析趋势图，当数据超出或低于阈值进行自动预警，按照层级推送相关人员。可查看每环出渣量统计分析表查阅某个区间段的出渣量详细信息，分析出渣量预警的原因，及时采取措施，报表导出功能为管理人员提供便捷。

6）监测预警由监测人员按照监测规范要求将洞内、洞外监测数据采集至平台，系统通过各种方式自动对监测数据进行分析，将实际数据与设定的阈值进行比较，一旦数据超标，系统按照层级自动推送相关人员，便于管理人员及时做出预警处置。

（3）未来展望

未来智能化盾构远程监测系统将会从全方位实现对盾构掘进工作现场的实

时监控管理。系统的多维度监视图、成型隧道质量管理、施工进度分析、历史曲线分析、人舱监控系统、渣土体积测量系统、盾尾间隙自动测量系统、监测预警系统等单元更加完善，利用数据自动采集、量化分析等方式，实时对施工动态进行分析，并利用智能化科学的分析功能指导和优化各项参数，实现数据的增值服务。预警系统从平台上能够更加直观地、全方位地看出施工状态，各项风险点预警通知，并智能提示相关解决方案以供参考，有助于提高工程风险的管控能力，及时开展风险预警及辅助决策研究。

5. 隧道预警

隧道工程的地质条件复杂，如不能及时掌握岩体变化，极易造成塌方，隧道监测系统通过对隧道地表沉降、拱顶下沉、围岩收敛、断面变化等监控项目的监测数据进行自动整理、分析，实时反馈监控量测信息，智能分析施工方法和施工手段的科学性和合理性，以便及时调整施工方法，保证施工安全。系统通过数据实时采集、即时传输、即时分析，自动完成周期变形监测、实时评价变形监测成果，实时显示变形趋势等智能化功能，使隧道围岩量测更精确、更便捷，提供的预警信息自动处理上传共享，通过手持终端或者电脑端网站指导隧道施工。

通过在隧道相关位置布设反射片、全站仪采集设备等→系统建立基础信息下载至手持设备→手持设备采集数据→判断数据是否存在错误（错误返回重测）→手持设备网络传输数据至数据中心→专用软件处理数据并发布预警信息（包含围岩收敛、拱顶下沉、地面沉降等监测信息）→相关人员查看预警信息→按红、橙、黄预警采取不同处理措施→消除预警→数据及文件存储。处理软件可以自动生成日、周、月报表数据，一键下载数据，自动生成回归分析、对数分析、指数分析，生成速率曲线，节省人力、时间成本，见图12-19。

（1）主要管理指标设计

工程信息：隧道全长、起讫里程、掌子面里程、仰拱步距、二衬步距、测点总数和地表沉降、管线沉降、建筑物沉降、净空收敛、拱顶沉降5项重要监测项目的应测测点数量统计及工程进度、监测总数、应测测点、实测测点、监测点平面布置图详情。

12 管控
智慧工地建造管理

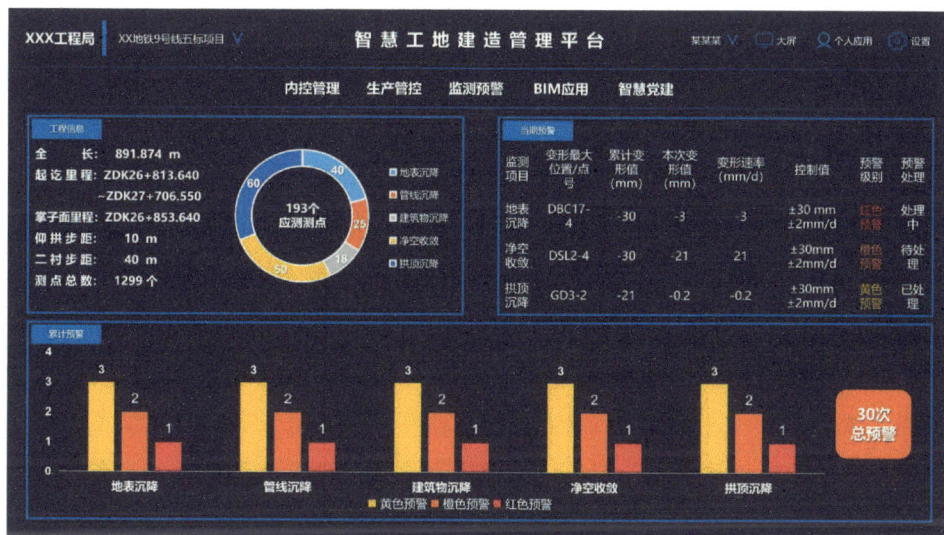

图 12-19 隧道预警

当期预警：地表沉降、管线沉降、建筑物沉降、净空收敛、拱顶沉降 5 项重要监测项目的黄色、橙色、红色三色预警及预警处理情况。三色预警位置出现预警弹窗，呈现开始预警时间、偏差值、预警级别、推送层级、推送责任人、推送方式、处理责任人、处理措施、处理详情、处理完成时间的信息及监测日报、周报、月报详情。

累计预警：开累总预警次数和地表沉降、管线沉降、建筑物沉降、净空收敛、拱顶沉降 5 项重要监测项目三色预警数据统计及监测预警数据统计表、时间区段信息查询。

（2）主要功能应用设计

工程信息：通过采集隧道工程概况、安全步距及监控量测基本信息，让管理人员掌握隧道施工进展、监测点类型、监测点位总数、已实施的监测点位数量等关键信息。监测点位的平面布置图随着工程进度动态显示已完成、实施中、未实施的监测点位动态信息，便于管理人员动态跟踪相关监测点位信息。

当期预警：采集监控量测基本信息，按照监测规范要求设定黄色、橙色、红色三色预警阈值，将每日的监测数据通过手机 APP 端实时采集至平台，系统自动进行监测数据规整、结果计算、智能分析,将实际数据与预警阈值进行比较,一旦数据超标,系统按照层级自动将预警信息推送集团(局)、子(分)公司、项目相关人员,只要有信号的地方都可以打开手机客户端或电脑端程序浏览数据及预警信息,使得隧道相关人员可以第一时间了解隧道围岩变形情况,及时采取措施规避风险。可查阅监测日报、周报、月报、累计监测预警及预警处置详情,客户端下载数据后便可进行数据分析、打印报表、推送报表等功能,及时、准确为相关方提供监控量测数据,提高管理的便捷性。

累计预警:对5项主要监控量测数据进行预警情况统计分析,生成柱状分析图,便于管理人员分析施工状态。三色监测预警数据统计表为管理人员提供详细的预警数据,自动进行回归分析,可查询时段预警数据,具体某个预警信息可查看预警情况及处理情况,导出报表功能实现报告自动推送,数据的存储功能实现管理数据的增值,为类似的监控量测预警提供参考。

(3)未来展望

隧道监测系统将会由数据的人工采集向自动采集发展,监控量测设备自动化程度高,具有原始数据实时收集、自动传输功能,通过专业的数学模型智能、精准对原始数据进行处理、分析,对隧道变形、位移和地面沉降等项目的智能化预测、分析和预警预报,进而实现对数据的集中化、智能化、自动化处理,为预警风险采取应急预案提供依据和分析支撑,自动绘制出监测值随时间变化的各类时程曲线以及通过数据模型拟合曲线,通过线性图变化情况,及时掌握隧道围岩变形发展规律,为隧道工程施工提供高效的指导建议和大数据分析。

6. 瓦斯隧道预警

基于物联网及信息技术,实现瓦斯隧道气体检测、监控、数据存储以及预警信息推送,规范瓦斯隧道施工气体检测行为,实现远程数据查看等功能,积累瓦斯隧道施工气体检测数据和施工经验,见图12-20。

(1)主要管理指标设计

基本信息:隧道名称和起讫里程、瓦斯段总长、瓦斯浓度、掌子面里程(瓦斯段落)、隧道全长、已掘进(未掘进)长度等重要的基本数据。

12 管控
智慧工地建造管理

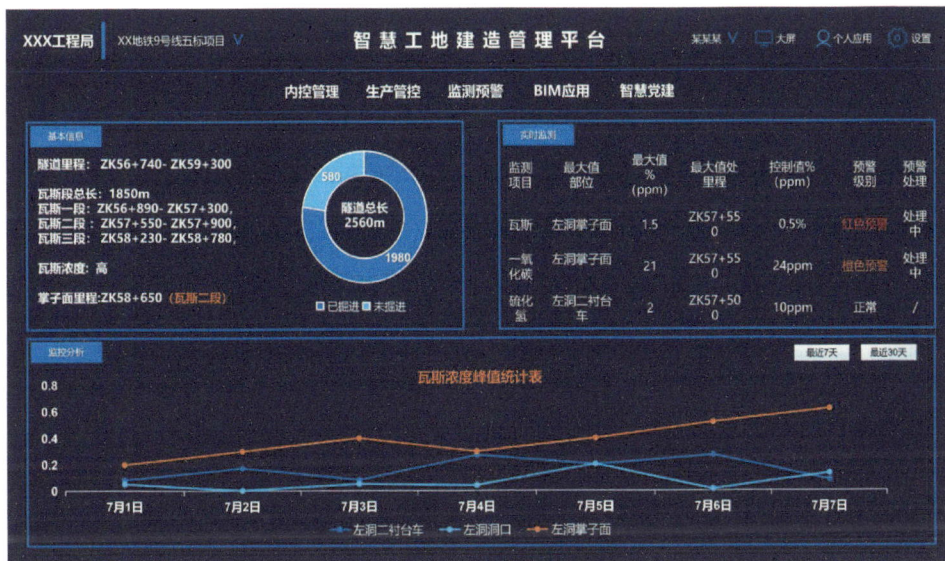

图 12-20 瓦斯隧道预警

实时监测：监控日报、风速记录表、瓦斯数据对照表、瓦检记录表等。

监控分析：自动采集统计分析各部位近 7 天和 30 天内的瓦斯浓度峰值，生成瓦斯浓度峰值曲线。

（2）主要功能应用设计

基本信息：结合施工图纸、补勘详勘报告和项目信息以及实际施工进展数据填报。

实时监测：项目管理人员通过手机 **APP**，完成监控日报、风速记录表、瓦斯数据对照表（光学瓦检仪与甲烷传感器数据对照表）、瓦检记录表录入，内容、部位必须与检测资料一致。每一洞口或掌子面应逐一填报，监控日报和月报定时填报，自动生成监控报表，各样表监测内容应实时上传，实施更新监控指标的三色预警及预警处理情况。预警层级自动推送根据瓦斯隧道警情划分及推送层级表和规范、标准、设计、方案等设定。

监控分析：根据数据采集统计各部位近 7 天和 30 天内的瓦斯浓度峰值，生成瓦斯浓度峰值曲线，分析隧道瓦斯浓度状况，指导瓦斯隧道施工管控。

（3）未来展望

结合物联网和机械设备智能化的逐步推进，通过传感器的自动采集，实现超前地质预报和洞身施工全过程中瓦斯浓度、风速风量、其他有害气体的数据采集、分析、预警、信息推送、处理（断电、撤离）以及下达调度命令、任务确认和复查等信息，达到智能施工、安全施工。

BIM 应用

BIM（Building Information Modeling）技术是一种应用于工程设计、建造、管理的数据化工具，通过对建筑的数据化、信息化模型整合，在项目策划、运行和维护的全生命周期过程中进行共享和传递，使工程技术人员对各种建筑信息作出正确理解和高效应对，为设计团队以及包括建筑、运营单位在内的各方建设主体提供协同工作的基础，在提高生产效率、节约成本和缩短工期方面发挥重要作用。

分析当前建筑业 BIM 应用发展情况，智慧工地建造管理平台 BIM 应用主要包含五大内容：数字模型、深化设计、可视化交底、施工阶段应用和智能施工，见图 12-21。

1. 数字模型

（1）施工动态场布

施工场地的合理布置能够在项目开始之初，从源头减少安全隐患，方便后续施工管理。基于 BIM 模型及理念，运用 BIM 工具对施工场地进行量化分析，使用 BIM 技术模拟现场施工环境，根据不同施工阶段对总平面布置实时进行动态调整，综合考虑施工设施费用、占地利用率、场内运输量、施工空间和施工管理效率等因素，使施工现场布置随施工需求呈动态变化，更加合理布置垂直运输机械、规划施工道路和材料堆场，使平面布置紧凑合理，减少运输费用和场内二次搬运，同时做到场容整洁整齐，符合消防安全及文明施工要求，有效降低项目成本，提高项目效益，在节约资源的同时保证了现场施工有序性。

12 管控

智慧工地建造管理

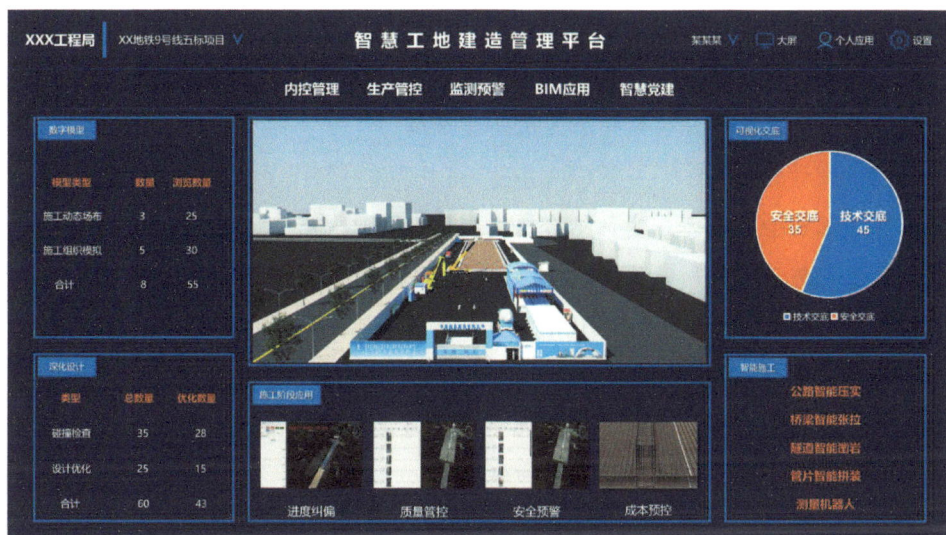

图 12-21 BIM 应用

（2）施工组织模拟

结合项目策划的进度计划将 BIM 模型进行分段，推演整个施工过程完成 BIM 模拟动画，直观展示项目建设全过程策划思路，对施工段及流水进行三维动态可视化展示，随施工进度动态演示总平布置、场地转换、施工形象进度及人材机资源的投入，提前预测施工过程中各阶段的资源配置情况，及时采取相应的优化措施，保证工程的持续施工。工程在实际施工阶段会遇到许多问题，施工组织模拟提供了一个可视化以及可预测性的预解决方案，在解决交通组织、施工安排、各专业及工作面穿插的核心问题上，起到了安全检查、优化工期、方案决策的作用。

2. 深化设计

（1）碰撞检查

通过 BIM 技术三维建模对交通疏解、地下管线及主体结构进行模拟，统计出碰撞点数量，将碰撞点提前与设计沟通进行图纸优化、方案优化及协调组织，共立项变更，为项目开工创造条件。使用 Navisworks 自身碰撞检查功能快速实现各阶段碰撞的检查工作,形成碰撞检查分析表,确定每个步序施工后可能出现的碰撞情况,根据结果进行碰撞分析,逐个调整碰撞部位模型,得出碰撞前后模型效果对比,标注出碰撞原因及处理措施。

(2)设计优化

在施工图会审的基础上,结合所建立的BIM模型,对照施工设计图相互排查,若发现施工图纸所表述的设计意图与BIM模型不相符合,先重点检查BIM模型的搭建是否正确;在确保BIM模型是完全按照施工设计图纸搭建的基础上,反查设计图纸是否有误。同时利用BIM软件出具的设计校核报告、碰撞检查报告、净空分析报告等成果文件,找出各个专业之间以及专业内部之间设计上发生冲突的构件,提出设计修改意见和建议。

3. 可视化交底

(1)技术交底

将施工数据模型与技术交底进行结合,通过BIM施工模拟的手段,使技术交底信息可以运用到施工各个环节,尤其是重难点部位的可视化交底,可以尽早发现问题,进行优化调整,减少返工。

1)施工可视化交底视频:利用BIM系列工具制作通用或专用的技术交底视频,便于施工人员对施工内容有更加立体的认识与理解。

2)技术方案交底:BIM的可视化特性可将复杂的构造节点全方位展现,像钢筋节点、细部防水等,可做成包含三维效果图的技术方案对现场进行交底,从三维立体的角度进行施工指导。

(2)安全交底

将防护设施模型的布置对项目管理人员进行可视化交底,确保管理人员对布置内容的理解。并利用模型的三维标准化设计及可视化布置提高对劳务人员的交底质量及效率,保证现场布置与设计方案一致,提高项目安全交底成效。施工作业前,同样利用BIM模型,分析施工过程中的各个危险因素,采用多媒体进行详细的讲解,让施工人员,尤其是施工作业人员了解危险因素的存在部位,掌握防范措施,从而保证每一个施工人员的人身财产安全。

4.施工阶段应用

（1）进度纠偏

第一次进度计划编制后，可利用 BIM 模型与进度计划进度对项目进度计划的进行模拟验证，对项目工作面的分配、交叉以及工序搭接之间的合理性进行分析，利用进度模拟的成果对项目进度计划进行优化更新。

项目转入实施阶段后，按照既定的计划进行施工，此阶段由于受外部条件的变化、设计的变更、资源投入情况、材料供应情况、天气情况等因素影响，实际施工进度与 BIM 模拟的进度计划会有差异，所以必须要对计划实施情况进行跟踪，通过施工过程的原始记录和数据等项目文档输入 BIM 模型，重新对模型进行模拟，并将收集的数据加工处理后输入 BIM 模型形成直观的对比数据。

（2）质量管控

基于施工组织和施工图创建施工工艺 BIM 模型，将施工工艺信息（时间、人、材、机、工作面等）与 BIM 模型关联，输出资源配置计划、施工进度计划等。利用 BIM 技术确定工序质量控制计划，控制不同工序的活动条件，针对不同工序制定专门的质量保证措施和质量检验制度。根据各工序工艺的特点，利用 BIM 技术明确并细化质量控制点（质量关键部位和薄弱环节），结合 BIM 应用平台，通过移动端跟踪施工进展，进行重点控制，实现工艺的精细化管理。

BIM 模型储存了大量的建筑构件、设备信息，可快速查找所需的材料及构配件信息，规格、材质、尺寸要求等，并可根据 BIM 终端设备对现场施工作业产品进行追踪、记录、分析，将现场实际安装的结果与 BIM 模型进行对比，掌握现场施工的不确定因素，及早发现施工偏差并予以纠正。

（3）安全预警

安全管理实施过程中通过创建的三维模型让各专业管理人员提前对施工面的危险源进行判断，并通过建立防护设施模型内容库，快速地在危险源位置模拟，使现场施工与安全设施布设之间的无缝对接，有效避免安全事故的发生。同时，通过工厂化加工，节约安全措施费用。

基于项目 BIM 场地模型和 BIM 结构模型，采用 BIM 软件制作基于不同颜色的危险区域等级划分图，途中涵盖不同施工区域可能发生的高空坠落、物体打击、机械伤害、触电、坍塌等危险事故信息，并针对事故发生的概率及严重程度进行颜色分级（红黄蓝橙绿）标注，张贴在各施工区域明显位置并对项目新进场工人进行安全交底。

（4）成本预控

基于 BIM 的三维工程量管理，利用深化设计后的三维模型直接得到工程量。在项目实施过程中，可根据需要统计全部的工程量，或者框选某一部分、按专业来导出工程量。

根据项目施工进度要求及构件划分，让 BIM 模型符合工程量计算的要求，通过 BIM 软件的构件分类及统计功能，快速准确的计算出各类构件的数量。同时还可对过程中出现的设计变更进行快速统计工程量，对比不同方案间的工程量，为决策提供数据支持。

5. 未来展望

基于 BIM 的平台将建设成一个基本的信息化工具，所有的项目管理任务均围绕该工具开展，工具产生的数据将作为企业管理的基本数据源之一，传统的信息传递与报送方式被全面替代，各层级信息管理效率实在质的飞跃。在这个信息化工具中，BIM 将不再是单独的管理应用，作为业务管理的基本可视化工具，成为各阶段、各业务线条数据传递的基本连接纽带，被深度融合到项目设计与深化设计阶段、施工阶段、运营阶段管理常态化业务中，成为业务管理的"中枢大脑"，为业务人员分配工作任务并指导业务人员完成任务。设计人员在平台中应用 BIM 技术完成设计与深化设计，提高工程设计质量；工程师在平台中结合 BIM 模型制定生产计划并分配任务组织生产；商务人员结合生产完成情况组织计量与成本核算；运维人员在平台中结合 BIM 模型对工程进行管理维护。

智慧党建

利用信息技术，通过对党建各方面工作的高效管理，更好地宣传党的思想，更高效率地工作，使党员活动从封闭走向开放、党建手段从传统走向现代以及从分割走向联合、党建管理从模糊走向精确，实现了党建数字可视化、党建工作移动化，组织、党员、群众之间的实时互动，构建数字化、智能化的党建工作系统运行全图，见图12-22。

图 12-22 智慧党建

1. 主要管理指标设计

组织建设：分析党员数量、年龄构成、学历构成、党员发展情况等，加强项目党组织建设。

学习教育：分析党员教育、三会一课开展情况，帮助党员在碎片时间利用手机随时随地学习。

大屏展示：展示基层党组织的党建工作主要思路及特色党建品牌形象说明图，是党建宣传的有效窗口。

党建风采：记录基层党组织开展的党建活动及日常领导关怀情况，是党建宣传的有效窗口。

榜样力量：展示基层党组织中的优秀共产党员及先锋模范，引领广大党员干部群众以榜样"为镜"，形成比学赶超的浓厚氛围，凝聚奋发进取的磅礴力量。

党员之家：展示党员关怀及民主评议相关内容。

2. 主要功能应用设计

组织建设：系统后台设置，根据党员流动情况实时更新。

学习教育：所有人员均可通过手机、PC 端进行相关内容的学习。

大屏展示：通过系统后台设置，系统管理员填报。

党建风采：通过系统后台设置，系统管理员填报。

榜样力量：系统后台设置，根据"两优一先"评选及对全体党员的年度评议情况实时更新。

党员之家：系统后台设置，根据党员流动情况、民主评议结果实时更新。

3. 未来展望

致力于发展成互动型智慧党建，将党建工作中的所有独立的功能线进行统一管理，互相关联，并且形成了一个复杂的"网"状结构，并最终形成一系列的大数据分析及各种一体化管理，如：党员全纪实对党员的发展历程进行跟踪，党员可随时查看；VR、AI 等技术实现党员、群众和机器之间的人机互动等。

数 字 化

Digitalization and Smart
Construction Management of
Construction Enterprises

第四篇
实战案例

13 实践

建筑企业信息化实施案例

以中国建筑第五工程局有限公司为例，详细阐述建筑施工企业数字化管理实践。中建五局在企业信息化管理方面建成了具有"组织全覆盖、项目全周期、企业全成本、业务全集成"四大特点的信息化管理集成系统，以微服务架构的互联网平台为基础，逐步实现业务移动化、轻量化，数据自动化，标志着中建五局正式进入由数字建设到数字驱动的集团数字化转型阶段。

企业概况
实施背景
建设原则
实施内容
总结展望

数字化

Digitalization and Smart
Construction Management of
Construction Enterprises

企业概况

中国建筑第五工程局有限公司（简称中建五局）创建于 1965 年，是全球最大的投资建设集团、世界 500 强 18 强——中国建筑集团有限公司的全资骨干成员企业。

近年来，中建五局积极响应国家"转方式、调结构"高质量发展总要求，大力推动企业转型升级，成功将一个传统的施工总承包企业转型为一个集"投资商、建造商、运营商""三商一体"的现代化投资建设集团，具有房屋建筑施工总承包特级（设计甲级）、市政公用工程施工总承包特级（设计甲级）、公路施工总承包特级（设计甲级）"三特三甲"资质。主营业务为房屋建筑施工、基础设施建造、投资运营与房地产开发，资产总额 1500 亿元、年经营规模超 2000 亿元、总投资额超 3000 亿元。位居湖南省百强企业二强，中建三甲。多次荣获"全国建筑业 AAA 信用企业""全国五一劳动奖状""全国优秀施工企业"等称号。

中建五局现有员工 3 万余名，每年为社会提供超 30 万个就业机会，是全国就业先进单位。在中建文化的大框架下，"以信为本、以和为贵"的"信·和"文化享誉业界，培育了全国英模——"大姐书记"陈超英、全国劳动模范翟筛红。中宣部、中纪委、国务院国资委多次组织中央主流媒体集中宣传"中建五局现象"。"新冠疫情"发生后，五局第一时间投身防疫医院建设，在全国各地火速修建了 19 家医疗防疫工程，投入一线建设近 4000 人，较好地体现了央企担当。

中建五局在规模增长的同时不断提升企业品质，在管理上持续推进"标准化、信息化、精细化"的"三化融合"。而"三化融合"中，"信息化"是关键性的手段和工具。没有信息化，标准化就无从落地，精细化就难以实现。通过信息化手段倒逼管理提质、减少管理漏洞、提升管理效率和管理效益，近年来，五局持续在中建系统中以居中的规模创造了靠前的业绩，这与信息化充分运用是分不开的。

实施背景

五局信息化的建设历程主要分为四个阶段，分别是信息化规划建设阶段、管理信息化阶段、信息化管理阶段、数字化转型阶段。

2008 年以前，建筑企业的信息化正处于发展阶段。中建五局信息化起源可追溯到 20 世纪 90 年代，随着计算机日益普及，专业工具软件的不断成熟，部分岗位为提升工作效率逐步尝试利用计算机辅助办公。2000 年以后，市场上开始出现一些基本标准化的管理系统，比如办公系统、财务管理系统，一些部门利用专业管理系统初步实现了业务管理与信息技术的融合，中建五局的管理开始以信息化的手段代替人工线下管理。

2006 年至 2007 年为信息化规划建设阶段，2007 年住房和城乡建设部颁布《施工总承包企业特级资质标准》，首次在核定企业特级资质中加入对信息化水平的考评内容，同时国资委制定的《关于加强中央企业信息化工作的指导意见》《中央企业信息化水平评价暂行办法》，对中央企业信息化水平提出明确的要求，这些政策加快了中建五局信息化发展进程。中建五局开始着手信息化整体架构规划设计及标准制定，管理信息化平台的建设，BIM 探索及项目应用。

2008 年至 2014 年为管理信息化阶段，2008 年中建五局与用友集团签订了战略合作协议，标志着中建五局信息化发展由"部门级"系统应用正式迈入"企业级"系统应用，在企业管理信息化方面建成了具有"组织全覆盖、项目全周期、企业全成本、业务全集成"四大特点的管理信息化集成系统，即集团门户、协同平台、档案管理、市场营销、生产技术、商务合约部、人力资源、财务资金、电子商务、数据中心十大运行子系统和施工项目管理、投资项目管理两大支撑系统。

2015 年至 2018 年为信息化管理阶段，总体进行业务财务一体化集成、全员信息化推广应用、BIM 技术推广应用、智慧工地信息化单点应用。随着信息技术不断发展，以微服务架构的互联网平台为基础，逐步实现业务移动化与轻量化、数据自动化，标志着中建五局正式进入信息化管理时代。

2019 年至今为数字化转型阶段，主要进行移动化、轻量化平台建设应用，流程优化、报表简化，BIM 协同平台建设与推广，实现了产业链下游协同工作，供方可以在线收取物料订单，实现实时发货；施工现场利用智能地磅以及二维码实现了材料验收无人值守。同时以基础设施项目为切入点，搭建了智慧工地平台，劳务工人可以在线接收质量、安全整改通知，这标志着中建五局已正式迈入数字化转型新时代。

建设原则

企业始终坚持"统一规划、统一标准、统一建设、统一管理"的原则，坚持企业数字化升级与业务发展协调发展，坚持业务线条与信息技术线条共同推进。推进单线行动向线条联动、线下办理向线上办理、核算数据向管理数据、被动应用向主动应用的"四个转变"。坚持"规划先行、分步实施、自我主导、标准引领、资源统筹"的实施路径，逐步实现局信息化系统能用、有用、好用，为企业品质发展赋能。

统一规划：中建五局信息化规划是中建股份信息化规划的一部分，既要满足中建股份信息化规划顶层设计要求，同时又要考虑中建五局具体实际，覆盖全局各业务线、各管理层级，做到中建股份信息化架构与五局系统架构的兼容互补，数据互联互通。中建五局信息化规划由局总部统一制定，局属各单位及业务线不再制定专项规划。

统一标准：中建五局信息化建设坚持标准先行，在遵循中建股份相关标准要求下，由局总部统一制定、统一管理。信息化标准主要包括技术架构标准、基础数据标准（主数据）、数据接口标准、业务流程模板、数据模型、信息代码、信息管理规范等，局属各单位严格按照标准执行。

统一建设：中建股份负责统一建设的信息化项目中建五局不再重复建设，按照中建股份统一要求协助实施，由局负责建设的信息化项目由局总部统一建设，局属各单位、各业务线不得擅自组织建设。各单位有个性化需求的可提出建设需求，由局网络安全与信息化工作领导小组统筹安排建设。

统一管理：信息化工作坚持局网络安全与信息化工作领导小组（以下简称网信领导小组）的统一领导，建立局分子公司三级网信工作领导小组，明确信息化发展方向，部署和督导重点工作，协调解决重大问题。加强信息化团队建设，全局信息化专业人员统一管理，在局信息化管理部组建开发与运维团队，适时组建信息中心负责全局信息化开发、实施与运维工作。建立一套自上而下统一的信息化工作管理制度，规范信息化管理。

实施内容

1. 信息化规划建设

中建五局作为一个以"房屋建筑施工、基础设施建造、投资运营与房地产开发"为主营业务的现代化投资建设集团，信息技术研发力量相对比较薄弱，因此在初期的管理信息化阶段，中建五局采用"自主实施、技术外包"的建设方式，以"服务战略、务求实效"的建设原则，按照"总体规划、集约管控、集成应用、分步实施"的实施路径开展。

（1）运营组织管理体系建设

局信息化管理组织机构由网信工作领导小组、网信工作组、信息化管理部、二、三级单位网信工作领导小组、网信工作组及业务工作小组等构成，有条件的子公司设置信息中心。

网信工作领导小组由局董事长任组长，分管领导任副组长，成员由相关局领导及各部门负责人组成。

网信工作组由局分管领导任组长、成员由局相关部门负责人及关键用户、信息化管理部成员与各二级单位分管领导及信息化工程师组成。

二、三级单位网信工作领导小组由各单位主要领导任组长，分管领导任副组长，成员由相关公司领导、部门负责人、信息化工程师及关键用户组成。

二、三级单位网信工作组由各单位分管领导任组长，信息化工程师与各业务线关键用户组成，子（分）公司的业务部门指定一名以上关键用户。项目业

13 实践

建筑企业信息化实施案例

务工作小组由项目经理任组长（表13-1）。

管理职责一览表

表 13-1

管理层级	机构名称	管理职责
局	网信工作领导小组	贯彻落实中建股份关于网络安全和信息化工作方针政策及国家相关法律法规；批准全局信息化建设专项规划；批准信息管理制度和标准；批准信息化总体目标、阶段目标，年度工作计划及预算；批准全局性信息化重大项目建设立项及方案；负责全局信息安全工作
	网信工作组	负责执行网信工作领导小组决议，定期向网信工作领导小组汇报信息化工作情况；负责协调内外资源、推动项目进展；负责局机关部门及二级单位创新应用需求、立项、方案审批；负责信息系统及硬件网络采购审批；负责全局信息系统全面推广与应用工作；负责考核局机关各部门及下属单位信息化建设工作成效
	信息化管理部	负责信息化技术及行业信息化应用的研究，制订并实施全局信息化战略规划及信息系统类专项规划，编制局年度信息化工作计划，信息化专项预算并执行与落地；负责按照信息化规划制定相关信息技术标准及系统架构，包括应用架构、数据架构、技术架构、网络与信息安全防护等架构；负责构建全局信息化组织管理体系，建立并实施信息化管理制度；负责全局信息化项目集中建设与管理，包括信息化项目立项、需求分析、系统设计、开发、实施、测试工作；负责局全部信息系统的统一维护，权限管理、流程管理、问题分析、方案制定、用户指导；负责局信息系统的数据仓库设计、建立、维护及价值挖掘和应用开发；负责局全局IT基础设施规划、建设与运维管理，中心机房和局视频会议设施的巡检与技术保障等工作，包括网络硬件标准制定、采购、建设及管理；负责全局数据中心管理及数据备份工作，负责全局网络信息安全及涉密计算机运维管理等工作；负责局机关个人电脑运维、局一级视频会议技术保障及涉密计算机管理
公司	网信工作领导小组	落实局信息化工作要求，完成局信息化下达的各项指标；制定单位年度工作计划、预算；基于局统一架构负责开展信息化创新应用规划、开发、实施及保障；负责本单位信息化建设需求及项目立项审核；统筹协调本单位各业务线应用推广工作；负责对本单位分支机构信息化应用考核；负责单位信息化安全工作
	网信工作组	负责本单位信息化系统培训、指导、推广；负责业务系统问题的收集、整理、提出解决方案；负责应用信息技术提出管理优化工作，并制定系统应用规范及操作手册；负责新开项目信息化培训与交底，检查各系统应用效果、审核线上数据；及时维护系统基本档案等，做好本单位各子系统的用户、权限、流程等运维工作
项目部	业务工作小组	负责组织本项目网络建设、设备维护及信息化应用

（2）数据管理体系建设

1）基础数据标准建设

基础数据定义为描述核心业务实体（如客户、供应商、产品等）的一个或多个属性，是企业业务架构分析中的核心业务对象。基础数据存在于企业价值链核心业务流程的各个IT系统中，梳理和整合分布在不同部门、不同业务线的相关信息，找出企业信息中共性的、完备的基础数据标准是实现一体化系统的关键所在。五局在系统建设过程持续推进基础数据标准化建设，梳理55项基础数据标准、232项运营指标标准，并形成了统一的应用规范。

2）运营指标标准建设

根据中建集团管控模式，以五局实际管控为基础，落实法人管项目的要求，应用信息化技术，确保所有数据从源头来、报表业务来、决策系统来，实现"同一个数据项目只录报一次、各业务管理层所需数据只从系统中获取"的整体要求，架构五局数字化运营管理模型，创新提出了三层结构，即第一层为业务系统，服务项目管理者，实现业务过程管理，完成基础数据的采集，反应项目运营状况，第二层为报表系统，从各业务自动抽取数据，同时完善业务系统中无法采集到的数据，实现自动采集与手工补充相结合的方式，服务于公司及局管控者，第三层为决策分析系统，利用图形可视化界面，服务于公司及局决策者。

信息化以统一的集成平台与系统为基础，共用一套主数据，实现数据标准统一、资源集中与共享、信息互联互通。《中建五局运营管控标准化丛书》通过应用信息化，最终形成一套使用系统的应用规范，规范明确了哪些工作在线上做，哪些工作在线下做，并且解决了线上和线下工作标准，谁做、什么时候做、怎么做的问题。通过应用规范进一步明确了管理标准、组织职能与岗位职能及工作流程，将原有标准化与系统应用落到实处。

3）制定应用规范

《主数据应用规范》（五局企业标准）统一数据分类及其编码标准，实现主数据系统管理。数据是实现集成、集约化系统的基础，建立主数据管理体系是关键。五局围绕经济活动，梳理55个种类的基础数据作为五局管理信息化集成系统的主数据。对组织、客商、人员、物资分类库、项目编码等种类基础数据，按业务部门按层级进行统一分类，梳理权限指定责任人，制定统一的标准与维护流程，形成局统一的主数据体系。

《主数据应用规范》梳理业务管理职责，实现纵向与横向管理标准简化流程优化。五局坚持分层级管理，按层级厘清职责，在系统中明确权限，形成五局权限矩阵表。同时结合信息技术，简化纵向流程，清理不同层级流程，实现了流程统一编号、统一管理、统一规范、统一台账。

（3）业务管理体系建设

1）综合项目管理系统建设

中建五局管理信息化集成系统除以企业人财物管理建设的人力资源系统、财务一体化系统及协同平台系统的建设之外，还重点围绕项目层级综合项目管理系统的开发与建设。项目从施工项目市场营销立项开始，到中标承接、开工实施，到最终结算完成，涵盖各类现场管理行为，这些行为均围绕收入、成本及效益之间的关系开展。如何理清现场管理与收入、成本、效益间的关系，分析现有项目成本控制和创效管理是否合理和有效，是项目施工过程管理的重点。局项目管理信息化以五局研发的"项目成本管理方圆图"理论为依据，涵盖从市场营销、合同管理、项目策划及实施、工程结算到竣工验收的项目全过程内容。

2）"项目成本管理方圆图"模型架构

"方圆图"外圆内方，虚实结合，是一个既稳固又极具张力的几何图形。它在表现形式上是以"三实三虚""三方两圆"几何线条构成的平面图形，并在相应的区域赋予不同的代表色彩。它系统地表述了工程项目管理的全部管理要素，是根据工程项目的管理实践总结而来，是一个较为科学的工程项目管理几何模型，见图13-1。

3）硬件与网络系统建设

硬件网络是信息化建设的基础设施，也是当今云计算平台的IaaS层（Infrastructure-as-a-Service，基础设施即服务），特别对于建筑企业的信息化建设，如何保障分布在国内外分支机构能稳定运行，信息系统是难题。五局架构了统一的数据中心、VPN及MSTP专线、云服务器等组成的具备双机热备功能的硬

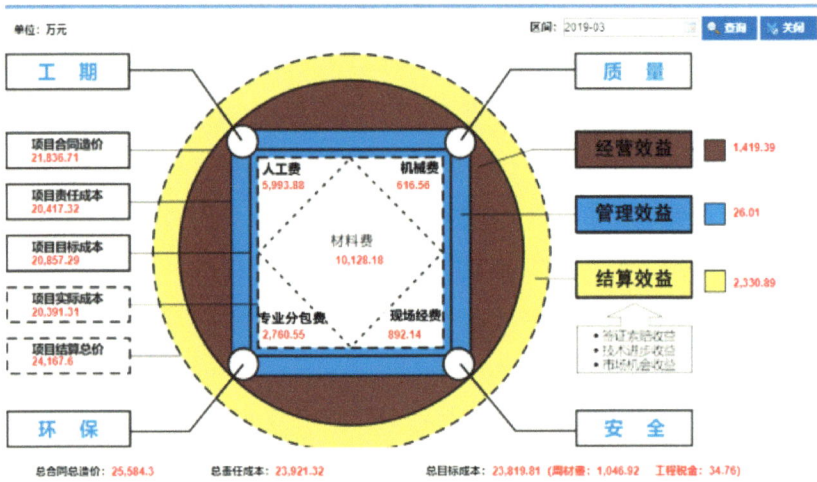

图 13-1　项目成本管理信息化模型图

件网络系统，确保五局信息系统在面临各种复杂条件下均能保证系统的稳定运行、数据的准确及安全性（图 13-2）。

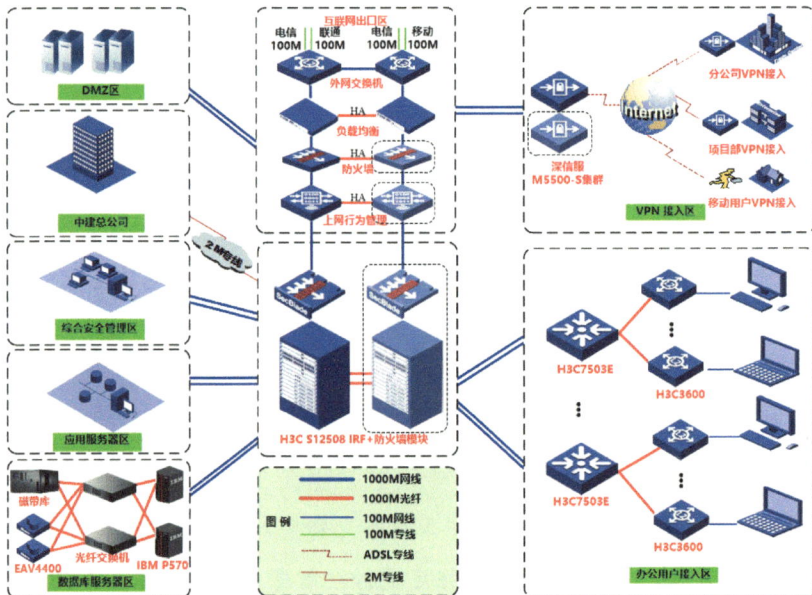

图 13-2　中建五局硬件网络拓扑图

2. 信息化管理实施

随着信息技术的快速发展以及新技术在各行各业的成熟应用，各用户对信息化的认知不断提高，对信息化的需求也不断增加，而原有的系统已很难满足用户需要。因此，在信息化管理阶段，需要不断将现有系统进行升级，不断引进新技术开发和建设新系统，满足企业级、公司级和项目级人员的用户需求。

（1）业务财务资金一体化建设

中建五局通过业务财务资金一体化体系的建立，把商务造价系统的人工费、材料费、机械费、周材费、专业分包款同财务核算会计科目的分类——对应，从根本上解决业务口径与财务口径对项目成本核算不统一的问题，所有的成本数据通过业务端发起并录入，利用信息系统推送至财务端生成凭证，既满足业务口径按 wbs 科目进行分析的需要，又满足财务口径按《企业会计准则》（建造合同）中规定的成本科目进行归集（图 13-3）。

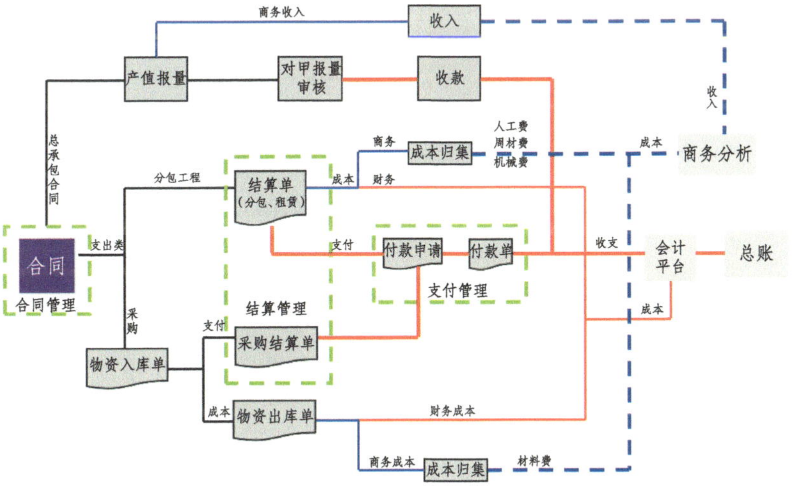

图 13-3　业务财务资金一体化逻辑图架构

为不断推进财务资金精细化管理，创新研究了"一单四用"表与图的管理模型。"一单四用"即从管理角度命名，按照财务对项目"用款额度"的审批管理，实现财务核算、分资管控、收付流量、过程成本等四个管理功能。

"一单四用"基于中建五局研究的施工企业"分资制"管理法，围绕建筑工程企业管理在企业层面的管理内容，强调财务资金管理方面"四个中心"的管理理念，即：企业管理以财务管理为中心，财务管理以资金管理为中心，资金管理以现金流量管理为中心，现金流量管理以经营活动净现金流量管理为中心的理念，充分利用信息技术实现"一单四用表""一单四用图""现金净流及应收账款"，进而实现资金预警管理（图13-4）。

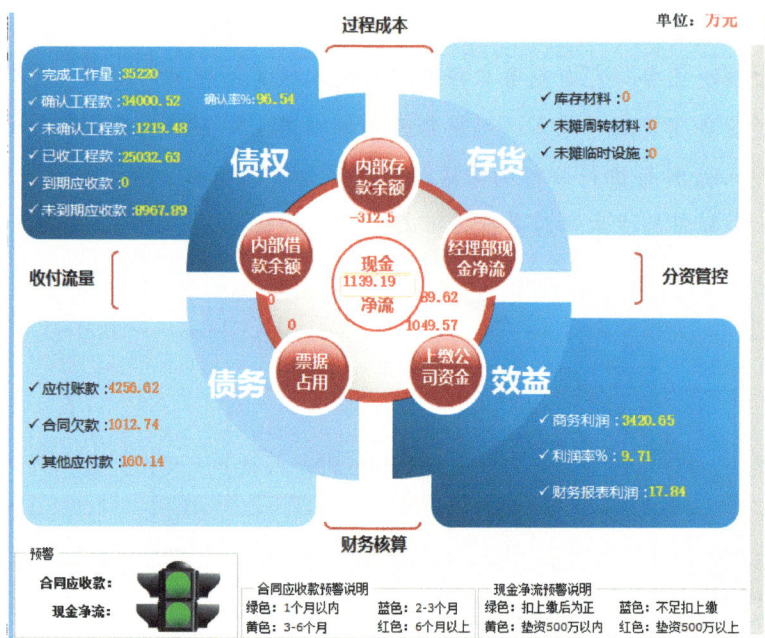

图13-4　一单四用模型图

（2）企业知识管理系统建设

数据分为结构化数据和非结构化数据，其中结构化数据是指存储在数据库表格中的数据，以报表的形式进行呈现；而非结构化数据包括文档、音频、视频等数据资料。在企业管理和项目建设期间，五局员工对于文件型数据的存储呈分散化趋势发展，即重要文件数据分散保存于 OA 系统、ERP 系统、FTP 或者个人的电脑中,不利于数据管理和安全维护。因此随着企业核心数据量的增加,如何将这些非结构化数据收集整理、统一维护,使数据与企业中的每一个人产生连接、实现共享,是建筑企业面临的一大难题。

为有效管理施工现场以及各业务管理层级在工作过程中所积累的文档资料、音视频资料、图片等非结构化数据,以及业务审批后形成的管理痕迹。中建五局搭建企业网盘的知识文档管理系统,利用后台数据中心的海量计算和存储能力,为企业提供基于企业内外部用户及数据的分发汇总、数据存储备份管理、在线协同预览编辑等知识文档管理服务。既能满足文档的存储管理要求,又能满足文档的最大化共享与利用(图 13-5)。

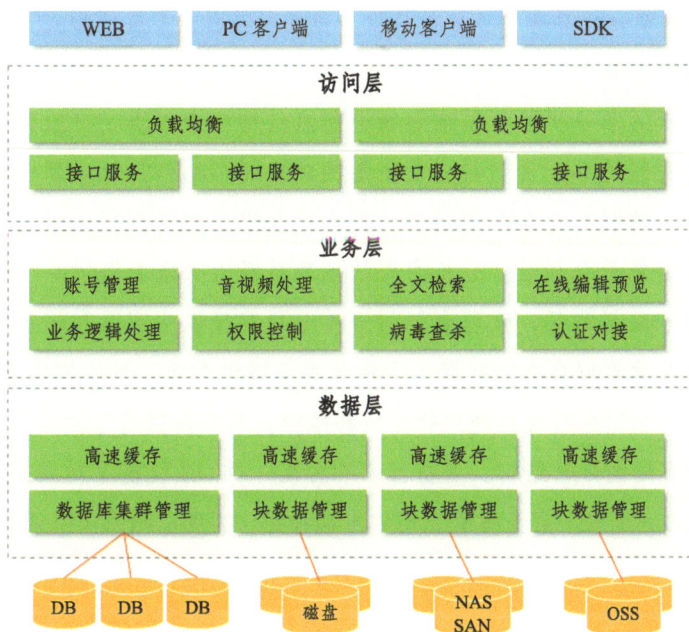

图 13-5 企业知识管理系统架构图

(3)数控中心建设

数控中心作为中建五局整体信息化战略的顶层分析系统,综合考虑局级、公司级各领导的管理分析要求,合理划分综合决策支持系统结构和功能,避免系统层级不清晰、数据不一致、数据共享差和数据指标定义不统一等问题的发生。

从数据层面，主要以后台数据仓库的基础数据作为数据源，在数据质量上保证"数出一门"；从用户层面，主要是针对企业的中高级管理层人员，覆盖局级、公司级各主要领导；从分析范围，主要包括战略分析、经营分析、财务分析、资源分析、项目运行分析以及风险预警。整个系统具备高效性、易用性及扩展性，快速响应中建五局各级领导分析需求，以及未来建设的扩展。

1）数控中心整体情况

依据中建五局的经营现状和管理需求，数控中心决策分析更加关注全局的重点经营指标预警、监控及分析，也包括对下属企业关键经营业绩进行监控；基于业务板块分类的关键业绩指标分析，也对决策辅助支持具有重要意义。中建五局的数控中心决策分析具有"多分析层级、多展现层面、多展现形式"的特点。

①多分析层级

主题分析的多分析路径要通过指标层级结构树来实现。按照分析主题涉及分析指标的关联关系，我们将分析主题构建成树形结构，从主题分析的核心分析指标开始，关联到几个分析指标，再由这些指标穿透到下一级关联指标，形成主题分析的若干个层级。分析主题的展现层级为管理者提供一个主题绩效指标纵深查询和分析路径，管理者能够沿着分析路径纵深穿透和挖掘更多的管理信息，发现经营管理存在的问题，为经营决策提供全面、系统的信息支持。

每个分析主题都有自己的分析层级和路径，系统提供通过树形目录结构图表示每个分析主题的分析结构。点击目录中的某一项，系统显示对应指标的下级指标，以此类推，可以一直显示到主题的末端指标，实现主题的多层级查询和分析。

②多展现层面

根据中建五局高层需求和基于数据来源有限性的考虑，主题分析中关键指标的分析和展现从组织层面上可分为局级、公司级两个层面。通过局层面业绩指标的展现，全面掌握全局各关键经营绩效指标的完成情况；通过公司级层面的展现，对板块内各企业的业绩情况进行对比分析，为全局经营发展决策提供信息支持；数据主要取自 IUFO 报表系统，以保证数据统计口径的一致。

两个展现层面为全局管理层面的管理者，针对管理重点的需求提供分析路径，也为管理者深入的查询和分析提供基础。

多展现层面通过页签方式实现。使用者可以在分析结构树的节点，通过点击不同的页签，展示相应组织层面业绩指标实现的情况。

③多种展示方式

中建五局决策分析系统针对各分析主题的不同内容设计了多种展示方式。

对于战略分析主题主要采用企业驾驶舱的方式进行展现，使得领导关注的指标可以一目了然；对于经营主题、资源主题等采用表格分析的形式，充分展示各指标的对比关系。根据企业管理的需求，分别展示本月、本月止累计的指标实现情况。

对于其他由指标组合形成的分析主题，则提供多种图形显示方式，使分析结果更加直观形象。我们将分析指标分为比率型、数值型和结构性指标三种，对每类指标可以根据不同的应用场景提供不同的展示方式。

2）系统架构模型设计

数控中心决策分析系统，以数据仓库作为数据基础，数据仓库指标数据自动从各业务系统抽取而来，实现业务到数据、数据到主题分析的自动化处理，实现对业务数据的实时掌控（图13-6）。

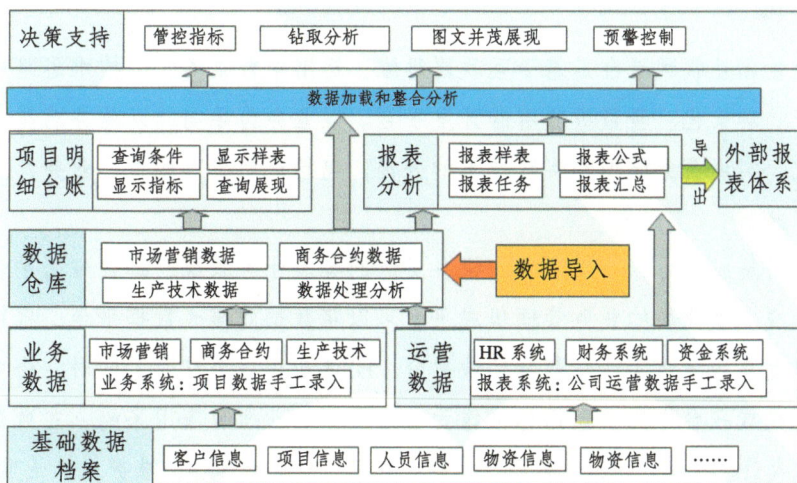

图13-6 数控中心决策分析模型架构

3. 数字化管理转型

随着移动应用、互联网、云计算、大数据技术的普及，中建五局在原有的技术架构上，引进了移动平台、互联网平台，由原有的"一库、一平台＋一端"扩展到"一库、三平台、三端"应用模式。一库指一个数据中心；三平台指原有的综合项目管理平台、移动应用平台、轻量化互联网平台；三端指传统的桌面端、轻量化端、移动端。既保障了原系统业务的可持续性，同时又发挥了原有系统较强的数据处理及关联功能，同时通过引进新的技术补充原有技术性能较慢、个性化不强、用户体验较差等来适应新业务的需求（图 13-7）。

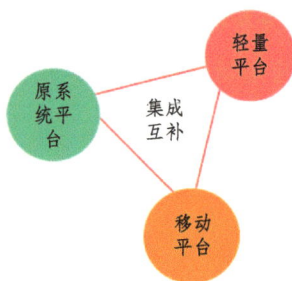

图 13-7　数字化管理集成架构

轻量化互联网平台是基于互联网思维、运用中台服务化的技术思路来实现多层级、场景化、轻量级应用的开发平台。以业务为导向，以业务功能服务化的方式，实现业务模型和实现技术的分离，包括应用集成能力、业务开发体系两个部分。

应用集成能力，主要体现在将多层级的各类业务系统、垂直应用平台进行有效集成。企业层的业务管理集成平台可以将数据对接大数据平台，也可以通过接口互通的方式实现与智慧工地平台、BIM 应用平台交互。同时，企业层业务管理集成平台中的主数据标准作为基础贯穿企业所有应用系统，主数据包括组织、人员、项目、物料、客商、库存、仓库、收发类别等，维护入口是唯一的。主数据标准之上，企业层业务管理集成平台还根据自身特点集成了财务、人力、供应链、综合项目管理系统等传统 ERP 业务功能，并将它作为后端支撑，与互联网轻量化平台的场景化应用进行数据互联。项目层的互联网轻量化平台基于微服务技术架构，开发的物资验收、资产盘活、资产跟踪、电子印章、分包管控类的零星用工和形象进度等场景化功能服务，实现与企业层业务管理集成平台的数据互通。随着互联网生态数据的接入，基于轻量化平台的移动开发能力通过集成微信小程序、应用系统 APP 等移动平台，实现供方门户、企业门户等生态协同化应用。最终各层级应用达到了有效统一、协同联动的效果，有效地集成在业务开发平台内。

应用集成能力，体现在能够将各层级各自的应用有效集成。企业层业务管理集成平台，即 ERP 集成平台、二次开发平台和运行平台，平台内各功能模块天然集成。轻量化平台应用，通过服务注册中心将关联的微服务有机集成，服务之间通过 Restful 标准接口通信，成熟可靠。轻量化平台开发的移动化、生态协同化应用通过五局云平台进行有效的集成和管理。

对于业务开发体系，企业层业务管理集成平台基于 ERP 二次开发体系进行功能维护与新需求开发。项目层级轻量化平台则是基于"小前端"+"大中台"的模式、基于领域驱动设计的思想来进行场景化应用开发。设计好领域模型以后，轻量化平台能够快速生成 Java 实现版本微服务的基础代码和微服务设计文档，完善好微服务业务代码后，微服务可以通过 CICD 的方式发布到 K8S 私有云平台，形成"大中台"中可复用的一个服务。

轻量化平台中的"大中台"可以分为"业务中台""技术中台""数据中台"。"业务中台"旨在将各个项目的共通业务进行下沉，整合成通用的服务平台，提供业务能力，目前开发了零星用工、进度计量、需用计划、资产盘活、资产跟踪、物资验收等业务服务。"技术中台"旨在避免重复开发，向各个项目提供通用的底层框架、引擎、中间件，目前开发了 JWT 统一认证、任务调度、异常处理、消息服务、流程服务、文件服务等技术服务。"数据中台"旨在整合散落在四处的数据，经过数据分析处理提炼，提供能直接使用的数据服务，五局搭建了大数据中台来实现数据服务化运营。

轻量化"大中台"微服务的开发，中建五局主要采用 Java 技术来实现，某些场景也使用 Python、Thirft 来实现。无论微服务采用哪种技术实现，对于服务调用者来说均能快速实现"小前端"的搭建。

"小前端"主要采用渐进式前端开发框架 Vue 来实现，并于中台微服务代码进行前后分离，通过服务接口访问，"小前端"可以是 PC 应用，也可以是移动应用，或者是数据分析应用。

（1）资产盘活应用

资产盘活应用通过建立企业内部的资产市场，发布可周转物资的信息，需求方可以通过在线市场快速查询项目所需的物资，进行沟通，订购。加快公司内部闲置物资的周转，盘活资产、减少资金占用。

项目在建设过程中购买的周转材料、小型机具等物资在工程结束后，仍有部分物资机具剩余，这部分物资的处置一直是管理上的难题，虽然此部分物资仍有周转利用价值，但专业的废旧物资回收公司却按照废品来低价收购；另外公司新开工项目都需要大量购买周转材料及小型机具，占用公司大量资金。物资部门在审批项目关于购买周转材及机具计划时，都会考虑是否有其他项目存在可周转物资满足项目需求，但由于对可周转的物资情况及分布信息不是十分全面，再加上掌握的信息时效性较差，收效甚微，也增加了管理成本和沟通成本。

资产盘活系统建立企业内部资产周转集市，加快企业可周转资产流通，盘活企业资产；支持资产上架、预定以及可周转资产的快速查询；支持机具类资产的周转归集查询；支持企业可周转资产及资产流通分析。

（2）拍照验收深化应用

拍照验收应用通过移动应用拍照记录验收过程，自动生成验收单及验收台账，通过系统打印带有唯一二位码的验收单，能够识别验收单真伪，快速对账。系统提供验收与入库数据的对比，快速查询存在偏差物资，通过系统追溯验收过程，查找原因，避免项目损失。

根据管理要求，物资验收时，需要由收料员组织质量、施工及分包队伍相关人员共同对物资质量、数量进行验收，记录验收过程并签字，并将验收单到提交库管员，进行入库账务处理。在实际业务操作中，会出现相关人员未按要求到场验收、验收票据丢失、验收与入库数据不对应等一系列问题，给项目带来损失。由于验收、入库数据量较大，加之缺少快速有效的查询分析工具，在出现问题时，也给查找原因和追责带来了不小的困难。

拍照验收系统支持移动拍照验收，记录验收过程；通过系统自动生成验收台账，支持验收单打印；通过扫描验收单上二维码，快速识别单据真伪，实现快速对账；实现验收与入库数据对比，快速分析偏差，避免项目损失。

（3）分包过程管控深化应用

分包过程管控包括零工管理、形象进度上报、编制是结算自动管理零工与形象进度确认，实现分包过程线上管理与协同。

零星用工部分业务在管控通过 OA 办公平台实现，没有移动应用支持，只能业务发生后在 PC 系统内进行补录，容易出现录入不及时等问题，并且 OA 平台中的数据并未与 ERP 结算打通，造成业务人员重复录入，增加工作量。形象进度上报工作与分包队伍协同还未在系统内实现，接收分包队伍上报形象进度后，需要在 OA 中录入系统后经相关人员审核，因为未实现移动应用，相关人员不能及时地确认形象进度，加之为与 ERP 系统集成，造成业务人员重复录入，增加工作量。

借助信息技术手段，在轻量化平台建立企业分包结算深化应用系统，实现现场发生现场记录、审批，解决合同外用工管理不规范，结算不及时，控制合同外费用；实现形象现场拍照上报、审核实现与 ERP 系统打通，解决数据重复输入问题。分包过程管控通过建立企业内部零工过程管理，实现现场发生现场记录、审批；建立形象进度上报、审核，实现移动应用现场确认进度；支持零工、形象进度的台账及进展状态管理；支持零工、形象进度与 ERP 结算打通、支持反向联查。

4. 未来数字化战略推进

数字化升级是企业实现高质量发展的必经之路，是提高企业员工工作效率、盈利能力，打造低成本竞争优势的重要手段。未来中建五局数字化建设将持续做好顶层设计，构建企业统一的数字化管理平台，服务企业战略、赋能企业发展。主要包括"局业务管理体系、数据管理体系及 IT 技术管理体系"的升级三个方面。

数字化与智慧建造
Digitalization and Intelligent Construction

（1）升级局业务管理体系

数字化升级的本质特征是用数据驱动打破部门之间，上下层级之间，岗位之间的壁垒，实现数据的互联互通，信息共享、业务全过程闭环管理，减少信息传递节点，缩短管理链条，堵塞漏洞，提高管理效率、降低管理成本；打造互联网思维，改变原有管理模式，用信息化重塑管理流程，促进企业管理升级，主要包括五类业务管理升级。

1）加快项目管理轻量化研发与应用，促进项目成本过程管理升级。近三年以来围绕项目物资与分包业务的全过程不断探索轻量化与移动化应用，用数据驱动打通业务数据链，实现了各场景、各岗位及供方之间信息互联互通，也正在逐步优化业务管理流程及岗位工作内容。下步要继续加大力度完成项目管理分包、物资、设备与周材租赁四类核心业务全过程管理轻量化应用，打通项目各业务场景，实现数据共享报表自动生成，提高项目综合管理水平，降低管理成本。

2）加快业财税资一体化建设与应用，促进企业人财物资源管理升级。进一步完善商务管理、财务资金系统功能，提高用户体验，加快实现与股份财务一体化平台的对接，实现业务与财务之间高效协同，逐步实现业务到财务到支付的闭环管理，财务从事后核算到事中预控的转变，用财务倒逼业务精细化管理。同时加快完善人力资源、市场营销、物资采购等系统功能，实现上下层级人、财、物业务信息的互联互通，高效协同，提高集约化管理水平，积累生产经营大数据，真实及时反应局运营情况，提高局资源配置能力，提升企业运营品质。

3）加快大数据平台建设与应用，促进局风险管控能力升级。一方面识别不同层级不同业务关键风险管控指标，架构风险管控模型开发大数据应用平台。充分应用信息系统及时动态收集各业务数据，根据管控模型自动计算、预警及控制，逐步实现应用数据在线监督替代流程审批，减少审批节点，压实责任，提高决策效率，降低管控风险。另一方面加快各类资源库的建立与应用，如市场营销业绩库、材料价格库、供方资源库、知识管理库等，并应用 AI 智能分析服务过程管理，提高管理品质。

4）构建中建五局生态信息平台，促进产业链协同管理升级。未来企业资源优势也是企业核心竞争力优势之一,一方面五局积极探索内部数字化平台向相关方外延,为相关方提供数字化服务平台,实现企业之间的高效协同,降低沟通成本,应用数字化服务平台不断积累生态资源,发挥局生态资源优势。另一方在积极探索连接社会公共平台,应用社会数据资源服务于生产经营,提高生产效率。

5)积极探索项目智慧工地平台建设,促进项目建造自动化水平升级。随着项目人工成本不断增加,下步将积极探索机器人在施工过程应用,充分应用物联网技术在风险预控的应用,降低项目现场管理风险。

(2)升级数据管理体系

数字化升级本质是实现数据采集自动化,打通内部业务数据,获取外部数据,实现数据一次采集,共享使用,用数据服务业务辅助决策。但数据真实、准确及完整是数字化升级基础,为确保数据可用,需升级数据管理体系,主要包括统一数据标准与口径、制定数据治理体系及架构数据应用模型三部分内容。

1)统一数据标准与口径

以已使用的 55 项基础数据及 232 项项目指标数据为基础,结合各业务部门报表与数据分析需要,进一步升级局数据标准及基础数据应用规范,统一各数据定义及口径。明确有满足上级管理诉求的数据,做到管理数据与实际运营数据分开。

2)制定数据治理体系

数据治理是用好企业数据、挖掘数据资产价值的重要手段,坚持数据"谁产生,谁负责"的原则,建立数据治理组织,明确各数据主责部门,责任部门需对数据质量、数据逻辑进行校验与审核,明确数质量管理及授权管理。

3)架构数据应用模型

数据的应用最终体现在数据应用模型上,数据应用模型主要分为报表类与指标主题分析类。一是架构总部横向各部门报表与分析指标,实现横向数据互联互通;二是架构局、分子公司及项目不同层级报表与分析指标,确保数据统一及互联互通;二是架构事业务部组织数据报表与分析指标,实现各事业务部所需数据与各分子公司及项目数据互联互通;四是架构管理数据报表与分析指标,做到管理数据与源数据分开。

（3）升级 IT 技术体系

主要包括技术平台、IT 治理体系及 IT 基础设施三个方面的升级。

1）统一架构，升级数字化集成平台

中建股份在"十四五"期间将统一建设中建股份互联网平台及各业务系统基线部分内容。五局数字化升级需要满足中建股份信息化统一规划，故五局数字化升级采用引进新平台推进新业务研发再逐步升级原平台的策略进行平台升级。

统一一个架构：以互联网技术架构为支撑，实现与中建股份、五局相关方及内部平台的互联互通、生态开放协同；

建立一个数据中心：以资源配置管理为核心，实现全局数据统一标准、统一管理与统一应用，形成五局各类资源库服务生产经营；

研发四个业务平台：以平台技术组件为基础，不断研发业务财务资金一体化平台、智慧工地平台、BIM 平台、大数据服务平台创新应用以满足不同业务系统开发需要；

开发 N 个系统：满足项目基层一线需要，以场景化、轻量化开发不同岗位工具类软件；满足业务管理需要，以人、财、物为核心优化业务财务资金一体化管理软件；满足局管控需要，以风险管控为重点开发不同管理层级运营管控模型分析系统；满足供方在线协同需要，以信息共享为基础开发不同业务场景工具类软件。

2）完善组织，升级 IT 治理体系

按照中建股份公司对网络安全新要求升级信息化组织建设、完善信息化标准及信息安全管理。加强地产、投资、设计院等专业公司信息化的统一管理。

一方面加强组织体系建设。建立三级网络安全和信息化工作领导小组，明确单位主要党委书记、董事长任组长，总经理任常务副组长，公司党委常委任副组长，成员由各部门负责人组成，制定机构运行机制。坚持"自我运维为主、技术外包为辅"的模式。全局组建不少于200人的运维服务及开发技术团队。在局信息化管理部下组建信息中心，负责信息化技术研究、系统建设开发、系统运维工作，提高全局信息技术服务能力。二、三级单位设立独立的信息管理部，并由局信息化管理部统筹管理，切实提高基层信息化服务能力为项目做好信息化应用保障工作。选拔高素质业务骨干组建信息化创新团队，在创新中培育既懂业务又懂信息技术的复合型人才，加强横向联动，推动公司信息化体系全面提升。

另一方面加强信息化标准及网络安全建设。以局信息化标准化手册为基础结合未来五局信息化管理体系建全进一步完善信息化采购、项目管理、开发、实施、运维管理及网络安全管理，进一步建立健全信息技术数据标准及技术接口标准。

3）使用混合云，升级 IT 基础设施

基于目前私有云的基础上，逐步探索混合云的模式。逐步将离散的大数据应用的智慧工地物联网相关的系统、辅助类的应用系统、移动终端应用类系统向公有云进行转移。最终形成数据私有化，应用云端化的模式，从而提供更大灵活性和更多部署模式，降低成本。

总结展望

1. 实施效果

信息化规划建设阶段，中建五局建立局、子（分）公司、项目三层级信息化管理体系，明确以主要领导为核心的信息化领导小组，组建以各部门负责人、业务骨干为主要成员的信息化工作小组，为信息化建设提供了运营组织保障；建立统一的基础数据标准、运营指标体系，并制订统一的数据应用规范，规范数据分类及编码标准，为信息化建设提供了数据管理保障；构建以成本管控为核心的项目成本管理信息化模型，为信息化建设提供了业务管理保障。

信息化管理阶段，中建五局围绕企业人、财、物等经济活动，构建财务业务管理模型，即"一单四用表"及"一单四用图"，解决了财务与业务口径不统一，管理与信息技术融合度不高的问题。完成企业知识管理架构的建立，实现非结构化数据的共享，积累企业管理经验；初步完成局、子（分）公司、项目层级数据管理模型的搭建，为大数据平台的研究与应用奠定基础。

数字化管理转型阶段，中建五局利用以微服务架构为基础的轻量化技术，实现产业链相关方业务在线协同，解决项目之间物资调拨困难的问题，实现可周转物资信息实时共享，加快公司内部空闲物资周转，减少资金占用。同时积极探索"BIM 建造"和"智慧工地"在项目现场的应用，利用物联网技术实现对人、机、料、法、环等各要素的精细化管理，逐步提升项目整体管控能力。

经过十多年的发展，中建五局项目研究取得多项技术成果，先后经过 9 次外部专家评审与鉴定，共出版两本专著，取得六项软件著作权，在《施工企业管理》及《IT 经理世界》等刊物公开发表学术论文 12 篇，连续两年（2014 年～2015 年）被中施企协推荐为"工程建设行业信息化推荐案例"，近十次在大型建筑行业会议上做经验交流，先后与国内建筑工程企业如中交一航局、中建科工、中建交通、中建南洋、省六建等 50 家系统内外知名企业开展学习交流，推动行业信息化的发展。

2. 未来展望

当前中建五局正沿着数字化、网络化、智能化的进程发展，走出一条由信息化企业到数字化企业，再到智慧型未来企业的数字化发展路径。"未来企业"坚定走数字化道路，将云计算、大数据、人工智能等新技术的融合，构建一套可执行的战略规划，数字化运营将呈现规模化，企业的创新将比传统业务更加快速。

"十四五"期间，中建五局将数字五局作为未来五到十年数字化升级发展目标，即在"三化融合"的基础上，按照"统一规划、统一标准、统一建设、统一管理"的原则，坚持"总体规划、分步实施、自我主导、技术外包、创新应用"实施路径，逐步实现"集团管控集约化、业务管理高效化、资源配置精细化、生态协同平台化"的四化目标。

（1）实现全局数据互联互通

数字化是一个持续优化与完善的过程，未来中建五局具备组织数字化转型的基本能力，通过技术驱动和管理协同的运用，越来越多的数字化项目应运而生，各项目数据自下而上传递至直管项目部、子（分）公司、事业部、局，激发向数字五局发展的内生动力。各层级实现信息互通、数据共享，满足企业多组织高效运营管控需要。管控决策层和业务管理部门可以通过局、子（分）公司运营看板有效监控企业运行状况，利用运营报表、图形化展示以及业务穿透，实现企业风险预控管理。

（2）实现业务与财务全链条打通

中建五局财务一体化平台由中建股份统一部署，目前还没有与中建五局现有业务系统实现数据与业务的集成，在应用过程中给基层带来一定的重复工作。在未来，将实现两个系统主数据和业务单据互联互通，主数据包括组织、人员、部门、客商、项目、科研经费；业务单据包括合同、结算、收付、出入库等 32 张单据。主数据和业务单据按照统一规则、统一标准、统一数据源的原则进行集成，解决项目操作层多系统应用、数据重复录入、耗时长等问题。各岗位只需在业务系统中完成一次业务办理，即可实现数据及业务单据自动流转，业务管理台账、财务凭证、报表自动生成。

通过业财融合建立上下游供应链管理，保证业务单据唯一，数据准确、及时，例如：项目物资验收从需求到订单、从订单到供方接收、供方发货、项目拍照验收、供方领料、结算、支付等全链条实现线上管理。在付款方面，系统自动控制超合同额结算，超结算付款，累计结算额超过合同金额则不允许办理结算，付款金额大于累计欠付款金额则不能完成支付；项目付款以收定支，保障项目现金流稳定，为项目、公司、局高质量发展提供有力保障。

（3）实现项目智慧建造与运营管控

通过对智慧工地平台和 BIM 技术的深度应用，实现人与技术、人与机器共同协作，形成不受时空限制的工作模式。各类复杂工作任务实现在线办理，包括工期、质量、安全、环保、成本等方面，项目管理人员通过移动端、PC 端的应用，达到业务替代。通过协调员工、业主、供应商之间的连接方式来创建无处不在的交互体验。进一步加强数字化项目建设，完善项目指标化工具的优化改造，坚持"技术驱动、管理协同"的方式，加强数字化项目建设。以数字化项目为依托，快速、准确获取项目建设中的实际数据，强化项目过程管控，优化局、公司、项目三级管理体系。运用物联网技术分级部署智慧工地平台，实现项目实际生产、安全监测和应用的各项数据集中管理，为项目的日常办公、管理决策提供数据支撑。

14 探索
项目智慧工地管理案例

介绍重庆轨道交通 5 号线北延伸段工程，以"1+5"智慧工地建造管理体系为根本遵循，综合党建、商务、技术、生产、财务业务信息系统，引进智能检测、监测系统，探索"BIM+MIS+IOT"（建筑信息模型＋管理信息系统＋物联网）新型智慧建造模式。

工程概况
智慧工地基础建设
智慧工地平台建设
智慧工地平台应用
总结展望

数字化

Digitalization and Smart
Construction Management of
Construction Enterprises

工程概况

重庆轨道交通五号线北延伸段工程（以下简称五北延项目）呈南北走向，主要位于渝北区及两江新区，线路起于园博中心站（不含），接五号线一期工程终点，终于悦港北路站，位于秋成大道与悦港北路交叉路口南侧。线路主要沿秋成大道地下敷设，全长 8.639km，其中地下线长 8.440km，高架线长 0.199km。共设 7 座车站，均为地下车站（明挖车站 5 座，暗挖车站 2 座）。平均站间距 1.234km，最大站间距 1.469km（甘悦大道站～鲁家沟站），最小站间距 0.722km（鲁家沟站～中央公园西站），沿线分别与十号线、十四号线换乘。在线路终点设狮子山停车场一座，占地约 29.09ha。

智慧工地基础建设

建筑业是一个安全事故多发的高危行业，五北延项目线路较长，工点多，工人来自各个城市地区，部分人员安全意识淡薄、作业能力及素质参差不齐。为规范人员进出考勤，优化作业环境，杜绝外来人员对作业区域造成不利影响，同时提高安全交底技术交底的效果，提高工作业务水平，五北延项目在各个已开工点，统一策划、统一标准、统一设置的"三箱两室一通道"，通过标准化的建设及管理，规范劳务实名制、安全技术交底、安全教育等制度，并作为项目智慧工地应用的主要载体，发挥着重要作用（表 14-1）。

基础建设分布表　　　　　　　　　　　　　表 14-1

工点	三箱	现场会议室	盾构监控室	实名制通道	VR 体验馆（安全质量体验馆）
园玉区间	√	√		√	√
玉河沟明挖车站				√	
玉甘区间				√	
甘悦大道明挖车站				√	

续表

工点	三箱	现场会议室	盾构监控室	实名制通道	VR 体验馆（安全质量体验馆）
甘鲁区间				√	
鲁家沟暗挖车站	√			√	
鲁中区间				√	
中央公园西明挖车站	√	√		√	√
中椿区间				√	
椿萱大道明挖车站	√	√	√	√	
椿悦区间				√	
悦港大道暗挖车站	√	√		√	√
悦悦区间	√			√	
悦港北路明挖车站	√			√	
出入段区间				√	
停车场 1 标	√	√		√	√

1. "三箱" 的建设及应用

"三箱"分别为：茶水亭、智慧工地应用园地、安全宣讲台，设置于现场入口处。茶水亭内设 4 张"一桌四椅"的连体餐桌，用于作业人员休息，设液晶电视机，用于播放电视节目等相关内容娱乐身心。智慧工地应用园地设置 2 台触摸式一体机及液晶电视机，主要用于智慧工地建造管理平台管理数据的展示及安全、技术可视化交底。安全宣讲台用于作业人员日常安全教育及班前安全教育（表 14-2、图 14-1、图 14-2）。

"三箱" 设备及配件清单   表 14-2

序号	产品名称	性能参数	单位	数量	备注
1	电视机	65 英寸 4K 高清 HDMI，U 盘	台	2	智慧工地应用园地
2	触摸一体机	卧式带支架，55 英寸触摸屏 i5 4G 120G，HDMI	台	2	
3	电动门	自动感应，无框全透明	套	1	

续表

序号	产品名称	性能参数	单位	数量	备注
4	无线路由器	传输频段，2.4GHz 频段 5GHz 频段，速率 1300M	台	1	智慧工地 应用园地
5	HDMI 线		根	2	茶水亭
6	电视机	43 英寸 4K 高清 HDMI，U 盘	台	1	
7	连体餐桌	蓝色，一桌四椅	套	4	
8	饮水系统	商用开水器，直饮水机	套	1	
9	立式宣讲台		个	1	安全宣讲台

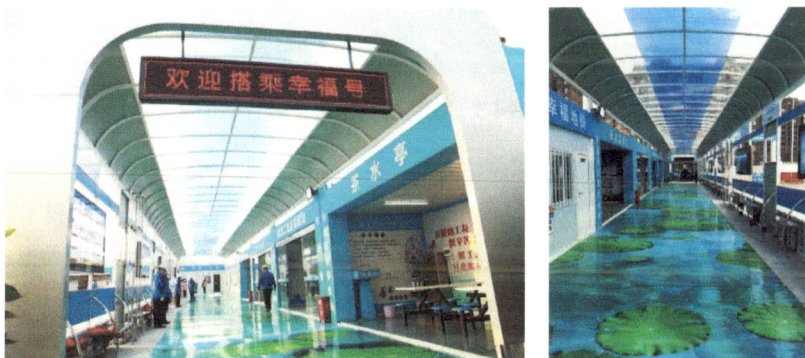

图 14-1 "三箱"整体布置图

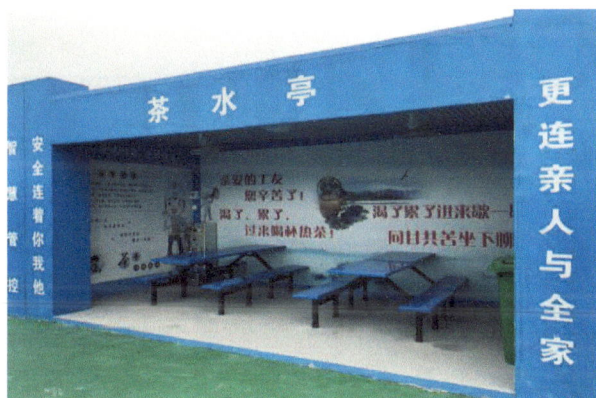

图 14-2 茶水亭

　　智慧工地应用园地的可视化交底是在传统技术交底之上，通过 BIM 建模将工程交底内容制作成可视化交底视频或 720° 全景视图，并以视频播放、二维码等多媒体方式面向技术管理人员、一线施工人员交底（图 14-3）。

图 14-3　智慧工地应用园地

　　五北延项目的班前安全教育及安全技术交底已形成了一种固定的模式。班前安全教育根据人员到场情况，分班组分批次进行，做到当日进场人员全覆盖。每日上班前，由班组长组织操作人员在安全宣讲台处集合列队，扫二维码签到并获取安全教育资料。随着开工以来"班前安全教育活动"的持续开展，一线作业工人的不安全行为得到极大的控制，作业人员的安全意识也逐渐转变，开始主动了解和重视安全生产并积极地配合起了项目部的安全生产管理工作（图 14-4）。

图 14-4　班前安全教育

2."两室"的建设及应用

"两室"分别为：现场会议室和盾构监控室，各标段在施工现场均设置现场会议室，并为智慧工地管控室和会议室配置显示设备、扩声设备、LED屏及会议桌椅，显示设备采用LCD液晶拼接屏，除具备会议功能外，也具备现场监控的查询展示功能（图14-5、图14-6）。

图14-5 现场会议室

图14-6 盾构监控室

3."一通道"的建设及应用

"一通道"为实名制通道。实名制通道设置3道闸机、4台人脸识别机、2台液晶显示屏、1组行为安全之星奖品兑换柜、1组机械操作工手机存放柜、1组安全帽存放柜。兼具门卫室、实名制考勤、安全帽存放、行为安全之星奖品兑换、机械操作工手机存放等功能,是工地现场的重要"门面"。

实名制通道为项目管理人员及操作工人进出的唯一通道,是劳务实名制管理、人员出勤记录、登记考勤的主要场所,设置了一名安保人员进行日常管控。五北延项目要求所有人员必须从实名制通道刷脸进出,特别对于项目领导及管理人员,人脸识别系统的统计数据作为领导带班、现场值班考核的主要依据(图14-7、图14-8)。

图 14-7　实名制通道

图 14-8　人脸识别闸机

智慧工地平台建设

1. 平台总体目标

　　通过智慧工地平台建设，进一步落实企业安全生产责任，提高监管部门对工程现场的远程管理水平，加快项目对工程现场安全隐患处理的速度。将计算机技术与物联网应用相结合，通过人脸识别技术、视频分析技术、物联网等技术，并结合移动端 APP，实现对现场施工人员、设备、物资的实时掌控，有效获取人员考勤、机械故障、违规操作信息，及时发现遗漏异常行为，实现自动化监管设施智能联动，提高应急响应速度和事件的处置速度，变"被动式"管理为"主动式"智能化管理，有效提高施工现场的管理水平和管理效率，构造一个信息共享、集成的、综合的工地管理和决策支持平台，实现经济和社会效益的最大化。

2. 平台设计思路

　　对于智慧工地平台的建设，绝不应该是对各个子系统进行简单堆砌，而是在满足各子系统功能的基础上，寻求内部各子系统之间、与外部各智能化系统之间的完美结合。系统主要依托于综合安防管理平台，来实现对众多安防子系统的统一管理和控制，通过综合管理平台建设后实现统一数据库、统一管理界面、统一授权、统一权限卡、统一安防管理业务流程等，同时考虑将各安防系统资源作为信息化基础数据，满足项目管理的业务需求，辅助业务流程优化。

3.平台整体架构

智慧工地平台基于中建五局"1+5"智慧工地建造管理体系标准，结合重庆轨道集团职能部门出台的相关建筑工程质量安全监督管理业务标准、实际管理要求，运用物联网综合应用技术建设而成。智慧工地平台结合BIM、大数据、云计算、物联网、人工智能等先进成熟技术，采用结构化、模块化等架构形式，具备扩展性和先进性。平台的开发主要基于项目生产技术及管理需求，以BIM为核心，采用"BIM+MIS+物联网"的信息化集成管理理念。基于物联网等技术，融合智能检测、监测、监控系统，实现前端数据自动采集、中端数据自动传输、云端数据智能分析的监测预警功能。系统规划"APP端+WEB端+LED大屏展示"3个终端，实现集成式三维可视化智慧工地管理。系统预留不同技术架构的数据接口，具备良好兼容性和开放性。系统采取有效管理措施和技术手段,保证系统和数据安全,具备安全性。五北延项目各工点前端设备采集数据，通过电信专线汇聚到总承包项目部中心机房的中心交换机，与本地服务器（应用、存储、行为分析、视频监控）组成一个局域网，连接防火墙，通过电信互联网专线汇聚公网，与平台进行数据对接。

4.平台主要功能设计

（1）内控管理

1）成本管控

成本管控利用中建五局项目综合管理系统实现，项目商务线条确保数据及时性与准确性。

2）知识空间

知识共享主要包括四大部分：统一存储管理、内容授权管理、安全管理和协作应用管理、大文件传输，并支持二维码及多文件格式打开（CAD\WORD\EXCEL等）。项目各线条需要统一结构树目录,确保数据的统一管理及方便查询。

（2）生产管控

1）进度管理

建立工程分类字典、WBS分部分项字典。在实际施工过程中，将已开工点信息进行录入，针对工点编制每周执行的工作计划任务，计划任务会自动推送到工点负责人的手机上，在手机上完成施工记录，所有管理人员可以通过电脑和手机随时查看现场施工动态。系统自动生成日报、周报并推送给相关人，让全员掌握整个项目的生产进度状态。能针对关键线路的关键节点工期，实现进度偏差点对点预警信息推送。可进行生产任务相关信息在平面地图上的信息关联，信息展示等功能。

移动APP端信息浏览、任务接收与跟踪、生产信息采集、项目动态发布、日/周等报告查询功能。

2）安全管理

主要功能包括：安全检查计划、隐患排查整改复查、整改回复单自动生成、自定义表单格式、现场快速检查、责任区域平面图、平面图隐患分析、大数据分析、法律法规资料库。

实现安全管理业务在线化协同,过程资料电子化。以安全管理平面图为核心，划分管理区域，俯瞰分析隐患重点区域、作业集散程度，现场情况安全可视化。可快速建立检查计划，也可基于分部分项或进度安排制定，整体采用PDCA原则设计，明确检查、整改、复查责任人，过程协同，自动生成隐患整改单。统计行为安全之星评比情况，把传统的负向惩罚变成正向激励，提高现场人员安全意识。

通过移动端APP，记录现场安全检查信息，达到数据记录和数据发生场景的统一。问题自动推送责任人及主要领导，快速完成资料交圈。通过平面图标记功能，相关人员快速明确问题发生区域，并可以通过平面图分析项目安全管理情况。安全资料库随时查询，现场查询对应法律法规，协助管理人员发现并解决问题。

3）质量管理

主要功能包括：质量检查、质量验收、实测实量。

自定义、多维度基于分部分项工程和工程平面图制定检查任务，定时推送相关责任人，督促完成领导交代的工作。自定义表单格式，满足各层级需求，同一个记录可以打印不同格式的表单。现场质量验收实现线上化、数字化管理，过程数据留存，数据可追溯。针对数据进行统计、处理、分析。针对问题数据进行预警，推送给相关责任人。

通过移动端APP，记录现场质量检查信息，达到数据记录和数据发生场景的统一。问题自动推送责任人及主要领导，快速完成资料交圈。通过平面图标记功能，相关人员快速明确问题发生区域，并可以通过平面图分析项目安全管理情况。质量资料库随时查询，现场查询对应法律法规，协助管理人员发现并解决问题。

4）劳务管理

劳务管理运用人脸识别技术建设工地现场实名制考勤管理系统。

采用人脸识别＋闸机的方式，通过安装人脸识别一体机设备实现人员进出控制。人脸识别系统实时处理分析摄像头的视频数据，并与底库中的人脸特征值进行比对，比对成功则触发闸机放行。劳务实名制信息采集可用后台统一导入或手机APP现场采集方式实现。

5）物料验收

物料现场验收管控系统，针对项目材料关键的进出场环节进行全方位的管控。利用软硬件结合，通过互联网手段，排除人为因素，堵塞管理漏洞，提供准确及时而多样的数据分析来支持管理决策，从而达到节约成本提升效益的目的。

（3）监测预警

1）视频监控

视频监控采用高清视频监控设备，通过无线、有线等多种方式传输视频信号，通过智慧工地平台实现与重庆市建委、重庆市轨道集团、五北延项目进行视频信息传输。实现视频监控管理功能，查看项目全部视频监控位置的实时监控直播，方便管理人员直接了解现场监控情况。

2）环境监测

利用安装在工地主出入口的扬尘噪声监测系统实时监测工地的扬尘、噪声和空气温湿度等的变化情况，并可以附加联动装置控制工地的喷淋降尘系统，在系统监测到扬尘超标时，可与现场喷淋系统对接实现自动进行喷淋降尘。所有监测数据可通过无线通信系统直接发送至云端系统平台，在安装有线网络摄像头时，可对扬尘监测设备周边的环境进行实时监控。

3）塔式起重机监测

塔式起重机安全监控系统通过塔式起重机黑匣子实现对塔式起重机运行状态全过程实时监测，主要监测塔式起重机的运行状态检测、变幅限位、高度监测、载重量监测与超载限制、防碰撞、区域保护预警与限制、风速报警、GPS 定位、GPRS 远程数据传输、传感器故障检测等，实时将塔式起重机运行全过程数据留存并传输至塔式起重机黑匣子上，不但有效预防塔式起重机超重超载、碰撞、倾覆等安全事故隐患，让安全看得见，事故可留痕、可追溯，控防"物的不安全状态"，可扩展人脸识别模块，利用高端生物人脸识别技术，实现特种设备操作人员的规范管理，杜绝"人的不安全行为"（表 14-3、图 14-9）。

塔式起重机主要配件及主要功能　　　　　　　　　　　表 14-3

配件名称	实景照片	主要功能
主机		包括：转角、吊重、风速以及起升、变幅的模拟量输入，内含物理存储卡，能够实时记录，至少可存储周期为一年的数据信息，存储塔式起重机的各种运行状态、操作记录等。主机箱内的处理器实现了塔式起重机的高度以及幅度限位功能，以及风速检测与报警，该模块可扩展无线通信模块以及 GPRS 模块，用于塔式起重机防碰撞以及远程监控
显示器		系统显示器采用 7 寸彩色触摸屏。显示器主要功能是显示以及输入，实时显示塔式起重机的各个运行数据及报警状态，在装拆模式时显示塔式起重机倾斜角度及销轴在位状态，以及系统故障信息
重量传感器		智能采集当前吊重值

续表

配件名称	实景照片	主要功能
幅度传感器		智能采集小车幅度数据
高度传感器		智能采集吊钩离地面高度数据
回转传感器		智能采集塔式起重机当前回转角度值
倾角传感器		智能采集塔式起重机当前倾斜角
风速传感器		智能采集塔式起重机当前风速值
无线通信模块		群塔通信数据传输，预防交叉作业时碰撞隐患

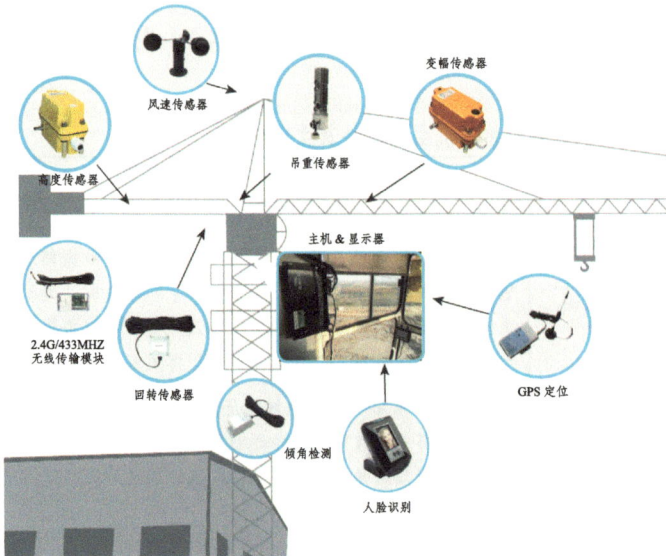

图 14-9 塔式起重机监测系统整体构架图

（4）BIM 应用

数字模型浏览主要功能定位为操作简单、快速查看。模型经过轻量化处理上传平台，通过浏览器、手机等终端快速、高效地浏览模型，从而避免操作复杂、占用计算机资源的 BIM 工具软件。模型浏览要求实现多种旋转模式（动态旋转、自有旋转、约束旋转）、平移、缩放、剖切（zx 轴切面、zy 轴切面、xy 轴切面）、漫游（虚拟方向键、漫游速度调节）、测量（点到点、点到线、点到面、线到线、线到面、面对面）、复位、全屏、构件分类查看、属性信息查看、视图保存等基本功能。

（5）智慧党建

智慧党建以现代化信息技术为支撑，将传统党建工作与互联网理念相结合，打造"互联网＋党建"的新模式，建设集宣传、管理、学习、服务、互动、监督等功能于一体的智慧化平台。

党员档案：党员电子档案库，党员共享，找人迅速，一键通话；

党建要闻：党建新闻直播间，随时随地掌握最新党建要闻；

通知公告：党内通知公告栏，快速传播党内通知公告；

党内公示：党内公示栏，宣扬表彰优秀人物与事迹；

微党课：党员在线学习平台，将党员的学习教育融入日常、抓在经常；

反腐倡廉：反腐倡廉宣传栏，关注社情民生，弘扬廉政文化；

政策法规：政策法规学习栏目，时刻督促党员自觉遵守各项政策法规。

（6）其他功能设计

危险性较大的分部分项工程安全管理、工程监理报告、工程质量验收管理、建材质量监管、工程质量检测监管、工资专用账户管理等功能，结合重庆市建委要求使用政府相关部门平台系统进行管理。

（7）手机 APP 设计

项目概况：实时呈现发布的动态信息，并可查看详情。以图形或图表的方式直观展示项目信息的综合概况，包括考勤统计、监控指标、预警信息、违章信息预览、各类设备覆盖情况、接入数量等。

项目信息管理：包括项目考勤、环境、视频、塔式起重机、升降机 5 大部分具体指标数据，各类智能应用、通知等功能。

个人信息管理：实现用户查看个人信息，展示用户基本账号信息姓名、职位等信息，实现密码管理等相关功能。

工地监控管理：通过手机APP实时查看工地现场各监控画面整体情况，实现移动便捷管理。

人员考勤管理：手机APP可实时推送每日考勤情况及实名制通道进出数据，提供相关查询等功能。

进度管理：实现管理人员通过手机及时了解关键建设位置施工进度情况，加强对建设进展的有效管控。

巡查管理：项目安全管理人员通过手机APP，扫描固定点位二维码，对现场情况调取相机拍照反馈，判断该检查点位的情况属于安全还是隐患，每个点位的填报结果都可以按照日期查看历史记录，按照巡检结果分类查看历史记录。

违章预警管理：实时采集大型机械设备数据，根据设备要求及额定负载设定，实时传输违章预警数据至平台并同步到手机APP端。记录共分为违章记录和预警记录两个维度，提供按照日期、工地、设备类型分类查询等功能。

智慧工地平台应用

1. 平台首页

智慧工地平台首页界面（图14-10），展示了工程概况、大屏轮播、实时监测、大事记、进度管理、安全管理、质量管理七部分内容，可以对项目整体情况进行直观了解（图14-11～图14-13）。

通过平台首页展示，第一解决了项目各类汇报的重复工作，起到基层减负的作用；第二使相关管理层能第一时间了解项目的基本状态，项目全面受控。

2. 项目监管系统

项目监管系统进入后为项目基本信息、项目人员、视频监控、环境监测、

14 探索

项目智慧工地管理案例

图 14-10 智慧工地建造管理平台首页

图 14-11 项目概况

图 14-12 大屏轮播

237

图 14-13　大事记

预警信息及行为违规信息的影像及实时情况动态展示,上部也设置了综合、人员、考勤、视频、环境、塔式起重机、预警信息、进度管理、监测管理及行为违规等详情查询链接,可点击进入详情查看,见图 14-14。

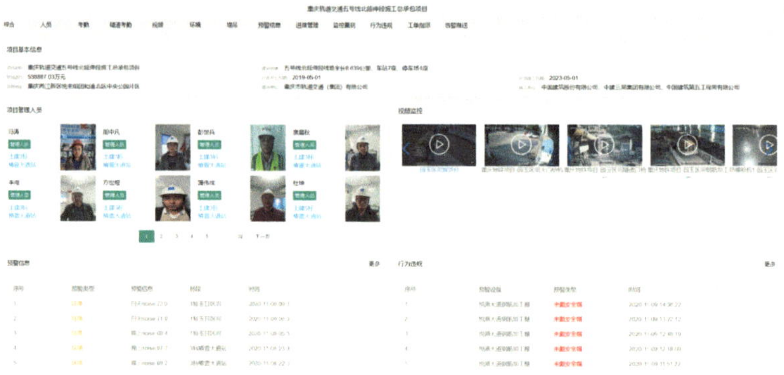

图 14-14　项目监管系统

3. 业务监管系统

业务监管系统主要包含系统管理、安全巡检、企业监管、综合统计、统计报表及通知公告,其中安全巡检及通知公告仅本界面可查询,其余功能与项目监管界面相似。

238

安全巡检功能为在重要巡检部位区域设置并张贴二维码，安全巡检人员每日进行扫码拍照巡查，填报巡检基本信息，包括巡检时间、巡检人员、项目名称、部位名称、点位名称、巡检状态。若存在安全隐患，则可推送至相关责任人处提示其进行整改并回复，实现对工地内巡检部位、点位以及拍照节点的基础信息进行管理，通过实时状态扫码上报对各巡查点位进行安全警示（图14-15）。

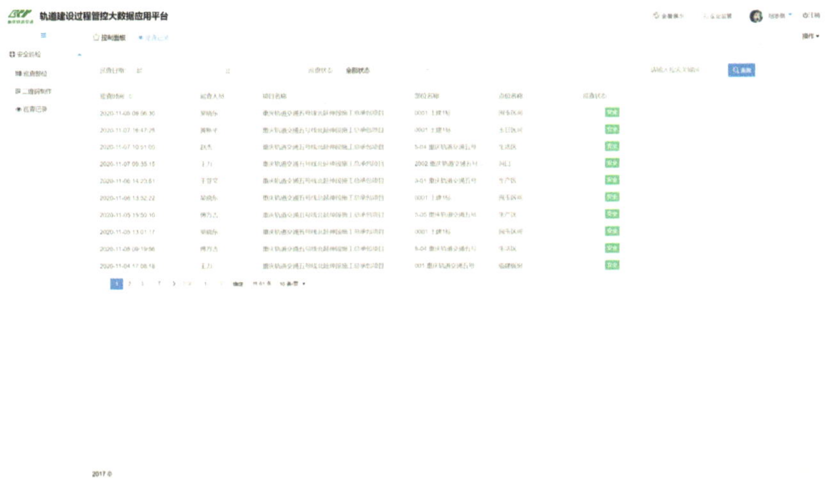

图 14-15　业务监管系统

4. 内控管理模块

（1）策划预控

策划预控主要为方案预控与成本预控"双预控"，可进一步明确各级管理机构在项目策划中的职责和主要任务，便于发现问题和督导责任落地，保障项目首次资源配置的适当性和施工部署的合理性，防范系统性风险，见图14-16。

方案预控：通过首次策划编制方案与变更优化后方案对比，了解首次策划方案存在的不足及方案优化带来的经济效益，可作为案例总结后全局分享，见图14-17。

成本预控：过程实际成本与目标成本对比，全过程检验是否实现目标成本，项目根据差值分析原因，采取针对性措施，保证目标成本的实现，见图14-18。

图 14-16　策划预控

图 14-17　危大工程专项施工方案动态管理台账

图 14-18　创效实施情况

（2）分级管理

分级管理明确"责权利"，分层级发挥管理作用，定期检查对比分析，提前预警，预控风险，见图14-19。

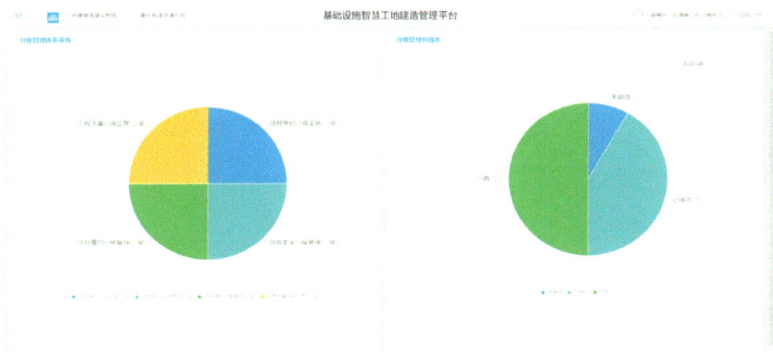

图14-19　分级管理

分级管理体系等级：直观了解项目在基础设施业务分级管理体系中属于哪一级，检查人员根据项目的不同级别，检查不同的内容，见图14-20。

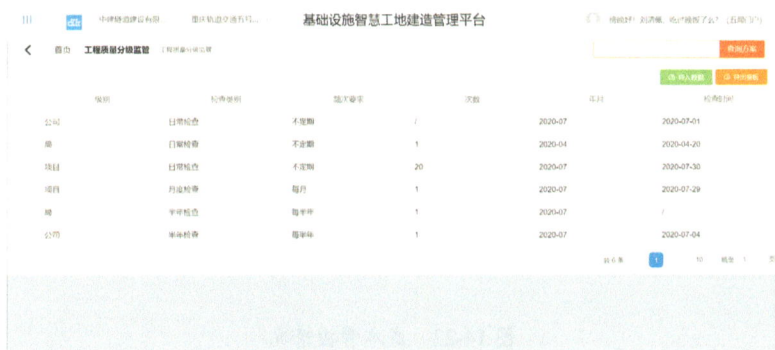

图14-20　工程质量分级监管

分级管理问题库：督促责任人销项，且做到相关问题能有效溯源，特别是对于项目的执行力考核起到重要作用，见图14-21。

图 14-21　分级管理问题库

（3）成本管控

通过项目成本管控各项指标反映项目经济运行情况，当指标出现偏差时，项目立即采取措施纠偏，实现信息化数据管理项目，也为财商数据信息化一体分析打下基础，见图 14-22。

图 14-22　成本管控情况

（4）知识空间

知识空间包括法规制度、过程管控、日常报表、竣工资料 4 个指标，通过规范项目内业资料管控，实现各线条资料集中存储，有效避免因人员流动造成资料丢失，同时更能完整及时统计分析资料，扩大数据资料分享范围，见图 14-23。

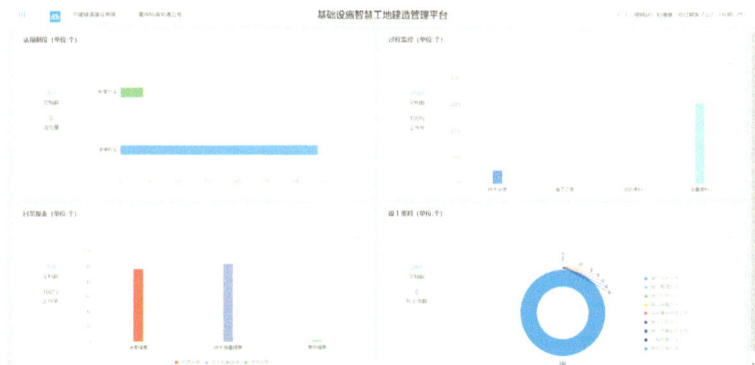

图 14-23 知识空间

5. 生产管控模块

（1）进度管理

进度管理包含产值分析、形象进度、节点分析、进度报告 4 个关键指标；进度管理通过系统实现工期履约提前预警，为生产组织安排提供决策依据，提高项目工期履约管控效率，实现工期完美履约，见图 14-24。

图 14-24 进度管理

产值分析可以看到项目产值的详细情况，具体可细到各工点的开累、年累、月度、每日情况，见图 14-25。

图 14-25　产值分析

形象进度可直观显示项目整体形象进度，直观判断项目是否均衡施工，并能给领导层提供一定的解决思路。隧道工程形象进度图不但直观了解形象进度，通过各种施工步距的预警值设置，能有效控制施工步距，确保隧道施工安全，见图 14-26。

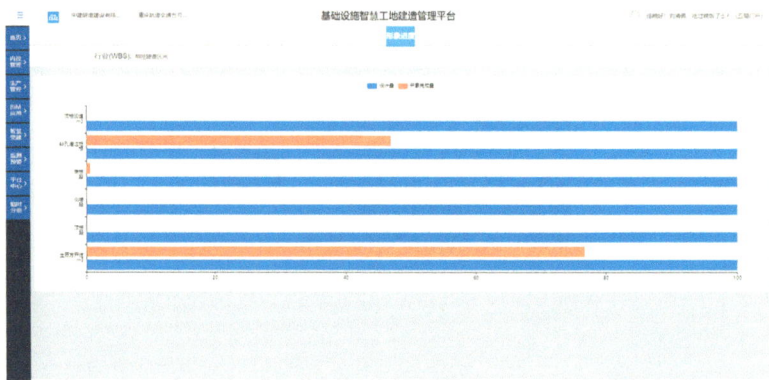

图 14-26　形象进度

14 探索
项目智慧工地管理案例

节点分析可以通过首次策划、最新调整计划、实际进度对比，了解项目策划执行情况，掌握项目执行中的偏差原因，总结经验教训。通过节点预警条件设置，判断节点完成情况，及时推送信息至相关责任人，第一时间采取进度纠偏措施，避免信息沟通不及时，造成重大抢工损失，实现良好履约。

进度预警按照工期节点、产值进度两种算法进行预警。按照进度管理办法设定红、橙、黄预警阈值，直观展示当前进度偏差与进度状态，避免了人工统计错误造成的进度信息滞后，见图14-27。

图 14-27 节点分析

进度报告可以按年度、月度、周、日以及自定义格式自动生成报表，满足不同层级报表要求，减少基层员工重复填报报表，切实起到基层减负的作用，见图14-28。

（2）安全管理

安全管理包含风险管理、安全巡检、行为安全之星、安全动态4个关键指标。安全管理通过建立安全管理板块，展现现场安全管理动态，提示现场安全风险，规范资料填报内容，展现项目安全管控亮点，分析项目安全管控情况，实时指导安全生产，特别是针对重大危险源、安全风险进行动态管理，确保安全受控。安全巡检数据分析主要反映风险巡查次数，隐患查出率，及时整改率。重点强调隐患的查出和整改，以切断风险转化为事故的进程。安全巡检通过手机 APP

245

图 14-28　进度报告

完成隐患整改通知及整改回复单的闭合管理，现场采集数据，自动生成表单，直接打印备存，提高巡检效率，减少反复录入，见图 14-29。

图 14-29　安全管理

（3）质量管理

质量管理包含质量月报、质量巡检、质量整改、质量动态 4 个关键指标。运用手机终端有效定位质量问题发生工点，第一时间完成整改闭环，超时整改作未销项提醒，实现问题与事故可追溯，并从质量问题分布、发生频率、发生趋势等角度分析质量巡检数据，实时反映工程质量状态，推动质量管理有的放矢；

通过质量问题库的数据整理，可以建立中建五局基础设施质量问题库，核心数据资产。通过规范整改通知单及回复单格式，全局统一后，减少一线人员工作量，为基层减负，见图14-30。

图 14-30　质量管理

（4）资源管理

资源管理包含员工管理、劳务管理、材料管理、设备管理4个子系统。能对项目的人、材、机等资源要素进行全面动态管理，见图14-31。

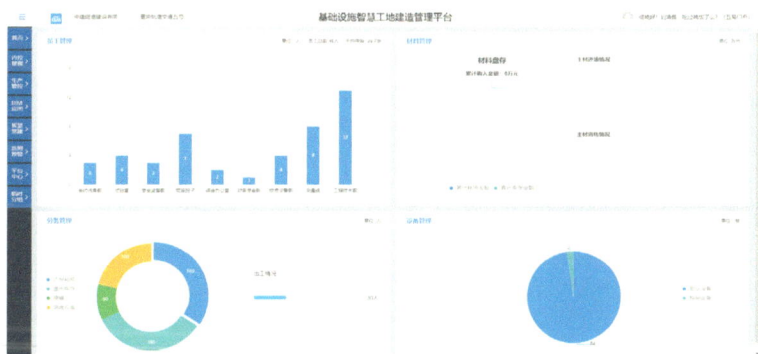

图 14-31　资源管理

员工管理分析管理人员组成结构，有助于人力资源的大数据分析。

　　劳务管理核准工人是否具备进场条件；可进行现场的人员实时把控，掌握用工动态，实时调整作业人数；可用于对现场工人考勤统计，工资发放明细及工资到账情况，有证可依，避免闹事、扯皮等情况发生，见图14-32。

图14-32　劳务管理

　　项目对进场工人进行实名制登记，登记内容包括姓名、性别、身份证号、电话号码、工种、所属标段、所属工点及所属分包队伍，并设置执业证书、合同签订情况、入场教育及安全技术交底完成情况的录入与查询功能，通过平台可查询入场工人合同签订情况、入场教育、安全教育及证书，见图14-33。

图14-33　人员信息查询

14 探索
项目智慧工地管理案例

现场设置的实名制通道，安装通道闸机及人脸识别机，采用人脸识别的方式，对作业人员进行每日考勤，平台可获取出勤记录进行统计分析并可视化呈现，通过平台可查看个人出勤详细情况，也可分时间段、分标段、分工点对人员出勤情况进行筛选查询，便于各个层级管理人员对作业人员的管理，见图14-34。

图 14-34　人员考勤

材料管理直观快速了解材料购入、消耗、库存的情况，并对主要材料的进场及消耗进行分析，能对项目材料节超有效管控，见图14-35。

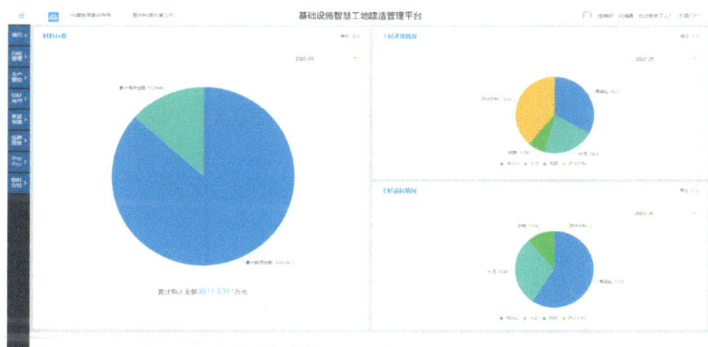

图 14-35　材料管理

设备管理能掌握设备的新旧情况、完好率、保养状态等关键信息，落实责任人，确保设备使用率，减少因设备问题对进度造成不利影响，见图 14-36。

图 14-36　设备管理

6. 监测预警模块

（1）环境监测

环境监测指标为 PM10、PM2.5、噪声、温湿度、风速风向，并通过 LED 屏实时显示监测数据。数据采样频率达到每小时 60 次以上，有效采集率达到 90% 以上，误差率控制在 20% 以内。环境监测反映实时数据，通过数据的积累，在编制资料、发生合同纠纷时，可以提供相关证明文件，见图 14-37。

图 14-37　环境监测

（2）视频监控

获取现场视频监控的实时数据，实现对工地现场所有监控设备的接入，并且通过视频监控管理功能，查看全部视频监控位置的实时监控，也可通过工点筛选或名称查询查看指定监控视频，方便管理人员直接了解现场情况。

五北延项目视频监控系统建设原则是：在不转动摄像机的情况下，能够实现对所有重要施工作业面的监控。通过策划，确定在下列部位安装视频监控设备：

1）明挖基坑及附属施工结构，要求能够监控到明挖基坑及角部全部施工信息；

2）矿山法暗挖工程（含横通道）每个施工掌子面；

3）盾构隧道正线施工作业面、联络线施工作业面、盾构始发、接收井；

4）施工竖井提升设备的大梁处、中间风井；

5）施工现场进、出材料的大门监控；

6）施工现场堆料场；

7）其他需要重点监控的部位。

原则上要求每个矿山法暗挖掌子面、盾构施工正线、联络线和周边环境复杂的附属结构、明挖基坑、施工竖井、中间风井至少安装1个视频监控设备，主体结构明挖基坑根据基坑长度安装不少于4台视频监控设备，对施工现场进行实时监控。

五北延项目现已安装51台摄像头，其中隧道口7台高清枪机、隧道内4台高清防爆球机、明挖深基坑13台高清球机，其余均在项目工点出入口、钢筋加工车间、现场搅拌站等部位，实现现场13个施工工点全面监控（图14-38、图14-39）。

现场监控中心设置汇聚交换机、无线接收器、光网络设备、数字硬盘录像机、液晶监视器、操作电脑等设备。五北延项目本地监控视频图像24小时不间断录像，存储时间不少于30天，重点区域（如隧道、基坑）录像可存储2年，操作人员可以进行调动监视器中的画面、切换等相关操作，管理人员可对所有设备的视频信号进行控制、录像以及显示回放。

（3）深基坑预警

委托的第三方监测单位将实时监测数据上传，智慧工地平台根据设定的预

图 14-38 现场监控图

图 14-39 现场监控查询

警值及预警规则，对上传数据进行分析，通过不同颜色在线路图上展示各区间、车站的预警情况，实时推送相关人员，提示处理，确保安全生产受控，见图 14-40。

（4）盾构预警

盾构预警对盾构施工的进度、安全风险、盾构状态实时监测，特别是监测盾构施工最主要的控制指标（注浆量、注浆压力、理论出渣量、实际出渣量的实时对比），第一时间判定盾构施工情况，确保安全可控，并实时推送预警信息至不同层级责任人，提醒项目管理人员关注施工状态，见图 14-41。

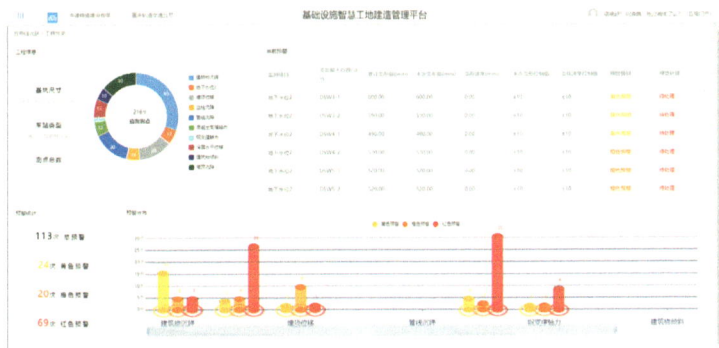

图 14-40　深基坑监测

图 14-41　盾构监测

盾构机实时运行监控，保证数据准确及时，便于盾构施工生产控制，基于施工现场平面图与盾构施工动态关联，掌握盾构机与既有建筑物和风险源的安全及适合距离，盾构机运行数据统计分析，积累经验数据，优化参数设置，实现数据对业务管理的反哺。

（5）行为分析管理

智慧工地平台实现异常行为的分类、定义，设定行为参数，提供未佩戴安全帽异常行为分析算法与设备关联管理，设置异常行为有效区域，对异常行为设置告警信息实时推送管理人员，见图 14-42。

图 14-42　行为异常识别及报警

7. BIM 应用模块

利用 BIM 应用绘制临建布置模型，使得场地布置更加直观，加快各工区平面布置图的设计；绘制地下管线模型，提前对地下管理进行优化改迁，避免对管线的破坏；通过绘制交通疏解模型进行动态模拟，选择最佳交通疏解方案，见图 14-43 ～图 14-46。

图 14-43　施工场地平面布置图

BIM 三维可视化交底主要是将以往的线条绘制表达形成一种三维的立体实物图形进行展示，并以三维模型为基础，对施工工艺进行动态模拟。本项目通

图 14-44 项目驻地模型

图 14-45 地下管线对比

图 14-46 道路交通疏解

过 BIM 三维模型制作了场地布置、端头加固、盾构机吊装、盾构施工、开舱换刀、联络通道及站内过站的可视化交底，并对管理人员、劳务人员进行多次交底，能更加清晰直观地感受整个施工过程，让施工工法变得更通俗易懂，见图 14-47。

图 14-47　三维可视化交底

8. 智慧党建模块

智慧党建将传统党建工作与互联网理念相结合，打造"互联网＋党建"的新模式，集宣传、管理、学习、服务、互动、监督等功能于一体，深度践行央企党建最后一公里，党员同志亮身份、受监督、守承诺，实现智慧党建作为服务生产、服务党员、服务员工的主阵地，促进党建和生产经营活动向纵深融合，见图 14-48。

图 14-48　智慧党建

总结展望

作为传统行业的建筑业其发展趋势必然是信息化、智能化、智慧化，中建五局作为中建系统内基础设施的"排头兵"，要走在从标化时代步入智慧时代的前列。重庆轨道交通五号线北延伸段工程线路长、工点多、人员设备变动频繁，给项目管理带来极大的困难。五北延项目通过标准化的建设、规范化的行为、智慧化的技术，结合地铁工程特点对项目管理的标准化、信息化、精细化进行新的尝试，探索企业提质增效和转型升级新的增长动力。

自2019年建设至今，智慧工地在项目管理中落地应用，实现了对人、机、料、法、环等生产要素的全面感知，实现了项目可视、可管、可预、可控的管理，加快了项目施工进度，提升了安全管理能力，确保了工程实体质量，降低了目标成本消耗，进一步增强了项目精细化管理水平，促进了项目标准化、信息化、精细化的"三化融合"，主要有以下实施成果可供分享：

（1）管理层级化

平台设置不同层级权限的账号，各管理层级账号仅能查看权限范围内的项目情况，便于各管理阶层获取所需的集成数据及分析资料做出决策。各管理线条，如生产、安全、质量、监测预警等都根据不同情况有不同层级的自动预警功能，系统为了防止关键数据外泄。

（2）平台系统化

平台进行了各子系统高度集成，通过平台可以实时掌握项目概况、内控、安全、进度、质量、环保、新技术应用、智慧党建等方面的具体情况。且各板块均具备独立展示功能，登录平台对项目的具体情况进行综合或分线条汇报，实现无纸化汇报。

（3）内控管理精细化

通过手机端办公、信息共享，降低了沟通成本，改传统现场定期检查方式为线上随机检查方式，强化了公司与项目、项目与工区、部门与部门、岗位与岗位间的联动，全员参与，提高了管理人员发现问题、解决问题的能力。在成本管控方面，图表分析项目成本经营状况及结算情况，自动生成经营报表，有效反馈出项目效益划分情况，能找准项目成本管理短板，有针对性地提高管控力度。

（4）安质管理智能化

通过安全、质量巡检系统的实践应用，改进了隐患自动或手动填报、照片涂鸦注释、自动生成表单及数据统计分析功能。管理人员在现场巡查时通过安全、质量巡检系统手机APP进行隐患拍照，实时上传已填写隐患情况及涂鸦注释隐患照片后，系统会自动存储资料并针对整改项提醒相关责任人，跟踪直到整改完成，最后生成闭合的整改记录，相比人工填报整改通知单更高效、便捷、智能。系统后台存储的资料便于追溯查阅，并自动统计分析出隐患特点、趋势曲线，便于管理层制定有针对性的改进措施，提供考核劳务队伍安全质量管控证明。安全、质量的管理数据，通过智能分析后，能趋势预测、自动预警，及时掌握项目管理风险，消除安全、质量隐患，极大地提高了现场管理水平。

（5）进度管控形象化

系统优化了各工点的关键工期节点和年、季、月、周进度计划、完成情况的统计及对比分析形象展示功能。管理人员在现场用手机采集进度数据，系统自动累加，通过图表形象展示当天进度和阶段性进度，直观展示实际进度与计划进度偏差分析图表，可综合统筹系统的质量、安全、设备管理数据进行劳务队伍的考核排名。

（6）监测预警自动化

监测预警系统实现了由原始的人工采集、填报、分析数据升级到监测数据自动采集、实时上传、自动分析、及时预警、在线查询及自动生成报表的功能，通过对各监测点埋设传感器自动采集数据，实时上传平台进行分析成图，相对于人工每天一次的监测，自动化监测数据采集频率可以达到每秒1次，能通过大数据的采集真实、全面、实时地反映检测对象安全状态。同时，自动监测平台含短信预警功能，当出现预警情况的时候，系统会立即根据预警级别向预定人员发送预警信息，提醒人员采取措施。

（7）BIM应用实用化

平台增加了BIM轻量化引擎，无需通过BIM软件，可通过网页操作观看

BIM 模型。通过模型对现场场地进行合理化设计，优化空间、表达直观，采用 BIM 模型协助方案设计及交底，通过平台进行三维呈现，同时将 BIM 模型通过云端生成 360 度全景效果图，展示现场及项目情况。

五北延项目智慧工地建设虽然取得了一定的成效，同时也存在一些不足与优化提升空间。主要表现为：

第一：需要进一步梳理与规范建设标准，推进精益建造配套的相关应用系统与技术应用的标准规范，为全面推广做好准备。

第二：需要进一步提升用户体验，新一代信息技术的应用具备现场碎片化特点，智慧工地集成平台需要不断整合统一 APP 与门户建设规范，提升需求响应能力，应对后续应用推广。

第三：需要进一步加强社会优质资源伙伴的整合与管理，当下信息技术发展迅速，需要不断整合社会优质资源，同时，还需加强对其准入、过程管理以及结果评价等管理，指导后续更大范围的整合与推广。

智慧工地，未来已来，五北延项目智慧工地建造管理平台通过不断地改进完善，将内控管理、生产管控、监测预警、BIM 应用、智慧党建等各项管理的高度集中信息化，通过大数据分析，查找管理上的漏洞，利用预警功能及时解决问题，实现数据的"增值"。随着智慧工地建造管理平台的逐渐成熟、稳定，利用该平台的集成、整合、分析、分享能力，数据资产的积累、管理、应用必将向系统化、标准化、数字化方向前进，企业优质资源可实时、全面共享，打造引领行业的中建五局智慧工地建造管理体系，最终形成中建五局智慧建造领域的核心竞争力。

数字化与智慧建造
Digitalization and Intelligent Construction
参考文献

[1] 丁烈云. 智能建造创新型工程科技人才培养的思考 [J]. 高等工程教育研究,
     2019,（05）.

[2] 丁烈云. 智能建造推动建筑产业变革 [N]. 中国建设报, 2019,（08）.

[3] 毛志兵. 推进智慧工地建设助力建筑业的持续健康发展 [J]. 工程管理学报,
     2017, 31（5）.

[4] 鲁贵卿. 企业信息化要从实践中来到实践中去——关于"建筑业＋互联网"
     困局的又思考 [J]. 建筑设计管理, 2018,（4）.

[5] 文章英. "三化融合"实现业务财务资金一体化 [J]. 施工企业管理, 2015,（3）.

[6] xjsunjie. 数字化转型之如何做好企业中台的架构设计 [EB/OL]. https://
     blog.51cto.com/xjsunjie/2442131, 2019-10-13.

[7] 广联达科技股份有限公司. 建筑产业数字化转型新方略 [J]. 中国勘察设计,
     2019,（9）.

[8] 龚炜. 信息化: 求实·融合·突破 [J]. 施工企业管理, 2018,（12）.

[9] 梁俊峰. 未来10年, 建筑企业数字化转型思考 [J]. 中国建设信息化, 2020,
     （10）.

[10] 钟蕙玉. 数据库技术在建筑企业管理中的应用 [J]. 计算机光盘软件与应用,
      2014,（21）.

[11] 王传霖. 信息化在建企的挑战和转型机遇 [J]. 施工企业管理, 2018,（12）.

[12] 邓茹月. 覃川. 谢显中. 移动云计算的应用现状及存在问题分析 [J]. 重庆

邮电大学学报（自然科学版），2012，24（6）.

[13] 许旭.我国数字经济发展的新动向、新模式与新路径[J].中国经贸导刊，
2017，（29）.

[14] 沈国海.BIM 技术初探[J].科学与财富，2016，（6）.

[15] 焦志霞.计算机数据库技术的应用简析[J].建筑工程技术与设计，2015，
（22）.

[16] 韩庆松.实名制将有力推动产业升级[J].施工企业管理，2018，（7）.

[17] 杜慧娟.从诺兰模型看管理信息化[J].施工企业管理，2014，（12）.

[18] 黄如福.公司端与项目端信息化建设侧重点[J].施工企业管理，2016，
（12）.

[19] 鲁贵卿.破解建筑业"+ 互联网"困局[J].施工企业管理，2015，（12）.

[20] 孙炼.林芳.殷志云.云计算在中国移动广东公司的应用[J].电信工程技
术与标准化，2012，25（4）.

[21] 蒋春霞.刘建友.建筑 BIM 中计算机技术的应用[J].门窗，2016，（9）.

[22] 刘锦章.加快推进智慧建造发展[J].建筑，2019，（9）.

[23] 李阳.数字化转型是什么、为什么、怎么办？ [EB/OL]. https://
www.cioage.com/art/201802/566117.htm, 2018-02-07.

[24] 鲁贵卿.信息化要从实践中来到实践中去[J].施工企业管理，2017，（12）.

[25] 鲁贵卿."工程项目成本管理方圆图"理论模型解析[J].施工企业管理，
2016，（5）.

[26] 翟文.公共装饰装修项目 BIM（建筑信息模型）技术应用研究[D].北京
信息科技大学，2015.

[27] 付冉冉.基于 ANP 的 BIM 应用目标决策研究[D].天津大学，2014.

[28] 陈伟杰.面向传统媒体企业的 ERP 系统研究与实现[D].浙江工业大学，
2019.

后　记

历经三年的时间，企业层面的数字化管理战略规划制定，数字化管理模型和项目智慧建造管理体系、管理模块设计以及项目试运行等工作终于完成，本书在这个过程中也得以瓜熟蒂落。回首整个成书过程，感慨颇深。

第一是历经的信息化、数字化及智慧建造应用学习探索、调研交流、课题研究、试点应用、标杆示范推进所积累的管理经验，收获满满。第二是结合近二十年自身对信息化管理的实践与思考，顺应数字化新时代，最终形成了建筑业数字企业战略规划实施图，成就满满。第三是一年多来经历了大纲确定、章节调整、文献参考、资料整理、绘图及统稿等过程，艰辛满满。

建筑企业数字化战略制定，不是心血来潮的冒进之举，而是深思熟虑后结合深入贯彻习近平总书记重要指示批示精神，落实党的十九大和十九届二中、三中、四中全会精神，进一步推动国有企业加强管理体系和管理能力建设，加快培育具有全球竞争力的世界一流企业，开展对标世界一流管理提升行动的顺势而为、主动而为。自2018年参观了碧桂园博智林机器人公司研发的建筑机器人项目，2019年到用友公司总部参观交流，历时近三年的学习探索，与企业内部各单位、各部门沟通交流，与信息化管理行业大咖，如平安建投鲁贵卿董事长的多次学习交流，与数家建筑企业数字化解决方案提供商的考察交流，结合

后记

中建集团企业管理理念，最终形成了建筑业企业数字企业战略规划实施图。

项目智慧工地建造，早在 2015 年长沙地铁 4 号线建设时就开始了探索与实践，主要是单点端的应用及数据分析可视化呈现，2016 年，在长沙地铁 5 号线，进一步提升了应用程度，实现了盾构实时监控系统及渣土自动称重监控系统，并建立了行业内较为先进的轨行区信息化管控平台，2017 年立项课题《工程项目建造信息云平台应用模型及标准研究》，2018 年 5 月开始，组织长沙地铁 6 号线、深圳轨道交通 13 号线、重庆轨道交通 9 号线工程、福州地铁 4 号线、西安地铁 14 号线、郑州轨道交通 3 号线、重庆二横线、京秦高速公路等项目，开展智慧工地管理的试点，发布了技术框架构建数据指标及数据分析模型，并于 2018 年 12 月 12 日对相关成果进行了展示与分享。期间，结合试点项目应用，变更课题为《基础设施项目建造信息云平台应用模型及标准研究》，课题取得了重大成果：1、研发了 1+5 的应用管理模型；2、研发了项目及指挥部两级管理数据分析模型；3、统一了前端智能化工具软件标准；4、确定了平台技术框架及关键技术选型；5、开发了前端应用数据接口；6、形成了智慧工地建设标准、分析了实际应用效果。2019 年 7 月开始，基于课题已经取得的相关成果，开始构建具有自主知识产权的智慧工地建造管理平台，提出了"1+5"智慧工地建造管理体系，取得了《智慧工地建造管理平台》及《生产进度管理系统》2 项软件著作权，在数字建造、智慧建造领域探索与实践迈出了坚实一步。目前，重庆轨道交通 5 号线北延线、深圳地铁 13 号线延长线、天津地铁 7 号线已经正式运行新平台，为项目精细化管理提供了有力支撑，为企业高质量发展奠定了坚实基础。

项目智慧工地建造作为一种新型的建造模式，在理论研究方面还够不成熟，智能施工的系统架构也不尽完善，本书系统性提出了以管控为核心的"1+5"智慧建造体系，阐述了智慧工地建造的概念和内涵以及项目智慧工地建造管理体系的构成，也算是抛砖引玉，期待和志同道合的同志在此基础上开展进一步探讨深化。

本书所述的研究是基于作者本人在信息化、数字化施工管理实践中的粗浅理解，在编写过程中，得到了有关专家和业内同行的大力支持和帮助，并引用了一些行业权威的观点，借鉴了部分微信公众号中的见解，以及我的同事刘骁、

263

李启宇、金浩等同志做了大量幕后工作，在此一并表示感谢。

在此还要特别感谢中国工程院丁烈云院士、中国平安建设投资有限公司董事长鲁贵卿先生为此书撰写推荐序。

企业高质量发展之路没有终点，企业管理将是永恒的话题，前路依旧漫漫。立足企业数字化管理，我们必须开启新的征程，去迎接新的挑战和机遇。"随时以举事，因资而立功，用万物之能而获利其上"，还是那句老话，建筑企业的信息化，慢不得、快不得、急不得、等不得、丢不得。希望我国建筑行业能够在广大业内同仁的共同努力之下，在追求高质量发展和现代化的新时代道路上不断创造新的辉煌。

因时间仓促，也囿于本人水平所限，本书难免错讹和疏漏，在此恳请广大读者不吝赐教。

2020 年 8 月

邓尤东，教授级高级工程师，历任世界500强企业中国铁建、中国建筑旗下高管多年，对建筑企业管理、项目管理、信息化管理等有着丰富的实践经验和深厚的理论造诣。

《建筑企业工程总承包卓越管理》

◎首次提出工程总承包卓越管理理念，为中国施工企业打造世界一流企业指明了方向，提供了路径。

◎卓越管理，不光助力工程总承包管理升级，也助力施工企业变革升级、高质量发展。

◎本书搭建了工程总承包卓越管理体系，并提供了理念、方法、路径和案例。

《建筑企业数字化与项目智慧建造管理》

◎首次完整提供建筑企业数字化建设解决方案。

◎建筑企业数字化转型升级之道与实操。

◎项目智慧工地建造管理体系与运用。

《建筑企业商务与项目成本管理》

◎商务精细化管理与项目责任成本管理的成功之谈。

◎没有商务和成本管理，就没有建筑企业可持续发展。

◎本书提供低成本竞争、高质量管理的理念和方法。

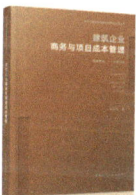

《建筑企业标准化建设管理》

◎立足于建筑企业标准化建设的样本。

◎标准化建设如何落地？这本书说清楚了。

◎标准化建设是建筑企业管理必须迈过去的坎。

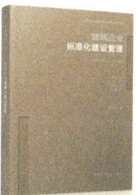

《建筑企业工程建设履约管理》

◎只有履约，才能实现可持续发展。

◎只有卓有成效的履约，才能实现可持续高质量发展。

◎如何实现卓有成效的履约管理，本书提供了方法。

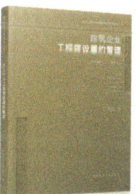